서울대 MBA에서
가르치는 경영 이야기

# 마케팅 마스터하기

서울대 MBA에서 가르치는 경영 이야기

# 마케팅 마스터하기

## 일잘러를 위한 마케팅 두뇌 활용법

초판 1쇄 발행 2025년 5월 30일

지은이 김병도

펴낸곳 서울대학교출판문화원
주소 08826 서울 관악구 관악로 1
도서주문 02-889-4424, 02-880-7995
홈페이지 www.snupress.com
페이스북 @snupress1947
인스타그램 @snupress
이메일 snubook@snu.ac.kr
출판등록 제15-3호

ISBN 978-89-521-3931-3 04320
978-89-521-3933-7 (세트)

서울대 MBA에서
가르치는
경영 이야기

# 마케팅 마스터하기

## 일잘러를 위한 마케팅 두뇌 활용법

김병도 지음

서울대학교출판문화원

# 발간사

경영학은 기업에서 일하는 사람에게만 필요하다는 오해가 있습니다. 하지만 현대 사회에서 경영학은 모든 사람이 알아야 할 상식입니다. 경영학을 공부하면 자영업을 비롯한 사업에 도움이 되는 것은 물론, 자신이 속한 조직에서 일을 더 잘할 수 있는 자양분이 됩니다. 외부 환경의 기회와 위협, 자신의 강점과 약점을 분석해서 전략을 수립하고 그것을 효율적으로 실행할 수 있는 방법은 무엇인지 더 잘 판단할 수 있기 때문입니다.

경영학은 재산을 관리하는 데도 활용됩니다. 퇴직연금은 어떻게 관리해야 하는지, 월세와 전세 중에서 어떤 것이 더 좋은지, 빚을 내서 집을 사야 할지에 대한 판단을 내릴 때 도움을 줍니다. 주식 투자를 할 때도 물론입니다. 재무제표를 해석하고, 어떤 기업이 성장해 더 큰 수익을 낼 수 있는지를 분석하는 데 도움을 주기 때문입니다.

경영학은 우리가 의미 있는 삶을 사는 데도 도움이 됩니다. 우리가 이루고자 하는 사명을 추구하면서 동시에 건강을 챙기고 화목한 가정을 이루기 위해 우리가 가진 시간과 관심을 어디에 얼마만큼 투자할 것인지를 결정하는 데 도움을 줄 수 있습니다.

그런데 일반인이 경영학을 공부하기가 쉽지는 않습니다. 대학 교재로 나온 두꺼운 책들은 경영학 전공 학생들을 독자로 상정하고 만든 것이기 때문입니다. 이번 시리즈는 일반인이 경영학의 핵심 내용을 쉽게 파악할 수 있도록 하기 위해 기획했습니다. 고등학교를 졸업한 사람이라면 스스로 읽어 쉽게 이해할 수 있고, 짧은 시간에 핵심을 파악할 수 있도록 핵심 위주의 적은 분량으로 책을 만들었습니다.

이 시리즈를 출간하는 과정에서 많은 분들이 도움을 주셨습니다. 특히 교육과 연구로 매우 바쁘신 중에도 시리즈의 기획 취지에 공감하여 작업에 동참해 주신 여덟 분의 교수님께 진심으로 감사드립니다.

서울대학교출판문화원 대표이사 원장

이경묵

# 머리말

대학에서 마케팅 교과목을 30년 이상 강의했지만 지금도 한 학기를 마치고 나면 마음이 불편하다. 내가 다룬 마케팅 개념과 이론이 마케팅을 처음 접한 학생들에게 적절했는지, 혹시 누락된 내용은 없는지 반성의 시간을 갖는다.

물리학이나 경제학 입문을 가르치는 사람은 나와 같은 고민을 할 필요가 없다. 그들은 가르쳐야 할 내용에 대해서는 고민할 필요가 없기 때문이다. 누가 가르쳐도 담아야 할 내용은 동일하고, 그 내용을 가르치는 방법이 교수에 따라 다를 뿐이다. 하지만 마케팅 교과목은 가르치는 내용부터 교수마다 다르다. 내가 학기를 마칠 때마다 불편한 마음이 드는 이유가 바로 여기에 있다. 마케팅은 현재 기업이 당면한 마케팅 문제를 해결하는 응용 학문이기 때문에 그 내용이 국가나 시대에 따라 끊임없이 변화한다.

이 책은 마케팅을 처음 접하는 일반인이 대상이다. 현재 국내 기업들이 고민하는 중요한 마케팅 문제들을 모두 담아 내기 위해 노력했다. 가능한 한 학술적 이론에 대한 설명은 배제하고, 국내외 기업의 사례를 중심으로 설명했다. 하지만 직업이 교수인지라 일부 마케팅 문제를 설명하면서 다양한 학문의 유명한 이론을 차용한 경우가 있을 것이다.

완성된 원고를 다시 읽으면서 다시 한번 불편한 생각이 든다. 책 내용 중 무엇이 나의 창의적인 아이디어이고 어디가 다른 학자들의 주장인지 구분이 잘 되지 않기 때문이다. 양심상 다른 학자의 아이디어라면 당연히 그 학자의 이름을 밝혀야 할 것이다. 하지만 나의 철학과 사고 체계에 지대한 영향을 미친 학자의 경우 따로 발라 내기가 그리 쉽지 않다. 내 두뇌와 가슴에 완벽히 녹아들어 내 것이 되어 버렸기 때문이다. 그분들께 허락 없이 아이디어를 도용한 점을 사과한다.

책 집필에 도움을 준 사람은 셀 수 없이 많다. 특히 '마스터하기' 시리즈를 기획하고 마케팅 원고 집필 기회를 주신 서울대학교출판문화원 이경묵 원장님께 감사드린다. 또한 오류투성이인 원고를 그럴듯하게 바꿔 주신 출판문화원 곽진희 실장님과 박성근 선생님께 감사드린다.

2025년 5월

저자 김병도

# 차례

# 1 | 서론

MAR
KET
ING

# Introduction

# I

## 직업의 귀천을 무엇으로 따져야 할까?

동서양을 막론하고 극히 최근까지도 직업에 귀천이 있었다. 우리나라가 속한 동북아시아 유교 사회에서는 사농공상士農工商이라 하여 선비가 가장 귀하고 상인을 가장 천하게 여겼다.

옛 유럽 사회에서도 선호 직업 순위는 동양과 비슷했던 것 같다. 우리의 양반에 해당하는 신사gentleman를 최상의 직업으로 여겼는데, 이는 부모로부터 신분이나 재물을 상속받아 땀 흘려 일할 필요 없이 평생 놀고먹을 수 있는 사람을 가리켰다. 신사 다음으로 귀한 직업은 농민이었고, 공업과 상업에 종사하면 천한 사람으로 간주되었다. 아리스토텔레스는 "기술자와 점원의 생활은 천하고 선행과 거리가 멀다."라고 말한 바 있으며, 특히 이익을 위해 물품을 생산하고 판매하는 상공인이나 돈을 빌려주고 이자를 받는 대금업자를 극도로 혐오했다.

민주주의 국가에서는 대놓고 직업의 귀천을 언급하지 않는다. 만민은 법 앞에 평등하기 때문이다. 하지만 어떤 직업이 사회를 위해 얼마나 큰 기여를 하는지 평가할 수는 있을 것이다.

1893년 경제학자 리처드 일리Richard T. Ely는 사농공상의 허구성을 직업의 귀천이 아닌 사회 기여도 측면에서 분석했다. 당시만 해도 일반인은 물론이고 대다수 경제학자조차 농부가 가장 생산적인 일을 하는 사람이고, 그다음이 제조업에 종사하는 사람이며, 상인이 하는 일이 가장 비생산적이라고 여겼다. 그러나 일리는 이러한 생각에 아무런 논리적 근거가 없음을 지적하며 "산업에 종사하는 모든 사람은 효용utility을 창출한다는 점에서 동등하다."라고 말했다.

농부는 수확한 옥수수를 모두 소비하지 않고 남김으로써 장차 더 많은 옥수수를 생산하고자 한다. 옥수수 씨를 심고 잡초를 뽑고 물을 뿌리고 거름을 주는 등 값진 노동의 결과로 농부는 많은 옥수수를 수확해 효용을 창출한다. 마찬가지로 제조업자는 자재, 노동 등의 요소를 투입해 소비자가 원하는 제품을 생산함으로써 효용을 창출한다. 한편 상인은 제품을 덜 쓸모 있는 곳에서 더 쓸모 있는 곳(시장)으로 이전함으로써 공간적 효용을 창출하고, 소비자가 제품을 필요로 할 때까지 보관함으로써 시간적 효용을 창출한다. 사회를 위해 추가 효용을 창출한다는 점에서 농부, 제조업자, 상인은 서로 다를 바가 없다. 이것이 일리의 주장이었다.

직업에는 귀천이 없다. 하지만 현재 우리 사회에 필요한 직업이 무엇인지 알려면 각 직업이 창출하는 효용의 크기를 따져 봐야 한다.

노동 시장의 자유경쟁을 신봉하는 사람은 직업별 급여 수준이 해당 직업이 창출하는 효용의 크기를 어느 정도 반영한다고 주장한다.

만약 상인이 아무런 사회적 가치도 창출하지 못하면 그들이 판매하는 물품을 구입하려는 사람이 없어 상인이라는 직업은 퇴출될 것이다. 그러나 인류가 경제활동을 하는 내내 상인은 존재했고, 근대화와 더불어 상업이 창출한 가치는 오히려 더 커졌다.

우리는 지난 100여 년간 근대화 과정을 거치면서 많은 농민이 공장으로 옮겨 가고 이들 공장 노동자가 다시 서비스 산업으로 이동하는 모습을 목격해 왔다. 이와 같은 직업 간 이동은 시대가 변하면서 각 직업이 창출하는 효용의 크기가 변화하고, 그 결과 급여 수준이 변화함에 따라 나타나는 자연스러운 현상이다.

## 마케팅의 탄생

거래 비용은 경영학에서 매우 중요한 개념이다. 예컨대 대기업은 거래 비용을 줄이기 위해 탄생한 조직이다. 다양한 마케팅 활동의 출현 역시 거래 비용과 무관하지 않다. 마케팅과 관련된 거래 비용의 개념을 보다 명확히 이해하기에 앞서 상업 발전의 역사를 간단히 살펴보자.

### 자급자족 시대와 직접 교환 시대

인류 역사상 상업 발전의 첫 번째 단계는 자급자족 시대다. 이 시기에는 저마다 자급자족을 위해 사냥을 하고 농사를 지었다. 노동의 특화라든가 재화의 교환 같은 개념이 없었기 때문에 마케팅 활동도 존재하지 않았다.

상업 발전의 두 번째 단계는 직접 교환 시대로, 일부 노동의 특화가 이뤄지기 시작했다. 사냥에 재능 있는 사람은 사냥만 하고 농사일이 적성에 맞는 사람은 농사에 전념하면서 재화 교환의 필요성을 인식했다. 그러나 물물 교환 형태로 재화를 교환했기 때문에 효율성이 매우 떨어졌다. 예를 들어, 여분의 사슴고기를 농산물로 교환하고자 하는 사냥꾼은 농산물을 사슴고기로 교환하려는 농부를 만나야만 거래할 수 있었다. 이처럼 거래를 성사시키는 데 필요한 거래 비용이 매우 높아 거래가 원활하지 않았다.

직접 교환의 거래 비용을 낮추기 위해 개발된 혁신적인 제도로 두 가지를 들 수 있다. 첫 번째 혁신은 화폐의 발명이다. 화폐라는 표준화된 거래 매개체의 등장으로 사냥꾼은 사슴고기를 원하는 사람에게 고기를 판매한 대가로 화폐를 받고, 농산물 판매를 원하는 사람에게 그 화폐를 지불해 농산물을 구매할 수 있었다. 화폐의 등장 이후 거래 비용이 현저히 줄어들어 재화의 교환이 활성화되었다.

두 번째 혁신은 시장의 탄생이다. 재화의 교환을 원하는 모든 사람이 한곳에 모일 수 있도록 마련된 공간, 즉 시장의 등장으로 최초의 마케팅 활동이 출현했다. 그 당시 마케팅은 재화와 서비스의 자발적 교환을 도와주는 일종의 촉매 역할을 수행했다. 되도록 많은 사람에게 시장의 위치와 개점 시간 등을 알린다거나 시장 내 특정 판매자를 광고하는 일 등이었다.

## 간접 교환 시대와 비대칭적 직접 판매 시대

상업 발전의 세 번째 단계는 간접 교환 시대다. 급격한 기술 발전과 노동의 특화는 산업혁명을 낳았고, 마침내 대량 생산이 시작되었다. 종전의 직접 교환 방식은 대량으로 찍어 낸 규격화된 제품을 판매하는 데 더 이상 적합하지 않았다.

간접 교환의 핵심은 순수한 판매 중개 행위만 업무로 하는 중간상, 즉 유통 채널의 등장이다. 물론 산업혁명 이전에도 중간상이 존재하긴 했지만 규모가 영세하고 사회적 역할도 미미했다. 그러나 산업혁명 이후에는 제품을 만드는 생산자와 제품을 구매하려는 소비자를 연결하는 중간상의 역할이 중요해졌다.

화폐 및 시장과 마찬가지로 중간상도 거래 비용을 줄이기 위해 등장했다. 판매 행위만 전문화한 중간상의 출현과 더불어 사람들은 상업 행위에서 마케팅의 중요성을 인식하기 시작했다. 특히 최종 소비자를 직접 상대하는 소매점은 근대적 마케팅의 개념을 정립하는 데 큰 기여를 했다.

산업혁명이 성숙기에 접어든 20세기 초에 이르러 인류는 '비대칭적 직접 판매 시대'라는 상업 발전의 네 번째 단계를 맞이했다. 일부 제조업체가 대형화하면서 중간상에 맡겼던 여러 판매 행위를 직접 처리하기 시작한 것이다.

대형 제조업체의 이러한 변화에는 몇 가지 이유가 있다. 첫째, 중간상이 영세해 제조업체로부터 최종 소비자에 이르는 과정에 지나치게 많은 중간상이 개입해 소비자 가격이 너무 높게 책정되었다. 둘째, 대부분의 중간상은 다수의 제조업체를 상대하느라 단일 제조업체의 판매 증진에 신경 쓸 여유가 없었다. 셋째, 사용법이 복잡한 제품의 경우에는 제품 설명 및 서비스가 매우 중요한데 중간상은 이런 제조업체의 요구를 들어줄 여력이 없었다.

따라서 대형 제조업체는 복잡한 유통 채널에서 발생하는 거래 비용을 줄이고자 독자적인 판매 조직을 구축하기 시작했다. 이들은 방대한 규모의 영업 사원 조직과 지점망을 갖추는 데 막대한 투자를 함으로써 유통 채널을 단순화했다. 그 결과 소비자가 원하는 제품을 보다 정확히 파악할 수 있는 시스템을 갖춰 소비자에게 더 가까이 다가갔다.

과거에는 제조업체가 제품을 생산하고, 중간상이 제품을 소비자에게 판매하는 역할을 했다. 그러나 자사 유통망을 갖춘 제조업체는 판매와 제조 기능을 모두 담당해 소비자의 요구를 미리 파악하고 이를 제품 개발에 반영하기 시작했다. 현대적 마케팅 개념marketing concept이 태동한 것이다.

## 보다 품위 있는 기업의 목표를 찾아서

2008년 세계 금융위기 이후 경영학자들은 '이익'이라는 단어를 좀처럼 사용하지 않으려고 한다. 월 스트리트 경영자들의 탐욕, 즉 과도한 이익 추구 행위가 금융위기를 불러왔다고 생각하는 사람이 많기 때문이다. 요즘 경영학자들은 이익 대신 '가치'라는 용어를 사용한다.

경영학 교과서에 명시된 기업의 목표 또한 이익 극대화에서 '가치 창조value creation' 또는 '가치 극대화value maximization'로 바뀌었다.

가치는 이익보다 한층 긍정적인 이미지를 갖고 있다. 또한 이익이 아니라 가치라고 표현하면 경영 이론의 적용 범위를 비영리 재단까지 확장할 수 있다. 가치 창조를 목표로 삼는 조직은 기업 외에도 많다. 예를 들어, 1983년 무함마드 유누스Muhammad Yunus는 방글라데시의 빈민들에게 소액 대출microcredit을 제공할 목적으로 그라민은행Grameen Bank을 설립했다. 현재 그라민은행은 전 세계에 지점을 두고 약 700만 명의 빈민에게 돈을 빌려주고 있다. 그라민은행의 목표는 가난에 허덕이는 전 세계 사람들에게 소액 대출을 제공함으로써 삶의 희망을 준다는 가치를 창출하는 것이다.

### 가치 측정을 어떻게 할까

하지만 가치는 이익과 달리 의미가 명확하지 않고 측정하기도 쉽지 않다. 가치의 의미를 이해하기 위해 삼성전자가 갤럭시 휴대 전화 출시를 통해 창출한 가치를 생각해 보자.

일반적으로 소비자가 평가하는 갤럭시의 가치는 삼성전자가 책정할 수 있는 갤럭시의 최대 판매 가격에 해당한다. 즉, '갤럭시 휴대 전화를 구매하기 위해 최대 얼마까지 지불할 용의가 있는가?'라는 질문에 200만 원이라고 답했다면, 해당 소비자의 갤럭시 휴대 전화 유보 가격 또는 삼성전자가 책정 가능한 최대 가격은 200만 원인 셈이다. 그런데 이때 갤럭시의 총가치(200만 원)는 갤럭시 생산을 위해 투

[그림 1-1] 제품·서비스의 가치

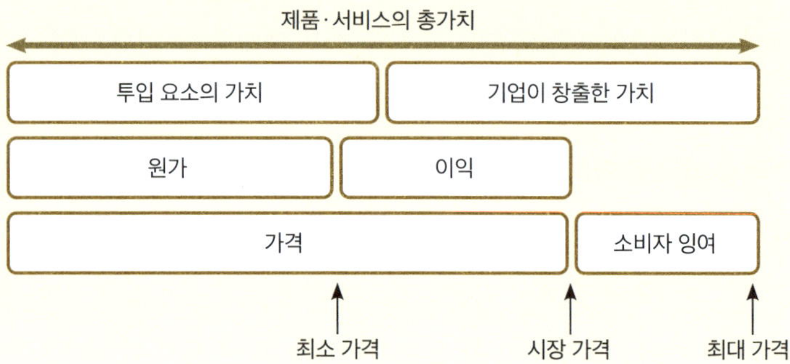


입한 요소의 가치와 삼성전자가 창출한 가치로 다시 나눌 수 있다.

삼성전자는 경쟁사를 고려해 갤럭시 휴대 전화의 시장 가격을 유보 가격보다 낮게 책정한다. 만약 시장 가격을 100만 원으로 책정하면 소비자는 갤럭시 구매를 통해 100만 원(유보 가격에서 시장 가격을 뺀 금액)만큼의 소비자 잉여consumer surplus를 얻을 수 있다. 이때 소비자가 갤럭시를 구매하는 것은 200만 원 가치의 재화 갤럭시와 화폐 100만 원을 교환한 결과 100만 원만큼의 소비자 잉여가 발생하기 때문이다. 갤럭시 판매 가격 100만 원은 갤럭시의 제조 및 판매에 소요되는 원가(또는 비용) 70만 원과 나머지 30만 원의 이익으로 구성된다. 삼성전자가 갤럭시를 판매하면 원가 70만 원의 재화 갤럭시와 갤럭시 판매로 벌어들인 화폐 100만 원을 교환한 결과 30만 원의 이익이 발생하기 때문이다.

경쟁이 치열해지면 삼성전자는 갤럭시의 시장 가격을 100만 원이하로 낮춰야겠지만, 원가에 해당하는 70만 원 이하로는 할인할 수 없다. 즉, 70만 원은 삼성전자가 갤럭시 판매를 통해 본전을 건질 수 있는 최저 판매 가격이다.

### 고객 중심으로 가치를 정의하라

이처럼 가치는 보는 사람의 시각에 따라 다르게 정의할 수 있다. 생산 방식의 혁신을 통해 자동차 제조 원가를 획기적으로 절감한 헨리 포드Henry Ford는 생산 효율성 증진이 가치를 창출하는 길이라고 여겼다. 반면 사업부의 인수 합병을 통해 GE의 기업 가치를 세계 1위로 만든 잭 웰치Jack Welch는 주가 부양이 가치를 창출하는 길이라고 생각했다. 그러나 제품이나 서비스는 결국 소비자가 구매해서 사용하는 것이기 때문에 고객이 평가하는 가치가 가장 중요하다.

피터 드러커Peter Drucker는 고객 중심적 가치를 강조한 대표적인 경영학자다. 가치를 생산 효율성으로 정의하면 생산자 중심적 사고를 하게 되고, 고객이 평가하는 가치로 정의하면 고객 중심적 사고를 하게 된다는 것이 드러커의 주장이다. 예를 들어, 1990년대 말 당시 최고의 엔지니어를 보유하고 있던 실리콘 그래픽스Silicon Graphics는 쌍방향 텔레비전을 개발했다. 개발자들은 획기적인 기술이라고 자화자찬했지만 소비자의 반응은 냉담했고 판매 실적은 참담했다. 1920년대 중반까지 세계 자동차 시장을 평정했던 포드자동차Ford Motor Company 역시 생산자 중심의 사고를 고집하다가 결국 GMGeneral Motors에 선두 자리를 내주고 말았다.

고객 입장에서 본 가치를 염두에 두었더라면 실리콘 그래픽스는 쌍방향 텔레비전 개발에 막대한 연구비를 낭비하지 않았을 테고, 포드자동차는 지금도 자동차업계 세계 1위로 군림할지 모른다.

## 경제학과 경영학의 차이

요즘은 기업의 목표를 가치 창조라고 말하지만, 2008년 이전 대다수 경영학자는 '장기 이익의 극대화'를 기업의 목표로 보았다. 사실 지금도 이것을 고수하는 전통적 경영학자가 꽤 많다.

마케팅은 경영학의 한 분야이므로, 마케팅의 목표를 '장기적 이익 극대화'라고 할 수 있다. 마케팅은 이 목표를 달성하기 위해 제품product, 촉진promotion, 유통place, 가격price이라는 마케팅의 네 가지 도구를 사용한다. 이 도구의 영어 단어가 모두 P로 시작하기 때문에 마케팅 전문가는 이를 '마케팅의 4P'라고 부른다. 마케팅의 네 도구, 즉 4P의 효율성을 극대화하면 장기적 이익 극대화라는 마케팅 목표를 달성할 수 있다.

마케팅 또는 경영학의 목표가 기업의 장기적 이익 극대화라는 점은 경제학의 목표와 다르다. 경제학의 목표는 '사회 복지social welfare'의 극대화다. 경영학은 경제학에서 파생된 학문이기 때문에 다루는 이슈가 겹치는 경우가 많다. 사실 경제학자들은 오늘날 마케팅에서 다루는 거의 대부분의 문제를 다룬다. 어떻게 하면 마케팅이라는 학문 분야를 경제학과 차별화할 수 있을까?

1980년대 말 시카고대학교의 위대한 경제학자 조지 스티글러George Stigler는 나에게 이 문제에 대한 해답을 줬다. 마케팅과 경제학은 그 목표가 다르다. 마케팅의 목표는 기업 이익의 극대화인 반면, 경제학의 목표는 사회 복지의 극대화다.

최근 마케팅 윤리에 대한 얘기를 많이 한다. 그런데 마케팅 또는 경영 윤리를 다루는 데 기업 경영자가 핵심을 오해하는 경우가 있다. 환경 친화적인 제품의 예를 들어 보자. 종이 생산업자가 보다 환경 친화적인 종이를 생산하려면 제조 원가가 올라가기 때문에 최종 소비자 가격을 더 높게 책정해야 한다. 이 기업은 환경 친화적인 종이를 생산해야 하는가? 기업 경영자는 이 의사 결정을 할 때 환경 친화적인 종이를 생산한 결과 기업의 장기적 이익이 어떻게 변하느냐를 고려하면 된다. 즉, 환경 친화적인 종이를 생산하여 가격이 올라도 소비자에게 환경에 신경 쓰는 기업이라는 이미지를 심어 줘 판매가 신장된다면 환경 친화적인 종이를 생산해야 한다. 반면 환경 친화적인 종이를 생산해 이익이 떨어진다면 생산하지 말아야 한다.

그러나 경제학자의 의사 결정 방식은 다르다. 경제학의 목표는 사회 복지의 극대화이기 때문에 기업의 이익이 하락하더라도 국민의 장기적 복지가 향상된다면 환경 친화적인 종이를 생산해야 한다. 즉, 환경 친화적인 종이가 전체 사회 복지를 향상한다면 기업에 금전적 인센티브를 주거나 환경 관련 법규를 제정해 기업으로 하여금 환경 친화적인 종이를 생산하도록 해야 한다는 것이 경제학의 논리다.

## 시어스로벅은 아마존의 도플갱어

시어스로벅Sears, Roebuck and Co.은 1980년대까지 미국에서 가장 큰 소매 기업이었다. 소매 환경의 변화로 2018년 도산했지만, 시어스로벅의 초기 역사는 우리에게 많은 교훈을 준다.

시어스로벅의 설립 배경을 이해하기 위해 19세기 중반 미국의 유통 시장을 간략히 알아보자. 19세기 중반에 이르러 미국은 현대적 유통에 필수적 인프라인 교통망과 통신 시설을 어느 정도 갖췄다. 미국 전역을 하나로 묶는 철도와 전보 시설이 완성되자 미국 전역을 상권으로 거래하는 곡물 거래상, 도매상, 백화점 등 대형 유통업체가 속속 등장하기 시작했다. 이들은 새롭게 구축된 유통 인프라를 활용해 미국 방방곡곡에서 생산되는 생필품을 효율적으로 구매할 수 있었다. 그러나 제품이 최종 소비자에게 판매되기까지는 아직 효율적이지 않았다. 대도시 인구 밀집 지역을 중심으로 설립된 백화점에서 물건을 사려면 마차를 이용하든가 걸어가야 했다. 백화점에서 멀리 떨어진 곳에 사는 시골 농민들에게는 여간 불편한 일이 아니었다.

이러한 농민들의 니즈를 충족시키기 위해 생겨난 것이 우편주문mail-order 방식이다. 처음에는 백화점이나 제조업체가 소량의 제품을 우편주문으로 판매하는 것이 고작이었으나, 이런 방식을 전문적으로 하는 대형 유통업체가 등장하면서 우편주문 판매는 미국 유통 시장에서 중요한 업태로 성장했다. 1872년 설립된 몽고메리 워드Montgomery Ward는 우편주문 판매를 전문으로 한 최초의 업체다.

1887년 미국 전역에 배포된 몽고메리워드의 카탈로그에 포함된 취급 품목 수가 2만 4,000종이나 되었다. 시어스로벅이 등장하기 전까지 몽고메리워드는 미국 우편주문 판매 시장을 지배하고 있었다.

시어스는 1887년 리처드 시어스Richard Sears와 알바 로벅Alvah Roebuck이 우편주문을 통해 시계를 판매하기 위해 설립한 회사다. 그들은 곧 우편주문 판매의 위력을 확인하고 보석, 유모차, 공기총, 말안장 등 농민들에게 필요한 다양한 제품을 판매하면서 급성장했다. 시어스와 로벅은 점차 회사의 일을 분담했는데, 시어스는 주로 카탈로그 제작과 광고 문안 고안에 전념하고 로벅이 회사 운영을 담당했다.

초기 시어스로벅의 성장을 주도한 것은 리처드 시어스의 기발한 카탈로그 광고 문안 덕분이었다. 그는 미국 농민들의 소망과 니즈를 정확히 파악하는 천부적 재능을 지니고 있었다. 그가 제작한 카탈로그는 농민들의 구매 의욕을 자극했고, 이는 곧 주문으로 이어졌다. 그런데 회사가 성장하면서 시어스의 이런 천부적 재능이 오히려 여러 가지 문제를 일으켰다. 카탈로그 그림과 문구에 매료되어 제품을 구매한 소비자들이 실제 제품을 받아 보고 실망해 반품하기 시작한 것이다. 또한 시어스는 종종 재고나 확실한 구입선이 확보되지 않았더라도 시장 수요가 있다고 판단되면 카탈로그에 제품을 올려놓고 주문받았다. 이 때문에 제품 배달이 지연되는 일이 속출하면서 소비자의 불만이 점차 높아졌다.

회사 운영을 책임지고 있던 로벅은 시어스와 충돌하는 일이 잦아지자, 자기 소유의 지분을 시어스에게 2만 5,000달러에 매각하고 회사를 떠나 버렸다. 후세 역사가들은 로벅의 이 결정이 미국 자본주의 역사상 최악의 투자 의사 결정 중 하나라고 평가한다. 후일 로벅은 사업 실패로 이 돈을 모두 날려 버리고 시어스로벅에 다시 입사했다. 그러나 이번에는 시어스로벅의 창립자가 아닌 평사원으로 일하는 아픔을 감수해야 했다.

혼란 속을 헤매던 시어스로벅이 오늘날의 대기업으로 성장한 것은 줄리어스 로젠월드Julius Rosenwald라는 뛰어난 경영자 덕분이다. 자신이 회사 운영에 자질이 없다는 사실을 잘 알고 있던 시어스는 로젠월드를 새로운 동업자로 영입했다. 로젠월드가 회사 운영을 맡으면서 시어스로벅은 대형 유통 기업에 필요한 조직과 운영 체계를 갖추기 시작했다. 안정을 찾은 시어스로벅은 1901년에 1,100만 달러의 연간 판매고를 기록하며 몽고메리워드를 제치고 미국 우편주문 판매업체 선두주자로 부상했다.

로젠월드의 주도하에 이뤄진 시어스의 운영 혁신은 대형 우편주문 판매업체를 효율적으로 운영하는 모범적인 방법이 되었다. 로젠월드는 우선 리처드 시어스가 독단으로 제작하던 카탈로그에 세세히 간섭해 반품과 고객의 불만을 현저히 줄였다. 그리고 품질의 일관성을 높이기 위해 제품 시험 연구소도 설립했다.

그러나 로젠월드의 가장 중요한 운영 혁신은 첨단 주문 처리 시스템 개발이다. 우선 시카고 본사에 거대한 주문 처리 센터를 설립해 미국 전역에 산재한 주문 처리 센터를 하나로 통합하고 주문을 신속하고 정확하게 처리하는 데 필요한 모든 인프라를 갖추기 시작했다.

열차가 주문 처리 센터 건물 안까지 들어올 수 있도록 철도 선로를 설치했을 뿐만 아니라 엘리베이터, 주문 처리용 컨베이어 벨트, 주문 물품을 아래로 떨어뜨릴 수 있는 활송 장치gravity chute, 움직이는 보도 등도 설치했다. 후일 헨리 포드가 이 주문 처리 센터를 견학하고 모델 T 조립 라인의 아이디어를 얻었을 정도로, 시카고 주문 처리 센터는 정교하고 질서 있게 운영되었다.

로젠월드는 신속한 주문 처리 문화를 시어스로벅 직원들에게 정착시키기 위해 노력했다. 예를 들면, 요일별로 주문 전표 색깔을 다르게 만들어 발송이 지연된 주문 물품이 금방 눈에 띄게 했다. 또한 주문서가 각 제품 취급 부서에 보내지면 15분 내로 주문 물품을 컨베이어 벨트에 보내는 규정을 정하고 이를 지키지 못한 부서에는 책임을 묻는 제도를 확립하기도 했다. 이와 같이 노력한 결과 시어스로벅의 시카고 주문 처리 센터는 1906년 하루 평균 2만 건, 크리스마스 시즌에는 하루에 10만 건에 달하는 주문을 큰 혼란 없이 신속하고 정확하게 처리할 수 있었다. 로젠월드는 요즘 말로 위대한 최고 운영 책임자COO라고 할 수 있다. 이러한 모든 혁신은 유통의 중요성을 날카롭게 파악한 안목의 결과였다.

로젠월드는 월마트 창업자 샘 월턴Sam Walton과 유사한 점이 많다. 월마트의 핵심 경쟁력은 효율적인 물류다. 월턴은 제품을 제조업체 창고에서 월마트 유통 센터를 거쳐 월마트 소매 점포까지 운반하는 일을 세계에서 가장 효율적으로 할 수 있는 노하우를 개발하고 이를 실현한 인물이다. 로젠월드는 전화, 컴퓨터 등 현대적 정보통신 인프라도 없던 때 샘 월턴과 비슷한 일을 해낸 것이다. 그는 시카고에 첨단 주문 처리 센터를 설립하고 신속한 주문 처리를 위한 조직을 구축했다. 때때로 소비자가 원하는 제품을 제조업체가 신속히 제공하지 못하면 자신이 직접 생산하기도 했다. 철도 운송업체가 늑장을 부려 주문 처리가 지연될 경우에는 시어스로벅이 마차와 말을 이용해 직접 제품을 배달하기도 했다.

오늘날 거의 대부분의 인터넷 업체는 적자를 면치 못하고 있다. 온라인 업체 적자의 중요한 원인 중 하나는 주문 제품의 처리 및 배송에서 오프라인 업체에 비해 효율성이 떨어지기 때문이다. 온라인 업체 경영자는 100년 전 로젠월드가 우편주문 판매 방식으로 대형 백화점 체인과의 경쟁에서 승리했던 이유를 음미해 볼 필요가 있다. 점포 운영의 핵심은 유통이고, 로젠월드는 백화점 체인보다 더 효율적인 주문 처리 및 배송 시스템을 구축했다는 점을 말이다.

# 2 | 마케팅 환경

# Marketing Environment

## 주변을 알아야 올바른 전략을 세울 수 있다

마케팅 관리자는 마케팅 도구를 적절히 활용해 표적 시장 고객과의 관계를 개발하고 유지한다. 그러나 마케팅 환경의 변화로 마케팅 활동의 효율성이 증진되기도 하고 떨어지기도 한다. 마케팅 환경의 변화는 기업에 기회가 될 수도 있고 위협 요인이 될 수도 있다. 성공적인 마케팅 관리자는 마케팅 환경에서 일어나는 중요한 변화를 감지하고 이에 따라 마케팅 전략을 수정해야 한다.

많은 마케팅 관리자는 마케팅 환경을 가격, 판촉과 같은 마케팅 변수와 달리 통제할 수 없는 힘으로 간주한다. 이들은 다음과 같은 수요함수demand function를 가정한다.

$$Q = f(X \mid E)$$

위 식에서 Q는 수요 또는 판매량, X는 기업의 통제 가능한 마케팅 변수, 그리고 E는 기업이 통제할 수 없는 마케팅 환경 변수를 나타낸다. 판매량은 기업이 통제할 수 있는 마케팅 변수의 함수다. 그래서 가격을 인하하거나 광고를 더 많이 해 판매량을 올릴 수 있다. 그러나 주어진 가격 또는 광고로 판매할 수 있는 제품의 수는 기업이 통제할 수 없는 환경의 영향을 받는다.

[그림 2-1]의 예를 보자. 소고기 가격(X)과 판매량(Q)의 관계를 설명하는 수요함수 자체가 광우병 사건이 발발하면서 이동한 것이다. 광우병 사건 이후 소비자의 소고기 선호도가 현저히 떨어졌기 때문에 소고기 판매업자는 광우병 사건 이전 가격으로 훨씬 적은 양의 소고기를 판매할 수밖에 없다. 소고기 판매업자에게 소고기 가격은 통제할 수 있는 마케팅 변수이고, 광우병이라는 사건은 통제할 수 없는 마케팅 환경이다.

**[그림 2-1] 수요함수와 마케팅 환경**

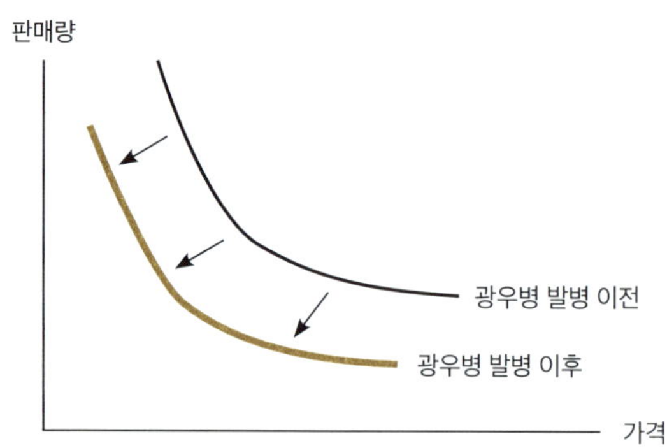

마케팅 환경은 크게 사회·문화적 환경, 경쟁 환경, 경제적 환경, 기술적 환경, 법과 정치적 환경의 다섯 가지로 나눈다.

각각의 마케팅 환경을 다루기 전에 최근 마케팅 환경을 바라보는 시각에 변화가 있음을 염두에 두어야 한다. 전통적으로 많은 기업이 마케팅 환경이란 이익에 직접 영향을 주지만 기업이 통제하기 어려운 요소로 간주했다. 즉, 마케팅 환경을 수동적으로 받아들였다. 따라서 환경을 분석하고 환경 변화가 제공하는 기회를 이용해 위협을 최소화하기 위한 전략을 수립했다.

그러나 최근 일부 기업은 환경을 관리한다는 입장에서 마케팅 환경에 영향을 미치기 위해 보다 적극적인 행동을 취하고 있다. 이들은 마케팅 환경을 자사에 보다 유리하도록 통제하고 관리하기 위해 많은 돈을 투자한다. 자사가 속한 산업 관련 법에 영향을 미치기 위해 로비스트를 고용하고, 언론 기사가 우호적으로 다뤄지도록 PR 전문 회사를 고용하고, 미디어 이벤트를 기획하기도 한다. 물론 모든 마케팅 환경을 기업 마음대로 움직일 수는 없다. 그러나 환경을 보다 적극적으로 관리하겠다는 자세는 수동적으로 환경을 바라만 보겠다는 것보다 훨씬 바람직하다.

## 산타클로스라는 환경을 창조한 코카콜라

1997년 크리스마스 즈음 뉴욕 맨해튼 중심부의 한 예술학교 건물 외벽에 충격적인 그림이 걸렸다. 산타클로스가 십자가에 못 박혀 축 늘어진 그림이었다. 이 그림을 그린 로버트 세네델라Robert Cenedella는 세계적으로 유명한 풍자 및 해학 예술가다. 가톨릭 단체를 비롯한 종교 단체의 비난이 빗발쳐 이 그림은 오래 걸리지 못했지만, 이는 그가 세계적인 풍자 예술가임을 드러내는 계기가 되었다. 그는 이 작품을 통해 '예수 탄생일'로 기념되어야 하는 크리스마스가 상업주의에 의해 '산타클로스'를 기념하는 행사로 변질되었음을 통렬히 비판했다.

세네델라의 표현대로 우리는 아기 예수 없는 크리스마스는 상상할 수 있어도 산타클로스 없는 크리스마스는 상상할 수 없게 되었다. 그런데 산타클로스가 크리스마스 때마다 세계적인 스타가 되어 아기 예수를 우리 기억에서 점점 사라지게 만든 배후에는 코카콜라Coca-Cola의 치밀한 마케팅 전략이 숨어 있다.

산타클로스의 기원에 대해선 여러 학설이 있지만, 3세기경 소아시아의 파타라Patara에서 출생한 성 니콜라스St. Nicholas에게서 유래했다는 설이 유력하다. 특히 가톨릭과 보수 개신교는 이 설을 지지한다. 현재 튀르키예 지역인 미라Myra 지방의 주교를 지낸 성 니콜라스는 일생 동안 어린이들을 사랑했고 어린이들 모르게 창문 너머로 선물을 던져 주곤 했다고 한다. 후일 일부 유럽인들이 니콜라스의 이러한 선행을 기려 그의 기일 전날인 12월 5일에 어린이들에게 선물을 나눠 주었지만, 오늘날의 산타클로스 이미지와는 거리가 멀었다.

산타클로스가 크리스마스의 주연으로 등장하기 시작한 것은 미국에서다. 미국에 성 니콜라스와 관련된 전설이 소개된 것은 네덜란드에서 이민 온 사람들을 통해서였다. 산타클로스의 어원은 성 니콜라스가 네덜란드어로 잘못 표기되면서 현재에 이르렀다고 한다.

미국에서는 19세기에 이르러 산타클로스의 이미지가 점차 형성되기 시작했다. 1822년 치과 의사였던 클레멘트 무어Clement Moore는 '성 니콜라스의 방문A Visit From Saint Nicholas'이라는 제목의 시에서 산타클로스를 여덟 마리의 순록이 끄는 썰매를 타고 크리스마스 전날 선물을 주러 다니는 요정을 닮은 사람으로 묘사했다. 당시 산타클로스는 굴뚝을 드나들 정도로 작은 사람이었다. 그런데 잡지 『하퍼스 위클리Harper's Weekly』의 전속 만화가였던 토머스 내스트Thomas Nast가 산타클로스를 뚱뚱한 모습으로 바꾸고 북극에 사는 것으로 만들었다.

그리고 오늘날 세계 어디서나 볼 수 있는 항상 웃는 모습의 뚱뚱한 산타 할아버지는 코카콜라의 상상에서 나왔다. 코카콜라는 엄격하고 근엄한 산타를 따뜻하고 인자하게 바꿔 놓았다. 산타에게 코카콜라를 연상하게 하는 흰색 털이 달린 빨간색 외투를 입히고 커다란 벨트를 채운 것도 코카콜라였다. 1920년대 코카콜라는 겨울철 콜라 판매량을 늘리기 위해 고심하던 중 겨울 이미지에 잘 어울리는 산타를 광고 캠페인에 이용하기로 했다. 초기 광고에서는 선물 배달 후 코카콜라 한 잔을 마시며 쉬는 산타의 모습을 강조했으나, 이후 선물을 배달하느라 피곤한 산타 할아버지를 위해 어린이들이 코카콜라를 준비해 산타를 기쁘게 한다는 이미지로 바뀌었다. 산타클로스는 점차 코카콜라의 전속 모델이 되어 갔다.

당시 코카콜라의 산타를 그린 화가는 상업용 그림을 주로 그리던 해든 선드블롬Haddon Sundblom이었다. 그는 처음에는 친구를 모델로

그렸으나 그 친구가 세상을 떠나자 거울에 비친 자신의 모습으로 산타를 그리기 시작했다. 선드블롬이 형상화한 산타는 항상 어린이들에게 선물을 나눠 주는 산타, 어린이들로부터 코카콜라를 받는 산타, 장난감에 둘러싸인 채 어린이들과 함께 코카콜라를 마시는 산타, 코카콜라를 마시며 어린이들에게 동화책을 읽어 주는 산타였다. 코카콜라의 막대한 광고와 함께 '선드블롬의 산타'는 세계 산타의 표준이 되었다. 1947년 영화 〈34번가의 기적Miracle on 34th Street〉과 2002년 영화 〈산타클로스The Santa Clause〉에 등장하는 산타도 선드블롬이 형상화한 산타의 모습이다. 크리스마스 카드나 백화점 크리스마스 장식에서도 우리는 선드블롬의 산타를 만날 수 있다. 심지어 구세군의 산타도 선드블롬의 산타 모습 그대로다.

특별한 기념일을 제품과 연결시키는 것은 전형적인 마케팅 기법이다. 발렌타인데이, 화이트데이, 핼러윈, 부활절 등 기념일마다 등장하는 사탕이나 초콜릿이 대표적인 예다. 그러나 그중에서 가장 주목받는 것은 코카콜라의 산타 광고다. 코카콜라는 '크리스마스 = 산타클로스'이고 '산타클로스 = 코카콜라'라는 이미지를 세계 소비자의 마음속에 심어 놓았다. 크리스마스가 코카콜라의 것이 되어 버린 것이다. 그래서 펩시Pepsi는 크리스마스 때만 되면 울상이다.

코카콜라에는 못 미치지만, 크리스마스를 성공적으로 상업화한 또 다른 기업이 있다. 1939년 몽고메리워드의 카피라이터 로버트 메이Robert May는 산타 관련 시를 한 편 지어 고객에게 나눠 줬다. 그런데 이 시의 내용이 흥미로웠다. 1822년 무어는 산타의 썰매를 끄는 순록의 수를 여덟 마리로 설정했는데 메이는 '루돌프Rudolph'라는 이름의 순록 한 마리를 추가했다. 메이의 어린 시절 모습을 닮은 루돌프는 연약하고 수줍음이 많아 친구 순록들로부터 항상 놀림거리가 되었고 결국 추방당한다. 그러나 밝게 빛나는 빨간 코를 가진 루돌프는 안개가 자욱한 어느 크리스마스이브에 영웅이 된다. 안개 때문에 시야를 잃어 더 이상 선물 배달이 어렵게 되자, 산타가 루돌프에게 썰매를 끄는 순록 무리에 합류해 길을 밝히도록 한 것이다. 1949년 조니 마크스Johnny Marks는 이 아름다운 시에 곡을 붙였는데, 이것이 그 유명한 〈루돌프 사슴코Rudolph the Red-Nosed Reindeer〉라는 노래다. 이 곡은 크리스마스 캐럴 중에서 〈화이트 크리스마스White Christmas〉 다음으로 많이 판매되었고, 지금까지도 세계적으로 널리 애창되고 있다.

## 소비자가 변화하면 기업의 운명이 바뀐다

자동차 산업은 20세기 미국을 최대 경제 강국으로 만든 중요한 산업 중 하나다. 그리고 20세기 미국 자동차 산업에서 가장 중요한 인물 두 사람을 뽑으라면 주저 없이 헨리 포드와 앨프리드 슬론Alfred Sloan을 들 수 있다. 포드는 포드자동차의 창업자이고, 슬론은 GM의 전문경영인이었다. 포드가 '모델 T'로 대표되는 대량 생산으로 포드자동차를 20년 동안 타의 추종을 불허하는 일등 자동차 회사로 만들었다면, 슬론은 탁월한 제품 전략과 조직 관리로 GM을 50년 동안 미국 자동차 시장의 지배자로 군림하게 했다.

1903년 포드가 포드자동차를 창립할 당시 미국 자동차 산업은 절대 강자 없이 수많은 자동차 회사가 난립하고 있었다. 이런 현상은 산업 발전 초기에 흔히 볼 수 있다. 1895년부터 1926년까지 무려 1,100개 이상의 자동차 회사가 설립되었고, 이들 중 대부분은 자동차를 한 대도 만들지 못한 채 도산했다. 포드는 이런 미국 자동차 시장을 처음으로 평정했다. 포드자동차는 1913년부터 1925년까지 시장 점유율 40퍼센트 이상을 유지했고, 1921년에는 미국 자동차 시장의 56퍼센트를 석권해 미국 최대 기업이 되었다.

포드자동차가 이렇게 미국 자동차 시장을 석권한 데는 단연 창업자 포드의 비전이 결정적 역할을 했다. 포드는 모든 사람이 사치품으로 여기던 제품을 대중 필수품으로 바꿔 놓았다. 일반 대중이 자동차를 구매하게 하려면 제조 원가를 파격적으로 줄여야 한다고 판단한 포드는 혁신적인 생산 방식을 개발했다. 사실 대량 생산, 표준화, 노동의 분업, 동적 조립 라인moving assembly line 등의 개념은 이미 다른 산업에서 잘 알려져 있었다. 포드의 업적은 이들을 하나로 묶어 자동차 산업에서 획기적인 원가 절감을 이루고 기업의 핵심 경쟁력으로 만든 점이다. 또한 그는 부품을 설계할 때나 최종 완성품을 디자인할 때 조립의 편리성과 비용을 고려해야 한다는 개념을 처음으로 정착시켰다. 이와 같은 제조 과정의 혁신을 통해 포드자동차는 수천 달러에 판매하던 자동차를 600달러 이하로 낮추고도 20~30퍼센트의 이익을 유지할 수 있었다. 이렇게 탄생한 모델 T는 미국 자동차 시장의 판도를 바꿔 놓았다. 자동차가 더 이상 사치품이 아닌 대중 필수품이 된 것이다. 포드와 그가 완성한 생산 방식은 세계의 이목을 집중시켰고, 포드자동차는 세계적인 모범 제조 기업이 되었다.

그러나 승승장구하던 포드자동차는 1920년대 중반에 들어서면서 몰락의 길을 걷기 시작해, 1931년에는 결국 GM에 선두 자리를 내주고 말았다. 그런데 여기서 몰락의 결정적 원인을 제공한 것은 바로 헨리 포드의 비전이었다는 사실에 주목할 필요가 있다. 1920년대 들어서면서 미국 자동차 시장은 빠르게 변화하고 있었지만, 포드는 이런 시장 변화를 감지하지 못했다. 보다 정확히 말하면 시장 변화를 인정하려고 하지 않았다. 모델 T 덕분에 포드자동차를 미국 최고 기업으로 키운 포드는 모델 T가 영원하리라 확고하게 믿고 있었다. 포드는 다른 사람의 비판을 받아들이려 하지 않는 독재적인 경영자로 변해 갔다.

GM은 1908년 뛰어난 금융 자본가였던 윌리엄 듀랜트William Durant가 설립했다. 듀랜트는 금융 자본가의 성격상 후일 GM의 대표적 자동차 브랜드가 될 여러 자동차 회사와, 수직적 계열화를 목표로 다양한 부품 회사를 인수했다. 이 인수 과정에서 당시 베어링 회사를 운영하던 앨프리드 슬론이 GM에 합류했다. 그러나 얼마 지나지 않아 무리한 인수 합병으로 인한 재정 압박을 견디지 못하고 듀랜트는 GM의 경영권을 잃었다. 1920년대 초부터 GM의 최고 경영자가 된 슬론은 일관성 있는 제품 전략과 이에 맞는 조직 개편을 통해 GM을 세계 최고 자동차 회사로 만들어 냈다. 1920년대 초 포드자동차의 절반에도 못 미치는 시장 점유율로 시작한 GM은 1931년에 선두 자동차 회사가 되었고, 1933년부터 1985년까지 50년 넘게 40퍼센트 이상의 시장 점유율을 유지했다. 전문 경영인인 슬론에게는 헨리 포드같이 창업자에게서 풍기는 카리스마가 없었다. 그러나 슬론은 일관성 있는 전략과 용의주도한 조직 관리를 통해 포드가 해낸 일 이상의 업적을 이뤄 냈다.

1920년대 미국 자동차 시장은 성숙화의 징조를 보여 성장이 정체되고 대체 수요가 점차 중요해졌다. 포드와 달리 슬론은 이런 시장 변화를 정확히 읽고 성숙 시장에 보다 적합한 전략을 제시했다. 슬론은 시장이 성숙해지면 소비자는 다양한 자동차 모델을 찾을 것이기 때문에 포드자동차의 모델 T 전략보다 광범위한 제품의 차별화가 타당하다고 주장했다. 이러한 슬론의 믿음에 따라 GM은 소득 기준으로 시장을 세분화하고 각 세분 시장에 적절한 자동차 브랜드를 개발한다는 제품 차별화 전략을 세웠다. 소득이 낮은 젊은 고객에게는 쉐보레Chevrolet, 중간층에게는 폰티액Pontiac, 올즈모빌Oldsmobile, 뷰익Buick, 그리고 최고급 차를 원하는 고객에게는 캐딜락Cadillac을 판매하는 방식이었다. 자동차 시장에는 여러 종류의 고객이 존재하기 때문에 각 고객의 니즈에 적합한 차종을 판매한다는 것이었다. 미국 자동차 시장이 포드의 매스 마케팅mass marketing에서 슬론의 시장 세분화로 바뀐 것이다.

슬론은 시장 세분화 전략을 수행하기 위해서는 분권화된 조직이 효과적이라 믿고, 향후 수많은 대기업 조직의 표본이 되는 분권 조직을 제시했다. 각 자동차 브랜드를 하나의 독립된 회사 또는 본부division로 운영해 제조 및 판매에 대한 책임을 지게 하는 대신 최대한 자율성을 보장했다. GM의 중앙관리본부는 전사적 조정이 필요한 업무와 장기적 자원 배분 문제만 다뤘다. 대량 생산에 필요한 규모의 경제를 유지하면서 시장 상황에 보다 유연하고 기민하게 대처하기 위해서는 분권 조직이 유리하다는 것이 슬론의 계산이었다.

슬론의 지도력에 힘입어 GM은 50년 이상 미국 자동차 산업의 절대 강자로 군림한다. 슬론은 이미 1920년대 성숙 시장에 적합한 제품 전략으로 제품 차별화를 제시할 정도로 날카로운 마케팅 감각을 지닌 경영자였다. 그의 조직 관리 기법은 학계에서도 널리 인용되어 슬론을 '현대 관리 이론의 아버지'라고 부르기도 한다. 1964년 출간된 그의 자서전 『나의 GM 시절』은 오늘날까지 경영 실무자와 연구자 모두에게 널리 읽히는 명저다. 마지막으로, 슬론은 GM 보통주 1퍼센트에 해당하는 전 재산을 자선기금으로 내놓아 경영자의 참된 모습을 보여 준 인물이기도 하다.

## 재벌로부터 미움을, 국민으로부터 사랑을 받다

자유 시장 경제를 아무리 찬성하는 사람도 자유 시장 경제 체제를 유지하기 위해서는 최소한의 법이나 제도가 필요하다고 인정할 것이다. 200여 년 전 경제학자 애덤 스미스Adam Smith도 언급했던 국방,

치안 등 관련 법이 대표적인 예다. 이 외에도 자유 시장 경제 시스템이 잘 작동하려면 경쟁을 저해하는 행위를 규제하고 상업 계약을 성실히 준수하게 만들 법이 필요하다. 또한 공공 이익을 위해 개개 기업의 사업 행위를 제한하는 법이나 규제가 필요한 경우도 있다.

정치와 법적 환경의 변화는 마케팅 의사 결정에 많은 영향을 미친다. 그리고 기업 환경의 변화에 따라 새로운 법과 제도가 끊임없이 제정된다. 그러므로 마케팅 관리자는 올바른 의사 결정을 위해 경쟁, 공정한 거래, 환경 보호, 제품 안전, 과대 광고, 포장·상표, 가격 등과 관련된 법·제도의 변화를 숙지해야 한다. 글로벌 기업에서 일하는 마케팅 관리자의 경우 이들 법·제도가 종종 국가마다 다르기 때문에 특히 주의가 필요하다.

미국 제26대 대통령 시어도어 루스벨트Theodore Roosevelt는 보수당인 공화당 출신이지만, 미국 대통령 중 가장 진보적인 정책을 편 대통령으로 유명하다. 그가 대통령으로 부임한 후 미국에서는 처음으로 정부가 나서서 대기업 활동을 규제하기 시작했다. 현대 문명 발전을 위해 기업이 꼭 필요한 존재인 것은 맞지만, "기업이 사회 전체의 이익을 위해 활동하도록 정부의 통제와 감독을 받아야 한다."라는 것이 루스벨트의 주장이었다.

루스벨트가 대통령으로 부임할 무렵 미국은 존 록펠러John Rockefeller, 앤드루 카네기Andrew Carnegie, J. P. 모건Morgan 등 재벌들의 경제, 사회, 정치적 영향력이 정점에 이르고, 빈부 격차가 극에 다다른 상태였다. 1901년부터 1909년까지 8년간 대통령으로 재임하며 루스벨트는 자신의 대선 공약인 '공정한 거래The Square Deal', 즉 경제 민주화를 실현하기 위해 최선을 다했다. 그는 재벌로부터 많은 미움을 받았지만 지식인을 비롯한 온 국민에게서 사랑받은 지도자였다.

미국 사우스다코타주에 있는 러시모어산의 커다란 화강암 바위에는 미국 역사상 가장 위대한 대통령 네 명의 모습이 조각되어 있다. 조지 워싱턴George Washington, 토머스 제퍼슨Thomas Jefferson, 에이브러햄 링컨Abraham Lincoln, 그리고 나머지 한 사람이 루스벨트라는 사실을 아는 사람은 그리 많지 않다. 또 오늘날 세계 어린이들로부터 많은 사랑을 받고 있는 곰 인형 테디베어Teddy Bear의 테디도 루스벨트의 이름에서 유래한 것이다. 1933년 미국 대공황 시기 대통령에 취임해 제2차 세계 대전에 참전하는 등 많은 업적을 남긴 프랭클린 루스벨트Franklin Roosevelt는 그의 조카 사위인 동시에 먼 친척이다.

## 루스벨트의 '공정한 거래'

루스벨트가 취임하기 전까지 미국 정부는 재벌들의 전횡에도 불구하고 자유 방임 정책으로 일관했다. 그 결과 국민들의 경제적 양극화가 심화하자 노동자와 농민을 중심으로 정부가 경제 운영에 보다 적극적으로 개입해야 한다는 목소리가 높아졌다.

루스벨트의 '공정한 거래'는 크게 기업 규제, 소비자 보호, 환경 보호라는 세 가지 영역의 개혁으로 요약할 수 있다. 좀 더 구체적으로 살펴보면, 철도 회사의 불법 리베이트에 대해 막대한 벌금을 부과하고, 철도 운임 담합을 막는 법안과 식품 및 육류 업체의 비리를 차단하는 법안을 통과시켰다.

미국 정부가 최초로 노동조합 편에 서서 석탄 광산 기업주로부터 임금 인상과 작업 시간 축소를 이끌어 낸 것도 이 시기의 일이다. 또한 그는 국립 공원의 수를 2배로 늘리고 산림 보호 구역 면적을 5배로 넓혔으며, 수많은 조류 보호 구역을 지정하는 등 환경 보호에도 남다른 족적을 남겼다. 특히 당시 최대 규모의 독점적 조직이던 스탠더드 오일 트러스트Standard Oil Trust를 해체한 것은 미국 기업사에서 의미 있는 사건으로 평가받고 있다.

1870년 존 록펠러는 클리블랜드에 스탠더드 오일Standard Oil이라는 정유 회사를 설립한 후 천재적인 사업 수완을 발휘해 10여 년 만에 석유 채굴, 수송, 정유, 판매에 이르기까지 수직적으로 계열화한 기업으로 키워 냈다. 미국 내에서 유통되는 석유의 90퍼센트 이상을 생산하는 석유 재벌이 탄생한 것이다.

이 과정에서 록펠러는 공격적으로 경쟁사를 인수하고, 시장 독점력을 강화하기 위해 유정 개발에서 석유 수출에 이르기까지 수직적 통합을 단행했다. 또한 한 회사가 다른 주에 있는 회사의 주식을 소유하지 못하도록 하는 규제를 회피하고자 미국 전역의 석유 회사들과 트러스트를 결성했다. 다른 주의 석유 회사들은 록펠러가 주도하는 스탠더드 오일 트러스트의 회원이 되기 위해 자사 주식을 트러스트에 위탁했고, 트러스트를 통해 록펠러는 미국 전역의 석유 가격 및 생산량을 통제할 수 있었다.

1890년 미국에서 제정된 셔먼법Sherman Act은 시장에서의 독과점을 금지하기 위해 마련된 것이지만, 재벌들의 로비와 위협으로 법 집행에 어려움을 겪어 왔다. 루스벨트는 스탠더드 오일 트러스트를 해체하면서 셔먼법에 힘을 불어넣었다. 이때부터 '동종 업계 기업들이 연합해 시장 경쟁을 저해하는 트러스트는 불허한다'라는 원칙이 세워져 다른 산업 분야의 트러스트도 해체의 길로 들어섰다.

## 우리나라의 공정 거래법

기업 경영 활동과 직접 관련 있는 우리나라의 법률로는 상법, 회사법, 노동법, 독점 규제 및 공정 거래법 등이 있다. 이 가운데 특히 공정 거래법은 대기업의 경영에 지대한 영향을 미친다. 이 법은 대기업이 시장 지배적 지위를 남용하거나 경쟁을 저해하는 불공정 거래를 하지 못하도록 하고, 소수의 대기업 집단에 경제력이 집중되는 현상을 막기 위해 제정되었다.

1960~1970년대 고도성장기에 우리 정부는 대기업을 집중적으로 육성하는 정책을 펼쳤고, 그 결과 대부분 산업이 독과점적 시장 구조를 갖게 되었다. 이에 정부는 1975년 말 '물가 및 공정 거래에 관한 법률'을 제정해 대기업의 담합과 시장 지배력 남용 등 시장 경쟁을 해치는 행위를 처음으로 제재하기 시작했다. 그러나 이 법을 집행하는 담당 부서가 공정 거래 확보를 소홀히 하고 물가 관리에만 치중하자, 정부는 공정 거래 부문을 따로 분리해 새로운 법을 제정했다. 그리고 마침내 1980년 말 '독점 규제 및 공정 거래에 관한 법률'이 제정되었다.

## 자유와 규제의 균형점을 찾아서

자본주의의 핵심은 애덤 스미스가 '보이지 않는 손invisible hand'으로 묘사한 자유 시장 경쟁이다. 인간은 자신의 이익을 극대화하기 위해 이익이 가장 많이 날 것으로 예상되는 곳에 자원을 투자한다. 그러나 제품·서비스 판매로 이익을 내기 위해서는 다른 사람들이 원하는 제품·서비스를 생산해야 한다. 즉, 생산자는 극히 이기적인 이유로 제품·서비스를 생산하지만, 그 제품은 (보이지 않는 손에 의해) 사회 전체의 이익을 극대화할 수 있는 제품·서비스라는 것이다. 그러나 앞서 언급한 바와 같이 자유 시장 경쟁을 유지하기 위해서는 법이나 제도가 필요하다. 반면 자유 시장 경쟁 질서를 유지한다는 이유로 제정된 규제로 인해 자유 시장 경쟁 질서가 오히려 침해되는 경우가 있다. 어떤 사안을 시장 경쟁에 맡길 것인지, 규제에 의존할 것인지 결정하기란 그리 쉽지 않다.

예를 들어, 식료품의 경우 용기나 포장지에 내용물, 제조업자, 양 등을 명확히 표기하도록 되어 있다. 식료품 업체가 이런 정보를 제공하지 않을 경우 소비자는 원치 않는 식료품을 구매할 수 있기 때문이다. 아마도 식품의 기본 정보를 포장지에 명기해야 한다는 규제에는 이견이 별로 없을 것이다. 그렇다면 포장지 디자인은 어떤가? 어떤 소비자가 포장지에 현혹되어 과자를 구입했는데 먹어 보니 형편없었다면, 이런 소비자를 보호하기 위해 현실성이 결여된 포장 디자인을 규제하는 법을 제정해야 하는가? 제품 포장 디자인은 중요한 기업 활동이기 때문에 이를 규제하면 기업의 창의성을 심각하게 저해한다. 즉, 포장 디자인이라는 경쟁 요소를 인위적으로 제거하면 공정한 자유 경쟁을 저해한다는 것이다.

자유 시장 경쟁을 규제하는 법을 제정할 때는 득과 실을 꼼꼼히 따져 봐야 한다. 여기서 우리나라가 외국 기업으로부터 규제 과잉이라는 평가를 듣는 이유를 생각해 볼 필요가 있다. 규제의 최대 강점은 신속한 처리 능력이다. 소비자가 포장지 때문에 불만일 경우 모든 기업의 포장지 디자인을 정부에서 통제하면 만사 해결이다. 그러나 규제는 사회적 비용을 수반한다. 우선 포장지 디자인을 정부에서 통제하기 위해서는 인력 운영 비용이 필요하다. 그리고 규제가 만들어내는 더 큰 문제는 통제자의 권력 남용, 즉 부조리 가능성이다. 포장 디자인을 통제하는 공무원은 막강한 권력을 휘두르는 권력 기관이 되어 기업이 출시한 제품의 포장을 허가해 주는 과정에서 부조리가 발생할 가능성이 많다. 그러므로 규제는 문제 해결을 위해 최종적으로 고려해야 할 옵션으로 생각해야 한다. 직접적인 포장지 규제보다 소비자에게 정확하고 객관적인 정보를 제공하는 편이 훨씬 효율적인 해결책이다. 일부 소비자들이 A사 식품의 포장이 비현실적이라고 평가한다는 정보를 모든 소비자에게 전달하면 그것으로 문제가 해결된다. 미국의 잡지 『컨슈머 리포트Consumer Reports』의 역할이 바로 공정한 제품·서비스 평가 정보 제공이다.

## 독점은 기업을 지키는 최선의 방법이다

경제학자는 복잡한 사회 현상을 이해하기 위해 세상을 단순화하는 여러 가지 가정을 동원한다. 현실의 기업 세계에서 일어나는 일들도 그와 마찬가지다. 수많은 기업 간 경쟁 관계가 복잡하게 얽혀 있고 기업 밖에서 일어나는 다른 사회 현상들과 뒤섞여 이해하기가 쉽지 않다. 현실 세계의 경쟁을 올바르게 이해하려면 우선 독점monopoly과 완전 경쟁perfect competition이라는 두 가지 대립적인 가정을 도입할 필요가 있다.

한마디로, 독점은 경쟁 기업이 없는 시장이며, 완전 경쟁은 경쟁자가 무한히 많은 시장이다. 엄밀한 의미의 독점과 완전 경쟁은 현실 세계에 존재하지 않는다. 독점에 근접한 시장의 예로는 한국통신KT의 유선 전화, 한국전력의 전기, 한국수자원공사의 수돗물 등을 들 수 있다. 특허권을 보유한 제약 회사의 경우도 법에 의해 한시적으로 독점적 기업 운영을 보장받는다.

반면에 완전 경쟁 시장은 독점 시장과 정반대 성격을 띠며, 동일한 상품을 생산하는 경쟁업체가 무수히 많고, 한 기업의 생산 규모가 산업 전체의 공급량에 비해 미미하다. 완전 경쟁 시장에서는 개별 기업의 가격 전략이 존재하지 않고, 가격이 시장에서 결정된다. 이런 경우 기업은 시장에서 결정된 가격을 그대로 받아들이는 가격 수용자price taker 입장에 놓인다.

완전 경쟁은 고객에게 바람직하지만 기업 입장에서는 피해야 할 시장이다. 독점은 그와 반대로 고객에게 혐오스럽지만 기업에 달콤한 시장이다.

대한민국은 자유 시장 경쟁을 신봉하는 국가다. 우리는 경쟁이 사회에 긍정적인 영향을 미친다며 끊임없이 칭송하고, 경쟁을 유발하는 제도와 문화를 정착시키기 위해 노력한다. 소비자 입장에서는 이러한 노력이 어느 정도 성공을 거둔 듯하다.

그러나 기업 입장에서는 하루하루가 치열한 경쟁의 연속이다. 무료 배송과 같은 획기적인 아이디어로 경쟁자를 제치려 해도 경쟁자가 재빠르게 이를 모방하면 원점에서 다시 시작해야 한다. 최적의 날씨로 풍작을 거둔 벼농사 농민의 기쁨도 잠깐이다. 주위 모든 '경쟁' 농민의 벼 출하량이 늘어 쌀값이 폭락하기 때문이다. 풍년이든 흉년이든 농민들은 항상 어렵다고 한다. 누구도 이길 수 없는 달리기 시합을 해야 하는 자유 시장 경쟁을 선택한 대가다.

## '자본의 성'을 지켜라

대부분의 기업 경영자는 자유 시장 경쟁의 절대적 신봉자이지만, 아이러니하게도 자신의 기업이 시장을 독점하기를 바란다. 경영학은 자유 시장 경쟁의 수호자이지만, 동시에 경영 전략의 목표는 완전 경쟁에서 벗어나 독점으로 가는 방법을 제시하는 것이다.

워런 버핏Warren Buffett은 『뉴욕 타임스』와의 인터뷰에서 자신의 회사 버크셔 해서웨이Berkshire Hathaway를 '자본의 성castle of capital'이라고 부르며 매일같이 경쟁사와 치러야 하는 전쟁을 다음과 같이 비유했다.

"경쟁사는 끊임없이 우리의 성을 빼앗기 위해 공격해 온다. 나는 종업원들에게 성 주위에 웅덩이를 파라고 지시한다. 그래도 경쟁사의 공격이 수그러들지 않으면, 웅덩이를 더 깊고 넓게 판 뒤 그곳에 악어를 풀어 놓으라고 지시한다."

자유 시장 경쟁을 지지하는 국가에서도 한시적으로 특정 기업의 독점 행위를 허용하는 경우가 있다. 철도, 전기, 수도와 같은 산업은 막대한 기반 투자가 필요하고 규모의 경제가 존재한다. 이런 산업 분야에서 민간 기업끼리 자유롭게 경쟁하도록 놔두면, 얼마 지나지 않아 선도 기업이나 자본력이 풍부한 대기업이 시장 점유율 증대와 함께 원가 우위를 확보한다. 이것이 후발 업체의 시장 진입을 어렵게 만드는 진입 장벽 역할을 해 한두 개의 독과점 기업이 전체 산업을 지배한다.

이러한 '자연적 독점natural monopoly'이 발생할 여지가 있는 산업에서는 국가가 독점적 공기업을 설립하는 경우가 많다. 독과점 민간 기업의 폐해를 막는 것은 물론, 하나의 공기업이 모든 생산 및 서비스를 도맡음으로써 규모의 경제도 실현하려는 취지다.

특정 기업의 독점 행위를 허용하는 또 다른 경우가 특허권patent이다. 발명한 제품에 대한 특허권을 획득하면, 특허 등록 후 20년 동안 독점적으로 해당 제품을 판매할 수 있다. 정부가 특허 제도를 두는 것은 연구 개발에 인센티브를 부여하고, 초기 연구에 투입되는 막대한 고정 비용을 회수할 시간적 여유를 주기 위함이다.

특허권을 취득할 수 있다면 더 바랄 나위가 없겠지만, 그렇지 못한 경우에도 많은 기업은 경쟁 기업으로부터 '자본의 성'을 지키기 위해 끊임없이 노력한다. 독점을 실현하려면 자사 제품을 경쟁사 제품과 완벽히 차별화해 소비자가 자사 제품을 구매하려고 할 때 비교할 다른 대안을 떠올리지 못하도록 해야 한다.

이때 실제로 대안이 존재하는지 여부는 중요하지 않다. 표적 고객이 자사 제품을 대체할 경쟁 제품이 없다고 믿으면 성공이다. 브랜드를 알리기 위해 천문학적인 돈을 광고에 쏟아붓고, 단골 고객에게 포인트를 적립해 주고, 최신 공장 설비에 막대한 자본을 투자하고, 드론으로 상품을 배송하겠다는 계획을 발표하는 것 또한 모두 독점으로 가려는 전략의 단면이다.

물론 '자본의 성'을 지키는 전략은 어디까지나 법의 테두리 안에서 수행되어야 한다. 독점을 목적으로 특정 물품을 대량 구매해 시장에 품귀 현상이 나타나 가격이 오르면 고가로 되팔아 이익을 취하는 매점매석, 시장 가격을 올릴 목적으로 산업 내 경쟁업체와 짜고 가격을 올리는 담합이나 공급량을 제한하는 행위, 직접적인 경쟁을 피할 목적으로 경쟁사와 지역을 나눠 각자 맡은 지역에서 독점하기로 약속하는 시장 분할 행위, 역시 경쟁을 회피할 목적으로 경쟁자와 정기적으로 만나 가격이나 생산량 따위의 정보를 교환하는 행위 등과 같이 책략으로 경쟁을 완화시키는 일은 공정 거래법을 위반하는 명백한 범법 행위다.

그러나 특정 경쟁 완화 행위가 합법인지 불법인지 구분하기 어려운 경우도 있다. 마이크로소프트Microsoft는 윈도 시장에서, 구글Google

은 검색 시장에서 명백히 독점적 지위를 누리고 있다. 이들이 혁신적인 기술로 막대한 가치를 창출해 인류의 복지에 기여한 것 역시 사실이다. 마이크로소프트와 구글이 자신들의 독점적 지위를 남용했는지에 대한 최종 판단은 법원의 몫이겠지만, 현재까지 여론은 이들에게 우호적인 듯하다.

## 당신을 무너뜨릴 경쟁자는 눈에 보이지 않는다

20세기 초반까지만 해도 미국의 철도 산업은 세계 최대 규모를 자랑했다. 1898년 뉴욕증권거래소에서 거래된 주식의 60퍼센트 이상이 철도 관련 주식이었고, 미국 도시 간 운송의 95퍼센트 이상을 철도 산업이 점유했다. 1846년 설립된 펜실베이니아철도회사PRR는 전성기 시절 연간 매출이 미국 정부 예산 규모보다 크고 종업원 수가 25만 명에 이르는 거대 기업이었다.

언제까지나 번영을 누릴 것 같던 미국 철도 산업은 1920년대 초반을 기점으로 빠르게 쇠퇴의 길로 접어들었다. 1960년 무렵 대부분의 철도 회사가 도산하고, 미국 최대 철도 회사인 PRR 역시 위기를 극복하기 위해 경쟁사이던 뉴욕센트럴철도회사와 합병했지만 합병 후 2년도 채 지나지 않은 1968년에 도산했다. 시어도어 레빗Theodore Levitt은 미국 철도 산업이 몰락한 것은 승객 및 화물 운송 수요가 감소하거나 철도 회사 간 경쟁이 격화되었기 때문이 아니라, 자신의 시장을 편협하게 정의한 '근시안적 마케팅marketing myopia' 때문이라고 지적했다.

운송 수요는 꾸준히 늘어났고, 빈번한 인수 합병으로 철도 회사의 수도 점차 줄어들었다. 하지만 늘어난 운송 수요에도 불구하고 자동차, 트럭, 항공기, 심지어 전화기 등과 같은 대체 수단들이 소비자 니즈의 대부분을 충족시킨 것이 문제였다. 1970년에는 항공 산업이 전체 승객 운송의 73퍼센트를 점유하고, 철도 산업의 점유율은 7.2퍼센트로 추락했다. 철도 회사는 다른 철도 회사와의 경쟁에 골몰하느라 승객 및 화물 운송이라는 고객의 니즈를 충족하기 위해 존재하는 기업이라는 사실을 까맣게 잊고 있었다. 근시안적 시각에서 경쟁자를 철도라는 '제품' 중심으로 설정했기 때문에 자동차, 트럭, 항공기 등의 대체 산업이 자신을 무너뜨릴 거라고는 상상조차 하지 못한 것이다.

레빗은 기업이 지속적으로 성장하기 위해서는 시장을 고객 관점customer oriented에서 보다 광범위하게 설정해야 한다고 주장했다. 자신을 미국 철도 산업에 속한 일개 철도 회사라고 정의한 순간 PRR은 대체 교통수단의 발달과 함께 쇠퇴할 수밖에 없었다. 만약 PRR이 자신을 승객 및 화물 운송 산업의 일원이라고 보다 광범위하게 정의했더라면 상황이 달라졌을지도 모른다.

제품 수명 주기 이론에 따르면 모든 산업은 도입기, 성장기를 지나 성숙기와 쇠퇴기를 맞이한다. 하지만 레빗의 주장대로 고객 입장에서 산업을 재정의하면 쇠퇴기가 오기 전에 새로운 성장기를 맞이할 수도 있다. 운송 산업인 철도 산업이 쇠퇴기를 맞이할 운명이었다면, 철도 회사는 계속 철도 운행만 고집할 것이 아니라 다각화를 통해 항공, 버스 등 새로운 운송 산업으로 진출했어야 한다는 것이다.

## 고객 중심으로 사업을 재정의하라

최근 제조업의 위기라는 말이 많다. 위기가 찾아온 데는 다양한 이유가 있겠지만 자동차, 냉장고, 텔레비전 등 내구재의 경우 품질이 개선되면서 제품의 수명이 눈에 띄게 연장된 점이 주요 원인으로 꼽힌다. 그 증거로 나는 구매한 지 13년이 넘은 자동차를 지금도 아무 불편 없이 타고 있다.

제품의 수명이 연장되고 판매 침투율penetration rate(표적 고객 중 자사 제품을 한 번 이상 구매한 고객의 비율)이 100퍼센트에 가까워지면 신규 수요는 감소할 수밖에 없다. 그야말로 제조업의 위기인 셈이다. 미국 내 자동차 운행 대수와 연간 신차 판매량 비율은 13대 1에 이르렀고, 민간 항공기의 경우는 150대 1에 달한다고 한다.

같은 이유로, 내구재 산업은 신규 판매가 감소하더라도 누적 판매량이 지속적으로 증가한다는 특징을 지닌다. 그 결과, 제품 구입에 소요되는 비용보다 제품 관리, 유지 비용의 비중이 점차 커지고 있다. 예를 들어, 철도 기관차를 운행하고 관리, 유지하는 데 필요한 비용은 새 기관차 구입에 드는 비용의 20배에 이른다. 이와 유사하게 휘발유, 보험, 수리, 자동차 대출 금융 등 자동차 관리 및 운행과 관련된 부대비용은 신차 구입 비용의 5배에 이른다. 기업은 매년 컴퓨터 관련 예

**[그림 2-2] 총비용 중 제품의 구매·관리·유지 등이 차지하는 비중**

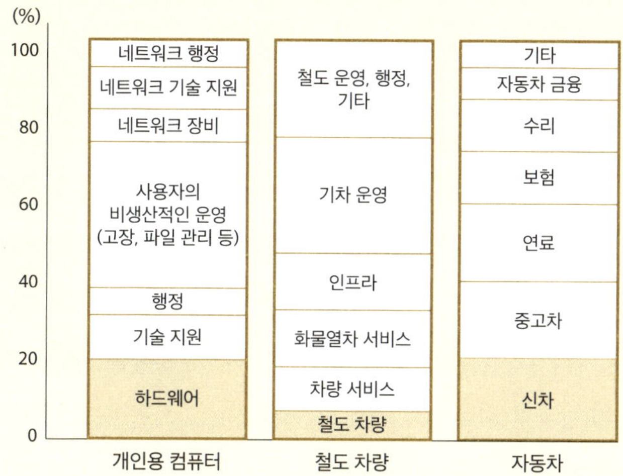


산의 20퍼센트가량을 컴퓨터 교체 비용으로 사용하고 나머지 80퍼센트는 기술 지원·유지·보수 등에 사용한다.

이러한 현상을 반영해 고객 중심으로 사업을 재정의함으로써 위기를 기회로 바꾼 제조업체들이 있다. 제품의 수명 연장으로 신규 제품 수요가 감소한 것은 제조업체에 위기이지만, 누적 판매량 증대로 제품 관리, 유지에 투입되는 비용이 늘어나고 있다는 점은 기회인 것이다. 이들은 제조업의 틀에서 벗어나 이미 판매한 제품을 관리하고 유지하는 일과 관련된 서비스 시장으로 사업 영역을 확대함으로써 제조업의 위기를 극복했다.

제너럴일렉트릭GE은 1895년부터 기관차를 만들어 왔다. 신규 차량 수요가 거의 없는 상황에서 GE는 철도 회사에 필요한 서비스를 제공하는 데까지 사업을 확장하기로 결정했다. 철도 회사가 원하는 것은 보다 크고 강력한 기관차가 아니라 최소한의 비용으로 보다 많은 화물을 운송할 수 있는 시스템이라는 사실을 간파한 것이다.

GE는 철도 회사가 기관차들을 좀 더 효율적으로 관리할 수 있도록 컴퓨터 기반 배차 시스템을 개발했다. GE가 개발한 시스템을 통해 철도 회사는 언제든 모든 기관차의 위치를 파악할 수 있게 되었다. 또 기관차가 갑자기 고장 날 경우 따로 도움을 요청하지 않아도 GE가 현장으로 달려와 수리해 주었다. GE는 기관차를 만드는 회사에서 철도 운영에 필요한 제반 솔루션을 제공하는 회사로 탈바꿈하는 데 성공했다.

자동차 제조업체들이 기존의 신차 판매뿐만 아니라 자동차 보험, 자동차 금융, 수리, 중고차 매매 등 자동차 관련 제반 서비스를 제공하는 종합 자동차 회사가 되겠다고 선언하는 배경도 같은 맥락으로 이해할 수 있다. 또한 1990년대 IBM이 컴퓨터 제조업체에서 IT 솔루션을 판매하는 회사로 변모한 것 또한 고객 중심으로 사업을 재정의한 전략이라고 볼 수 있다.

## 네이버와 대한항공 중에서 더 많은 가치를 창출하는 기업은?

많은 가치를 창출한다고 꼭 이익을 많이 내는 것은 아니다. 경쟁 기업이 나의 가치 창출 노하우를 쉽게 모방할 수 있다면, 어렵게 창출한 가치로 인한 혜택은 대부분 고객에게 돌아가고 내 이익으로 적립되지 않는다.

국내 항공 산업과 인터넷 포털 서비스업체를 비교해 보자. 국내 항공사는 매년 수천만 명의 승객을 실어 나르며 천문학적인 가치를 창출한다. 국토교통부에 따르면, 2023년 국내와 해외를 합한 항공 여객 수송량이 1억 명을 돌파했다고 한다. 하지만 국내 최대 규모 항공사인 대한항공의 기업 가치는 8조 원 정도 된다(2024년 12월 20일 기준). 그리고 아시아나항공의 기업 가치는 7,400억 원밖에 되지 않는다. 반면 네이버의 기업 가치는 32조 원으로 국내 모든 항공사를 합한 금액의 3배나 된다.

이런 현상은 국내 항공사의 경우만이 아니다. 『제로 투 원』의 저자 피터 틸Peter Thiel에 따르면 구글의 기업 가치는 미국 모든 항공사의 기업 가치를 합한 금액의 3배가 넘는다. 매출액 규모로만 보면 미국 항공 산업이 구글보다 훨씬 크지만, 이익률은 구글이 항공 산업보다 100배 이상 높다.

미국 항공 산업의 치열한 경쟁 결과, 2024년 편도 요금 평균 가격이 382달러까지 떨어졌고, 항공사들이 승객 1인당 벌어들인 이익은 약 7달러에 불과하다. 기업 가치를 결정하는 것은 매출이 아니라 이익이기 때문에 구글의 가치가 미국 항공 산업의 가치보다 높을 수밖에 없다.

네이버의 기업 가치가 대한항공의 10배라고 해서 네이버가 대한항공에 비해 10배 높은 가치를 창출한다는 뜻은 아니다. 아마도 많은 사람은 포털 사이트 없이는 살아도 항공 산업 없이는 살 수 없다고 생각할 것이다.

그러나 대한항공이 사라지면 아시아나항공을 비롯한 수많은 항공사가 그 빈자리를 쉽게 메우겠지만, 네이버나 구글을 대체할 포털 서비스업체는 당분간 나타나기 어려울 것이다. 즉, 네이버는 강력한 경쟁자가 없어 자신이 창출한 가치를 대부분 수익으로 환원할 수 있지만, 대한항공은 수많은 경쟁 항공사 때문에 혜택의 대부분이 고객에게 돌아가는 셈이다.

## 월마트를 1위로 만든 세 가지 전략

전략에 대한 고민은 경쟁자를 인식하면서부터 시작된다. 경쟁자가 존재할 경우에는 가치 창조 이상의 구체적인 전략이 필요하다. 고객에게는 우리 제품 외에도 대안이 있기 때문이다. 당신이 아무리 큰 가치를 창출한다고 해도 경쟁자가 더 적은 비용으로 더 큰 가치를 창출한다면 고객은 당신을 외면할 것이다.

전략의 핵심은 선택이다. 마이클 포터Michael Porter는 "전략의 요체는 무엇을 하지 않을지 선택하는 것"이라고 말한 바 있다. 여기서 월마트의 사례를 한번 살펴보자.

월마트는 1962년 설립되어 눈부신 성장을 거듭한 끝에 2002년 매출액 기준 세계 1위로 등극했다. 하지만 설립 당시에는 보잘것없는 하나의 할인점에 불과했다. 월마트는 새로운 산업의 지평을 열지도 않았을뿐더러 특별한 자원이나 역량을 보유하지도 않았다.

백화점이 제공하는 온갖 사치스러운 장식과 서비스를 대폭 줄이는 대신 백화점보다 훨씬 저렴하게 제품을 공급한다는 할인점의 개념은 이미 1950년대부터 미국 사회에 널리 확산되었다. 그러나 월마트의 창업자 샘 월턴은 경쟁자와 다른 방식으로 할인점을 운영하는 '전략적 마인드'를 갖고 있었다. 설립 초기 월마트는 최소한 세 가지 점에서 기존 할인점과 다른 전략을 선택했다.

첫째, 기존 할인점은 주로 미국 내 10대 대도시에 입지해 있었지만, 월마트는 인구 5,000명에서 2만 5,000명 규모의 작은 시골 마을에 점포를 개설함으로써 다른 할인점과의 경쟁을 최소화했다. 미국은 땅이 넓어 월마트가 입지한 시골 마을에서 대도시까지 자동차로 이동하기가 어려웠다. 또한 월마트가 선택한 입지 조건상 경쟁 할인점이 하나 더 진출하기에는 시장 규모가 작았기 때문에 미래의 잠재적 경쟁자 역시 배제할 수 있었다.

1993년 월마트 전체 매장 가운데 55퍼센트가 케이마트K-Mart와 경쟁을, 23퍼센트가 표적 고객과 직접적 경쟁을 하는 장소에 위치해 있었던 반면, 케이마트는 전체 매장의 82퍼센트가 월마트와 경쟁을, 85퍼센트가 표적 고객과 직접적 경쟁을 하는 곳에 있었다고 한다.

월마트와 케이마트의 운명은 2002년에 이르러 극명하게 갈렸다. 당시 미국 2위 할인점이었던 케이마트는 결국 극심한 경쟁 끝에 도산했지만, 경쟁을 두려워했던 월마트는 전 세계 모든 산업을 통틀어 매출액 1위 기업의 자리에 올랐다.

둘째, 월마트는 기존 할인점과 달리 'EDLPEvery Day Low Pricing' 가격 정책을 시행했다. 기존 할인점들이 대부분의 제품에 '하이로High-Low' 가격 정책을 시행해 왔기에 월마트의 이런 시도는 그야말로 파격적이었다.

하이로 가격 정책이란 평소에는 높게 책정된 정상 가격High 으로 상품을 판매하지만, 정기적인 할인 행사 기간에는 할인된 가격Low 으로 저렴하게 판매해 가격에 민감한 소비자를 추가적으로 끌어들이는 전략이다. 즉, 하이로 가격 정책은 일종의 가격 차별화 정책으로서 가격을 별로 신경 쓰지 않는 소비자는 정상 가격으로, 가격에 민감한 소비자는 할인 가격으로 제품을 구매하도록 유도하는 효과가 있다.

반면 EDLP 가격 정책은 하이로 가격 정책의 정상 가격보다 싸고 할인 가격보다 다소 비싼 가격을 책정해 일관성 있게 유지하는 전략이다. 월마트가 EDLP 가격 정책을 시행하자 기존 할인점에서 정상 가격으로 제품을 구매하던 많은 소비자와 할인 가격으로 제품을 구매하던 소비자 가운데 일부가 월마트로 발길을 돌렸다.

하이로 가격 정책을 시행하는 할인점은 이 정책의 특성상 특별 할인 행사를 할 때마다 광고 전단을 만들어 돌리고 이를 홍보하는 데 막대한 광고비를 지출할 수밖에 없다. 반면 월마트는 변함없이 항상 저렴한 가격에 상품을 판다는 EDLP 가격 정책을 시행함으로써 광고비를 줄이고 이를 고객의 이익으로 돌려준다는 긍정적 이미지를 형성할 수 있었다.

셋째, 월마트는 정보 기술 및 물류 인프라에 막대한 투자를 했다. 소매점 경영의 핵심은 품절 가능성을 최소화하는 동시에 재고 또한 최소화하는 것이다. 재고를 늘리면 품절 가능성은 줄지만 재고 관리 비용이 올라간다. 반면 재고를 줄이면 재고 관리 비용은 줄어들지만 고객이 원하는 물건의 재고가 없어 판매 기회를 놓칠 가능성이 있다.

월마트는 정보 기술에 투자해 품절 가능성과 재고를 동시에 줄이고자 노력했다. 지속적인 재고 관리를 위해 월마트 매장 종업원은 이미 1983년부터 휴대용 스캐너를 활용했고, 각 제조업체가 월마트의 실시간 판매 및 재고 정보에 접근할 수 있도록 했다.

소매점 경쟁에서 우위를 점하려면 효율적인 물류 시스템을 구축해 한 번에 대규모 물량을 처리함으로써 단위 물류 원가를 낮추는 것이 중요하다. 월마트는 항상 경쟁사보다 한발 앞서 대도시 터미널 집중 방식hub-and-spoke, 크로스도킹cross docking 등 첨단 물류 시스템에 과감히 투자했다.

물론 경쟁사와 다르게 한다고 해서 무조건 경쟁사보다 잘할 수 있는 것은 아니다. 하지만 경쟁사를 따라 하기만 하면 언제까지나 2인자 자리에 머무를 수밖에 없다. 남과 다르게 하면 최소한 경쟁을 피할 수 있고, 결과적으로 이길 가능성이 생긴다. 월마트는 인구 밀도가 낮은 시골에 입지함으로써 경쟁 할인점과의 직접 경쟁을 피하고, EDLP라는 색다른 가격 정책을 시행함으로써 경쟁 할인점과 차별화된 고객을 유치할 수 있었다.

경쟁사와 다른 선택을 하는 방법은 매우 많다. 월마트와 같이 표적 고객을 달리하는 방법도 있고, 기업용이 아닌 가정용 소형 복사기를 출시한 캐논Canon처럼 판매 상품을 차별화하는 방법도 있다. 전화를 통해 개인용 컴퓨터를 처음 판매하기 시작한 델Dell처럼 판매 방식을 차별화할 수도 있다. 물론 이 모두를 다르게 해서 새로운 고객에게 경쟁사와 차별화된 제품을 독창적인 방식으로 판매한다면 더 바랄 나위가 없을 것이다.

## 앞으로 중국이 세계 기술 표준을 정하게 되는 이유는?

내가 대학에 다닐 무렵, 소니Sony의 비디오카세트레코더VCR는 정말 인기 있는 전자 제품이었다. 영화는 영화관 스크린이나 텔레비전 방송의 〈주말의 명화〉로만 봐야 하던 시절, VCR은 집에서 영화를 시청하고 텔레비전 드라마를 녹화할 수 있게 해준 혁신적인 제품이었다.

소니가 VCR 제품을 일본 시장에 출시한 것은 1975년 5월로, 아직 세계인들이 소니의 연구 개발 능력을 인정하기 전이었다. 소니가 세계적인 전자 제품 회사로 자리매김한 것은 1979년 세계 최초 휴대용 음악 재생기인 워크맨Walkman을 출시하면서부터다. 그런데 소니 VCR이 출시되고 얼마 지나지 않은 1976년 10월 경쟁사인 JVC가 소니와 다른 기술을 채택한 VCR을 출시했다. 역사상 가장 유명한 표준 전쟁 중 하나인 비디오테이프 표준 전쟁이 시작된 것이다.

시장에 먼저 진입한 소니는 자신만의 독자적 VCR 기술인 베타맥스(베타) 방식에 기대어 고가 정책을 유지했다. 소니는 일본 통산성을 설득해 베타 방식을 일본 내 VCR 기술 표준으로 선정하고 다른 기업들은 소니로부터 기술 라이선스를 받아 VCR을 만들게 하려고 꾸준히 노력했다.

이에 맞선 후발 업체 JVC는 소니와 다른 VHSvideo home system 방식의 VCR을 출시했다. 이는 베타 방식보다 기술적으로 열등하고 영상의 잡음이 많으며 화질도 떨어지지만, JVC는 자체 개발한 VHS 기술을 시장에 공개해 다른 제조업체들이 마음대로 쓸 수 있도록 했다.

마쓰시타Matsushita, 히타치Hitach, 미쓰비시Mitsubishi, 샤프Sharp 등 일본을 대표하는 전자 제품 업체들이 모두 시장에 공개된 VHS 방식의 VCR을 출시하면서 자연스럽게 경쟁이 일어났고, 이들 제품은 소니의 VCR보다 상대적으로 저렴한 가격에 판매되었다. 꾸준한 가격 인하 결과 VHS 방식 VCR의 시장 점유율은 계속 상승했고, 베타 방식 VCR의 시장 점유율은 나날이 하락했다.

1988년에는 마침내 소니도 VHS 방식의 VCR을 출시하기에 이르러 베타 방식의 VCR은 시장에서 퇴출되었다. 소비자들은 베타 방식의 기술적 우위보다 VHS 방식의 보편성을 선택한 것이다.

## 남들이 쓰는 것을 산다

시장 진입도 늦고 기술적으로도 열등하던 VHS 방식이 기술 표준 경쟁에서 승리한 이유를 보다 논리적으로 이해하기 위해서는 먼저 네트워크 효과network effect에 대해 알 필요가 있다.

네트워크 효과란 '네트워크 외생성network externality'이라고도 불리는데, 특정 제품에 대한 한 사람의 수요가 다른 사람들이 그 제품에 부여하는 가치에 영향을 주는 현상을 말한다. 네트워크 효과가 존재하는 제품의 경우, 소비자가 해당 제품에 부여하는 가치는 그 제품의 구매자 또는 사용자의 수에 크게 영향을 받는다.

경제학에서는 보통 특정 제품에 대한 소비자의 수요는 서로 독립적이라고 가정한다. 예를 들어, 신라면에 대한 철수의 수요는 신라면의 가격, 경쟁사 라면의 가격, 철수의 소득과 취향 등에 의해 결정되지만, 철수의 여자 친구 영희의 신라면 선호 여부에는 영향을 받지 않는다. 이러한 가정은 시장 수요 곡선의 도출 등 여러 미시 경제학적 문제를 분석할 때 매우 유용하다.

그러나 현실 세계에서는 각 소비자들의 수요가 서로 독립적이지 않은 경우를 흔히 볼 수 있다. 전화가 대표적인 예다. 보다 많은 사람이 전화를 소유할수록 내가 전화에 부여하는 가치는 커진다. 우리는 서로 통화하기 위해 전화기를 구매한다. 아무도 전화기를 갖고 있지 않다면 내 전화기가 무슨 쓸모가 있겠는가. 내 전화기의 성능이나 가격에는 변화가 없지만 전화 가입자 수가 늘어날수록 내가 내 전화기에 부여하는 가치 또한 커진다. 엑스X나 페이스북Facebook 같은 온라인

SNS, 팩스, 인터넷, 휴대 전화 등에도 유사한 형태의 네트워크 효과가 존재한다.

1970년대 말 VCR의 기술 표준 경쟁 사례로 돌아가 보자. VCR은 제품의 성격상 네트워크 효과가 크다. 주변을 통틀어 나 혼자만 VCR을 구입했다고 상상해 보라. 내가 녹화한 텔레비전 드라마 테이프의 경우 VCR을 갖고 있는 내게는 가치가 있지만 VCR을 갖고 있지 않은 이들에게는 아무런 가치가 없다. 또한 영화사는 일정 수의 VCR이 각 가정에 보급되기 전까지 영화 비디오테이프를 출시하지 않을 것이다. 즉, 소니 VCR의 제품 가치는 소니 VCR의 구매자 수에, 그리고 JVC VCR의 제품 가치는 VHS 방식을 채택한 VCR 구매자 수에 영향을 받는다.

네트워크 효과가 존재하는 산업의 경우에는 시장 진입 초기에 다소 손해를 감수하더라도 공격적인 마케팅 정책을 펼칠 필요가 있다. 구매자 수가 많아질수록 아직 제품을 구매하지 않은 고객이 체감하는 해당 제품의 가치가 상승하기 때문이다.

네트워크 효과가 있는 VCR 산업에서 소니는 JVC보다 17개월 앞서 제품을 출시했기 때문에 경쟁 우위에 있었다. 하지만 소니는 자신들의 베타 방식 기술의 우월성을 과신한 나머지 시장 진입 초기에 고가 정책을 유지했다. 또한 다른 전자 제품 제조업체들에 높은 라이선스 비용을 부담하게 하는 치명적인 실수를 저질러 구매자 수를 빠르게 늘릴 수 없었다.

반면 JVC는 VHS 기술을 시장에 무료로 공개했을 뿐만 아니라 베타 방식 VCR보다 훨씬 저렴한 가격에 VCR을 판매해 후발 업체의 약점을 만회하고 시장 점유율을 빠르게 늘렸다. VHS 방식의 시장 점유율이 점차 늘어나면서 보다 많은 영화 제작사가 VHS 방식으로 제작한 영화 비디오테이프를 공급해 VHS 방식 VCR의 가치를 더 높여 주었다.

네트워크 효과가 강한 또 다른 흥미로운 예가 컴퓨터 소프트웨어 산업이다. 컴퓨터 소프트웨어는 프로그램을 자유자재로 사용하기까지 시간과 노력이 든다. 즉, 학습 비용learning cost의 투자가 필요하다. 그러므로 소프트웨어 회사는 시장 진입 초기에 가격을 낮춰 신속하게 많은 사용자를 확보해야 한다. 네트워크 효과를 통해 미래의 소프트웨어 구매자가 제품에 부여할 가치를 높이는 동시에, 학습 비용을 통해 기존 사용자가 경쟁 소프트웨어로 옮겨 가기 어렵게 만드는 것이다.

예컨대 한컴은 처음 시장에 진입할 때 아래한글을 무료로 배포했다. 이로써 네트워크 효과와 학습 비용이라는 일종의 전환 비용 효과를 통해 장래 경쟁자를 어느 정도 차단했다. 물론 한컴을 포함한 대부분의 컴퓨터 소프트웨어 업체는 사용자를 일정수 확보한 뒤 새로운 버전 출시와 더불어 정상 가격으로 제품을 공급했다.

외국계 컴퓨터 소프트웨어 기업이 국내에 진출할 때 일정수의 사용자를 확보할 때까지는 불법 복사본이 성행하는 것을 어느 정도 눈감아 주다가 임계량critical mass을 넘어서면 강력히 제재하는 것 또한 이와 유사한 정책이라고 볼 수 있다.

## 내수 시장 규모를 감안하라

네트워크 효과와 관련된 또 다른 흥미로운 산업 가운데 하나가 고화질 텔레비전HDTV 산업이다. 1980년대 초 HDTV 기술 경쟁이 시작될 무렵에는 아날로그 방식과 디지털 방식 중 어느 쪽이 향후 HDTV의 세계 기술 표준이 될지 아무도 장담할 수 없었다. 기술 표준의 불확실성은 HDTV 제조업체의 연구 개발 투자를 지연시켰고, 소비자 역시 미래의 기술 표준을 모르는 상황에서 HDTV 구매를 늦추는 것이 현명하다고 여겼다.

아날로그 방식에서 세계 최고 수준 기술력을 보유하고 있던 일본의 경우에는 기술 표준 문제를 해결하기 위해 정부가 개입했다. 1988년 서울올림픽을 전후해 일본 정부는 아날로그 방식을 일본 내 HDTV 기술 표준으로 선정했다. 이후 모든 일본 기업은 마음 놓고 아날로그 방식에 기반을 둔 HDTV 개발에 전념했고, 일본 소비자 역시 HDTV 구매를 더 이상 망설일 필요가 없다고 생각했다.

그러나 일본과 달리 미국과 유럽 각국 정부는 처음부터 시장 개입을 자제하는 입장이었다. 아날로그와 디지털 방식 기술이 미래에 어떻게 발전할지 모르는 상황에서 인위적으로 미리 기술 표준을 정하기보다 시장 경쟁에 맡기는 편이 바람직하다고 믿었기 때문이다. 결과적으로 미국과 유럽에서는 디지털 기술과 아날로그 기술이 고르게 발전한 반면, 일본에서는 정부의 개입으로 아날로그 기술이 집중적으로 발전했다.

1988년 일본 정부가 아날로그 방식을 기술 표준으로 채택하는 것을 지켜본 미국 정부는 1994년 디지털 방식을 HDTV 기술 표준으로 채택했고, 이후 유럽도 미국을 따라 디지털 방식을 선택했다. 당시 미국 정부는 디지털 방식의 기술적 우수성에 대해 장황하게 늘어놓았다. 하지만 한발 앞서 아날로그 기술 표준을 선택한 일본이 아날로그 기술 분야에서 우위를 점하는 상황이어서 미국의 디지털 기술 표준 채택은 필연적이었을 것이다. 미국과 유럽이 디지털 방식을 기술 표준으로 선택했기 때문에 일본은 아날로그 기술 개발을 포기할 수밖에 없었다.

이 사례가 주는 교훈은 두 가지다. 첫째, 네트워크 효과가 강한 산업에서는 내수 시장 규모가 큰 국가의 기업이 기술 표준 경쟁에서 유리하다. 둘째, 미국이나 중국과 같이 내수 시장이 큰 나라의 경우에는 기술 표준을 국가가 정할 수도 있지만, 그렇지 않은 경우에는 국가가 기술 표준을 정하는 것이 바람직하지 않다. 다시 말해, 작은 국가에서는 국가가 나서 기술 표준을 정하기보다 시장 경쟁에 맡기는 편이 유리하다.

## 연예인 패션을 따라 해야 할까?

앞에서 설명한 네트워크 효과는 정확히 말하면 '양positive'의 네트워크 효과다. VCR이나 HDTV와 같은 제품은 해당 제품을 사용하는 사람이 많을수록 제품의 가치가 높아지는 경향을 보인다. 하지만 해당 제품의 사용자가 늘어날수록 제품의 가치가 도리어 저하되는

‘음negative’의 네트워크 효과도 존재한다. 음의 네트워크 효과는 ‘네트워크 혼잡network congestion’이라고도 불리는데, 교통량이 늘어날수록 도로가 혼잡해져 도로 운행의 가치가 저하된다는 데서 유래했다.

동일한 제품이 음과 양의 네트워크 효과를 동시에 갖는 경우가 있다. 어떤 걸그룹 가수가 분홍색 반바지를 입은 것을 보고 일부 여학생들이 따라 입기 시작한다. 분홍색 반바지를 입는 것이 여학생들 사이에 유행으로 번져, 반바지를 입은 여학생 수가 많아질수록 반바지 착용 욕구가 커지는 양의 네트워크 효과가 작용한 것이다. 예전에는 분홍색 반바지에 관심 없던 여학생들까지 이제는 유행에 뒤떨어지지 않으려고 분홍색 반바지를 즐겨 입는다.

그러나 어느 순간 너무 많은 여학생이 분홍색 반바지를 입자 걸그룹 가수를 비롯해 유행을 선도하는 여학생들부터 분홍색 반바지를 입는 것이 유행에 뒤처진 일이라고 생각하기 시작한다. 이번에는 분홍색 반바지를 입은 여학생 수가 늘어날수록 반바지 착용 욕구가 도리어 감소하는 음의 네트워크 효과가 작용한 것이다. 어떤 유행이 퍼져 나가다 일정 시간이 지나면 사라지는 ‘패션 사이클’이 존재하는 이유를 양과 음의 네트워크 효과로 설명할 수 있다.

### 따라 할 것이냐 과시할 것이냐

양의 네트워크 효과는 편승 효과 또는 밴드왜건 효과bandwagon effect와 동일한 개념이다. 밴드왜건은 원래 퍼레이드의 선두에 서는 악대차樂隊車를 가리키는 말이었다. 19세기 중반 미국 정치인 댄 라이스Dan Rice가 선거 유세에서 대중의 주목을 끌기 위해 밴드왜건을 사용하자, 다른 정치인들이 라이스의 밴드왜건 위에 자리 잡고 앉아 그의 인기에 편승하려 한 데서 유래했다.

앞서 설명한 분홍색 반바지처럼 유행에 편승해 특정 패션 제품을 구매하는 현상은 편승 효과로 설명할 수 있다. 현명한 마케팅 관리자는 시장 진입 초기에 유명인이나 의견 선도 그룹으로 하여금 자신의 제품을 사용하도록 유도해 다른 소비자들에게 편승 효과를 유발하는 전략을 자주 사용한다. 편승 효과는 선거에서도 자주 관측된다. 많은 유권자가 승리자의 편에 서고자 하기 때문에 선거에서 승리할 가능성이 높은 후보나 정당을 지지하는 경향을 보인다.

편승 효과와 반대로 네트워크 효과가 음의 방향으로 움직이면 속물 효과snob effect가 나타난다. 속물 효과란 매우 귀중한 물건을 자기 혼자 소유하려는 욕망을 말한다. 희귀 예술품, 디자이너 의류, 명품 핸드백 등이 속물 효과를 갖는 대표적인 제품이다.

사람들이 고가의 명품 자동차를 갖고 싶어 하는 이유는 값이 너무 비싸 다른 사람들은 쉽게 소유할 수 없기 때문이다. 즉, 명품 자동차는 희소성으로부터 가치가 창출되는 제품이다. 매출을 늘리겠다고 가격을 인하하면 잠시 판매량이 늘어나기는 하겠지만, 그 순간부터 해당 브랜드는 여기저기서 눈에 띌 테고 더 이상 명품으로서 명망과 지위를 유지할 수 없을 것이다. 이처럼 희소성으로 제품을 판매하는 기업은 판매량을 늘리는 문제에 신중하게 접근해야 한다.

속물 효과를 갖는 제품의 존재를 처음 언급한 학자는 미국을 대

**[그림 2-3] 베블런 효과를 갖는 제품의 수요함수**

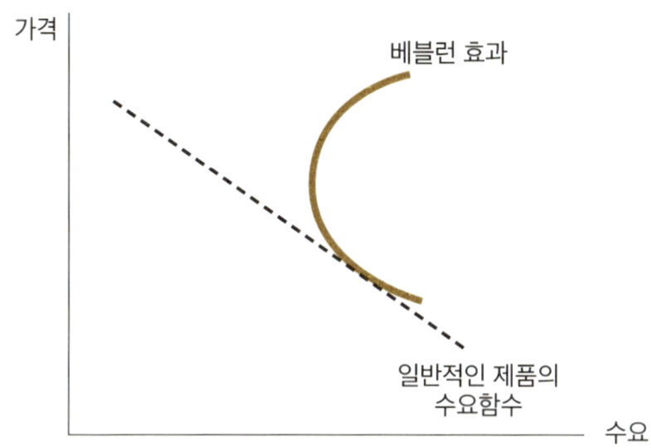


표하는 사회학자이자 경제학자 소스타인 베블런Thorstein Veblen이다. 1899년 출간한 『유한계급론』에서 베블런은 19세기 중후반 미국 산업이 약진하는 과정에서 천문학적인 부를 축적한 기업인들이 소비를 통해 자신의 사회적 지위를 과시하고자 대저택, 보석 등 고가 제품을 구매하는 현상을 비판하며 '과시적conspicuous 소비'라는 표현을 사용했다. 이처럼 가격이 너무 높아 보통 사람들은 구매할 수 없기 때문에 과시적 소비를 가능하게 하는 제품들을 후대 학자들은 '베블런 제품'이라고 불렀다.

속물 효과가 존재하는 제품의 수요함수는 양의 기울기를 갖는 우상향 곡선의 형태를 보인다. 이는 가격이 올라갈수록 수요가 증가하는 독특한 형태의 그래프다. 일반적으로 가격과 수요가 반비례하는, 우하향이라는 수요의 법칙을 위반하는 예외적인 경우라고 할 수 있다.

# 3 | 마케팅 조사

MAR
KET
ING

Marketing Research

# 정확히 알아야 올바른 결정을 할 수 있다

마케팅 관리자는 올바른 의사 결정을 내리기 위해 다양한 방법으로 정보를 수집한다. 각 지역 판매 부서로부터 수집한 판매량, 가격, 할인율 등 기업 내부 데이터, 산업 단체의 보고서, 외부 마케팅 조사 기관을 통해 수집한 소비자 설문 자료, 심층 면접in-depth interview, 표적 집단 면접focus group interview 등 마케팅 관리자가 수집하는 정보는 광범위하다. 이렇게 수집한 마케팅 정보는 마케팅 관리자가 올바른 의사 결정을 내리는 데 도움을 준다.

마케팅 조사marketing research는 '관리자의 마케팅 문제 탐색 및 해결과 관련된 의사 결정을 돕고자 체계적이고 객관적인 방법으로 정보를 발견, 수집, 분석, 전달하는 것'이라고 정의할 수 있다. 이를 조금 더 구체적으로 설명해 보자.

첫째, 마케팅 조사는 객관적이고 체계적으로 수행되어야 한다.

마케팅 조사는 실상을 정확히 파악할 수 있도록 공명정대하게 수행되어야 하고, 개인이나 정치적 이익 목적으로 수행해 기업 윤리에 위배되는 일이 없어야 한다. 또한 가설 설정, 데이터 수집, 분석 등 전 과정이 체계적이고 과학적으로 이뤄져야 한다.

둘째, 마케팅 조사를 수행하는 이유는 마케팅 문제 탐색과 마케팅 문제 해결이라는 두 가지 커다란 목표 때문이다. 마케팅 문제를 탐색하는 조사의 예로는 잠재 시장의 크기나 시장 점유율 예측, 브랜드 이미지와 시장 특성 조사 등이 있다. 이런 종류의 마케팅 조사는 아직 마케팅 문제를 정확히 파악하지 못한 경우나 미래에 발생 가능성이 있는 마케팅 문제를 사전에 탐색하는 경우다. 정확한 문제를 찾고 나면 이를 해결하기 위해 마케팅 조사를 수행한다. 제품, 가격 등 마케팅 믹스 전략이나 구체적인 시장 세분화 전략을 도출하기 위한 마케팅 조사를 예로 들 수 있다.

마케팅 관리자가 정보를 수집하는 이유는 좀 더 올바른 의사 결정을 하기 위해서다. 보다 많은 정보를 갖고 있으면 올바른 의사 결정을 할 확률이 높아진다는 것이다. 그러나 마케팅 정보 수집 및 분석을 하려면 추가 비용을 지불해야 한다. 그러므로 마케팅 조사의 정보 가치가 조사에 필요한 비용보다 큰 경우에 수행한다.

마케팅 조사의 정보 가치를 좀 더 명확히 이해하기 위해 간단한 신상품 개발의 예를 들어 보자. 신제품 도입에 성공하면 10억 원의 이익, 실패하면 5억 원의 손실이 발생한다고 하자. 신제품의 성공 확률은 0.3, 실패 확률은 0.7이라고 알려져 있다. 즉, 아무런 추가 정보 없이 신제품을 도입하면 30퍼센트 성공하고 70퍼센트 실패한다는 것이다. 아무런 정보가 없다면 기대 이익은 (0.3)(10억 원) - (0.7)(5억 원) = -0.5억 원이므로 신제품을 도입하지 말아야 한다. 신제품을 도입하지 않기 때문에 이 경우의 (기대) 이익은 0이다.

마케팅 조사를 통해 신제품의 성공·실패에 대한 완벽한 정보를 얻을 수 있는 경우를 생각해 보자. 즉, 마케팅 조사 결과 성공이라고 진단한 신제품은 시장에서 100퍼센트 성공하고, 실패라고 진단한 신제품은 시장에서 100퍼센트 실패한다는 것이다. 마케팅 조사에서 성공이라고 나온 신제품은 도입하고 실패라고 나온 신제품은 도입하지 말아야 한다. 무작위로 선택한 신제품의 성공 확률이 0.3이므로 이 경우 기대 이익은 (0.3)(10억 원) - (0.7)(0) = 3억 원이다. 즉, 정보를 갖고 있지 않을 때의 기대 이익은 0, 정보를 갖고 의사 결정할 때의 기대 이익은 3억 원이다. 그러므로 신제품 성공·실패를 완벽히 예측할 수 있는 정보의 가치는 3억 원이다. 완벽한 정보를 얻을 수 있는 마케팅 조사 비용이 3억 원 미만이라면 마케팅 조사를 수행해야 한다.

물론 실무에서 수행하는 마케팅 조사는 신제품의 성공·실패를 100퍼센트 정확하게 예측할 수 없다. 그러나 마케팅 조사는 미래 불확실성의 일부를 제거하기 때문에 아무런 정보도 없이 의사 결정을 하는 경우보다 기대 이익이 크다. 이것이 일정 비용을 지불하면서 마케팅 조사를 하는 이유다.

## 조사를 통해 전략을 짜라

캐피털원Capital One의 성장 역사를 살펴보면 성공적인 인터넷 기업의 모습을 짐작할 수 있다. 1988년 시그넷은행Signet Bank의 한 부서로 출발해 2002년 『포춘Fortune』 선정 세계 500대 기업으로 성장하기까지 걸린 시간은 불과 10여 년이었다. 캐피털원은 2024년 보유 고객 수가 1억 명이 넘고, 시장 가치가 거의 700억 달러에 이르는 미국의 3대 신용 카드 회사 중 하나다.

캐피털원의 이런 비약적 성장의 배경에는 공동 설립자 리처드 페어뱅크Richard Fairbank 회장과 나이절 모리스Nigel Morris 사장의 독특한 경영 철학이 있다. 이들은 사업 초기부터 신용 카드 사업을 금융 산업으로 보지 않고 정보 산업으로 이해해 '테스트를 통한 학습test-and-learn'이라는 경영 철학을 주장했다. 캐피털원에서는 이를 '정보를 통한 전략Information Based Strategy, IBS'이라고 부른다.

캐피털원의 IBS는 보통 세 단계로 나눠 진행된다. 예를 들어, 어떤 새로운 제품 아이디어가 떠오르면 일단 이 제품에 적절하다고 생각되는 표적 시장을 선정하고 적합한 프로모션 캠페인을 준비한다. 두 번째 단계에서는 표적 시장에서 선정된 일부 고객을 대상으로 신제품 수용도를 테스트하고 그 결과를 분석한다. 마지막으로, 테스트 결과를 기초로 어떤 부류의 고객이 신제품을 수용하는지, 어떤 종류의 프로모션 캠페인이 어떤 고객에게 효과적인지 확인한다. 또한 테스트 결과에 따라 표적 시장의 범위를 좁히기도 하고 필요하면 후속 테스트를 수행하기도 한다.

캐피털원은 각각의 테스트를 하나의 프로젝트로 취급한다. 각 테스트 프로젝트의 인원은 최소 세 명 이상으로 구성되는데, 한 명은 마케팅 부서, 한 명은 IT 부서, 그리고 한 명은 영업·운영 부서에서 선발하도록 되어 있다. 각 테스트는 처음부터 마지막까지 테스트를 책임지는 프로젝트 구성원들의 책임하에 이뤄진다.

캐피털원은 2000년 한 해 동안 무려 4만 5,000건의 테스트를 수행했다고 하니, 이들의 실험 정신은 거의 맹목적이라고 할 수 있다. 끊임없는 테스트를 통해 신제품을 수용할 가능성이 높은 고객 집단을 발굴하고, 새로운 광고 방식을 개발하며, 새로운 시장을 개척하고, 새로운 비즈니스 모델을 만들어 낸다. 이러한 테스트를 통한 학습 결과, 캐피털원은 경쟁 신용 카드 회사가 감히 넘볼 수 없는 방대한 경영 지식을 축적하게 되었다. 캐피털원은 어떤 부류의 고객이 흰색 봉투에 담긴 DM에 더 반응을 잘하는지, 그리고 어떤 부류의 고객이 푸른색 봉투에 담긴 DM에 더 반응을 잘하는지 안다. 이러한 테스트 결과 분석에 따르면 낚시꾼의 경우 낚시 테마로 디자인된 신용 카드를 가지고 있을 때 정해진 기한 내 결제를 더 잘한다.

캐피털원은 이런 엄격한 테스트에 기반을 둔 의사 결정 문화 덕을 경영 전반에 걸쳐 톡톡히 보고 있다. 인터넷 붐을 타고 인터넷을 통한 카드 발급이 성행할 때도 경쟁사들과 달리 캐피털원은 성급히 뛰어들지 않았다. 당시 인터넷은 새로운 마케팅 채널이었으나, 캐피털원은 인터넷을 통한 효율적인 마케팅 방법에 익숙하지 않았다. 또한 인터넷의 지불 사기 행위 빈도가 오프라인 채널의 12배에 달한다는 사실을 알고 있었기 때문에 테스트를 통한 학습이 완벽히 이뤄질 때까지 인터넷 시장에 매우 소극적으로 대처했다. 인터넷을 통해 공격적으로 고객을 확보한 신용 카드 회사들이 신용 위험으로 어려움을 겪는 것을 보면 직관적인 마케팅이 얼마나 무모한지 알 수 있다.

테스트를 통한 학습 덕택에 캐피털원은 현재 약정 조건, 혜택 등이 서로 다른 6,000종 이상의 다양한 신용 카드를 제공하고 있다. 더욱 놀라운 것은 캐피털원이 어떤 고객에게 어떤 종류의 신용 카드를 어떤 프로모션 캠페인을 통해 언제 제공해야 하는지 알고 있다는 사실이다.

캐피털원의 테스트에 대한 집착은 마케팅에만 국한된 것이 아니다. 캐피털원은 한 해에 약 3,000명의 신규 인력을 선발하는데, 특정 부서를 제외하고 상사에 의한 면접 시험이 아예 없다는 것이다. 면접 시험 대신 지원자는 시험(테스트)을 보고 역할 연기role-playing 과제를 수행한다. 인사 담당 책임자에 따르면 인터뷰를 통한 상사의 평가 점수는 차후 직능 성과와 별로 관련 없는 반면, 캐피털원이 개발한 시험 점수는 미래 직능 성과와 밀접한 관련이 있다. 인사 부서는 인력 선발 및 배치에 시험을 활용함으로써 관련 비용을 45퍼센트 절감하는 부수적 효과도 누렸다.

우리는 2000년대 초반 미국 신용 카드 시장의 혁신을 주도한 캐피털원을 주목할 필요가 있다. 캐피털원 혁신의 근간은 끊임없는 테스트와 학습이라는 현대 과학의 정신이다. 페어뱅크는 캐피털원의 분석적인 조직 문화를 이렇게 표현한다. "우리는 거대한 과학 연구소를 설립해 그 속에서 모든 것을 테스트하고 있다. 우리가 하는 이런 일들은 사실 신용 카드 산업에 국한되는 전략이 아니다. 다른 산업에도 쉽게 적용할 수 있는 마케팅 혁명이다."

## 마케팅 조사에서 가장 중요한 것은 흥미로운 가설 설정

나는 시카고대학교 마케팅 박사과정 학생이던 1989년에 현실 마케팅 세계를 처음으로 접하는 귀중한 기회를 가졌다. 도미닉스Dominick's 프로젝트에 참여하게 된 것이다. 약 2년 동안 진행된 도미닉스 프로젝트는 시카고대학교가 기업들을 설득해서 수행한 산학 협동 연구 프로젝트였다. 미국 생필품 시장을 대표하는 코카콜라, 펩시, 크래프트Kraft, 필립모리스Philip Morris, P&G, 콜게이트Colgate, 쿠어스 맥주Coors Brewing Co., 제너럴밀스General Mills 등 17개 제조업체가 연구비를 지원하고, 시카고 도심 지역에 90개의 슈퍼마켓을 운영하는 도미닉스 체인점이 실제 실험 공간과 데이터를 제공하는 대규모 프로젝트였다. 구체적인 연구 주제는 시카고대학교 연구진과 각 스폰서가 협의해서 결정했다. 도미닉스 프로젝트는 매우 성공적인 산학 협동 연구 프로젝트로 평가되어, 그 연구 결과가 마케팅 학계와 실무에 많은 영향을 주었다. 개인적으로 도미닉스 프로젝트 발주부터 종결까지 참여하면서 책으로 배운 마케팅 이론을 현실 문제에 적용해서 검증하는 귀중한 경험이었다. 그중 한 사례를 소개하겠다.

캠벨 수프Campbell Soup Company는 1869년 설립된 유서 깊은 미국 식품 회사다. 캠벨이 오늘날 연간 매출 61억 달러의 다국적 기업으로 성장한 일등 공신으로 아서 도런스Arthur Dorrance라는 총명한 직원을 들 수 있다. 그는 1897년 수프에서 물을 뺀 '농축 수프condensed soup'를 개발했다. 수프의 포장, 운송, 저장 비용을 획기적으로 줄인 캠벨의 농축 수프는 곧 세계 수프 산업을 석권했고, 캠벨은 100년이 지난 오늘날까지 세계 수프 시장을 지배하고 있다.

도미닉스 프로젝트에 스폰서로 참여한 캠벨의 연구 과제는 슈퍼마켓 진열대에서 캠벨 농축 수프의 진열 방법이었다. 당시 농축 수프 시장에서 거의 독점 기업이었던 캠벨은 치킨누들Chicken Noodle, 토마토Tomato 등 60여 종류의 농축 수프를 슈퍼마켓에서 판매하고 있었다. 강력한 브랜드 이미지를 전달하기 위해 모든 캠벨 농축 수프의 포장은 수프 종류를 구분하는 이름 외에 동일한 디자인을 따르도록 했다. 슈퍼마켓 진열대에 60여 종의 캠벨 농축 수프를 진열하는 전통적인 방법은 인기 높은 종류의 수프는 소비자의 눈에 잘 띄는 곳에, 잘 팔리지 않는 수프는 소비자의 눈에 잘 띄지 않는 곳에 진열하는 것이었다. 즉, 슈퍼마켓 진열대에서 소비자의 눈높이에는 치킨누들, 토마토 등 가장 잘 팔리는 5종의 수프를 진열하고 그 바로 위 칸에는 판매 순위 6위에서 20위까지 수프를, 그리고 소비자가 잘 찾지 않는 나머지 40여 종의 수프는 소비자의 눈에 잘 띄지 않는 가장 아래쪽에 진열하는 것이었다.

내가 속한 연구 팀의 과제는 판매 및 이익을 극대화할 수 있는 새로운 진열 방법을 개발하는 것이었다. 캠벨 마케팅 담당자와 소비자의 심층 인터뷰 결과 현재 진열 방법에서 몇 가지 문제점을 확인했다. 소비자는 캠벨의 농축 수프 진열 방식을 전혀 알지 못하고, 많은 소비자가 자신이 원하는 수프를 찾는 데 어려움을 겪고 있었다. 그리고 일부 소비자는 자신이 원하는 수프를 찾지 못했을 때 아예 수프를 구매하지 않았다. 따라서 소비자들이 원하는 종류의 수프를 쉽게 찾을 수 있도록 진열하면 매출과 이익 증대를 기대할 수 있었다. 몇 차례 토론 끝에 우리가 내놓은 아이디어는 영어 사전식 진열 방법이었다. 영어 사전은 단어를 무작위로 나열하지 않고 자주 사용하는 단어 순서대로 진열하지도 않는다. 이용자가 단어를 쉽게 찾을 수 있도록 알파벳 순서를 활용한다. 우리는 농축 수프 진열도 영어 사전 방식을 채택하면 소비자가 원하는 종류의 수프를 쉽게 찾을 수 있을 거라는 가설을 세웠다.

영어 사전식 진열 방식을 캠벨 실무자도 동의해 우리의 가설을 슈퍼마켓에서 직접 검증해 보기로 했다. 도미닉스가 운영하는 슈퍼마켓 중 10개 점포를 무작위로 선정해 캠벨 농축 수프를 영어 사전식으로 진열하고 무작위로 선정된 다른 10개 점포에는 전통적인 방식으로 진열했다. 그런 뒤 1년 동안 캠벨 농축 수프의 판매 및 이익의 추이를 관찰했다. 테스트 결과 영어 사전식 진열 방식은 전통적인 진열 방식보다 평균 5퍼센트 정도 판매 및 이익 증진 효과를 가져왔다. 그리고 판매 신장의 원인은 소비자가 많이 찾지 않아 아래쪽에 진열

되던 수프의 판매가 호전되었기 때문으로 분석되었다.

## 마케팅 조사와 지식 경영

경영학자와 실무자들은 오래전부터 지적 자산intellectual capital의 중요성을 강조해 왔다. '기업은 사람'이라는 말도 따지고 보면 직원의 지식과 능력의 중요성을 강조하는 표현이다. 훌륭한 기업이 되기 위해서는 우수한 자원을 확보하고 확보한 자원을 효율적으로 활용해야 한다. 현대 기업 경쟁에서 그 중요성이 점차 강조되고 있는 자원은 인적 자원, 그중에서도 직원이 가지고 있는 지적 자원이다. 기업은 직원의 전문적 지식을 활용해 새로운 제품과 서비스를 창출할 수도 있고 핵심 거래선을 확보할 수도 있다.

지식 경영knowledge management이란 용어가 처음 등장한 것은 1990년대 초반이다. 이는 격화되는 경쟁 환경에서 지속적인 경쟁 우위를 확보할 유일한 방법은 지식밖에 없다는 인식에서 출발했다. 지식은 다른 자원과 달리 재활용이 가능하고 때로는 활용할수록 그 가치가 배가되는 성격을 지닌다. 그런데 문제는 기업 경영의 핵심 지식이 대부분 기업이 아니라 직원 소유라는 점이다. 직원들은 기업을 떠나면서 그들이 소유하고 있던 지식도 함께 가지고 간다. 또한 지식이 그 진가를 발휘하기 위해서는 기업의 모든 직원이 이를 공유해야 하는데, 직원은 지식을 독점해야 자신의 경쟁력이 커진다고 생각해 공유하려고 하지 않는다.

보험 회사의 예를 들어 보자. 유능한 설계사는 보험 회사의 가장 중요한 자산이다. 그리고 유능한 설계사가 가진 가장 중요한 자산은 자신의 수첩에 기록된 고객의 정보와 자신이 평생 어렵게 쌓은 고객과의 관계다. 보험 회사는 여러 인센티브를 제공하며 이들 설계사가 보유한 자산을 회사의 자산으로 만들려고 노력한다. 방대한 고객 데이터베이스를 구축하고 설계사들로 하여금 정보를 채워 넣도록 하는 것이 한 예다. 또한 유능한 설계사의 경험과 지식을 다른 설계사들과 공유할 수 있도록 정기적인 성공 사례 발표회도 갖고 비공식적인 모임을 주선하기도 한다. 그러나 이러한 노력에도 불구하고 유능한 설계사는 누구나 알고 있는 내용이나 추상적인 내용만 얘기한다. 고객 데이터베이스에 정보를 채워 넣는 일에도 별로 신경 쓰지 않는다. 유능한 설계사는 어느 날 경쟁 보험 회사로 자리를 옮기면서 자신의 소중한 자산을 그대로 가져간다. 보험 회사는 이러한 설계사의 행위를 비난할지 모르지만, 설계사 입장에서 보면 충분히 이해할 만하다. 설계사는 자신을 유능하게 만드는 핵심 자산을 회사가 적정한 보상도 주지 않고 회사 자산으로 만들려는 일에 반대하는 것이다. 지식 공유도 마찬가지다. 다른 설계사에게 지식을 공유하면 자신의 경쟁력이 상대적으로 약화될 수 있는데 누가 공유하려 하겠는가?

효율적인 지식 경영을 위해 기업이 해야 할 첫 번째 일은 공유할 지식의 종류 설정이다. 최근 많은 기업이 지식 관리 시스템을 구축하면서 시스템에 등록된 지식의 양을 늘리기 위해 지식 등록에 보상을 해주거나 의무적으로 지식 등록을 하도록 요구하는 경우가 있다. 그러나 직원들에게 물어보면 등록된 지식 중에서 자기 업무에 필요한 것은 거의 없다고 대답한다. 그리고 잘못된 지식이 등록된 경우도 있다. 불필요한 지식을 등록하는 것은 자원 낭비다. 그러므로 우선 기업에 필요한 지식이 무엇인지 결정하고 이러한 지식이 기업 내부 어디에 존재하는지 규명해야 한다.

둘째, 공유할 지식의 종류가 정해지면 이를 명문화한다. 그런데 문제는 기업에 정말 필요한 지식은 보통 명문화하기 어려운 '암묵지 tacit knowledge'라는 사실이다. 암묵지는 지식을 보유한 사람이 남들과 공유하고 싶어도 말로 표현하기 어려운 지식이다. 암묵지는 보통 암묵지를 보유한 사람과 많은 시간 함께함으로써 자연스럽게 터득하는 경우가 많다. 그리고 암묵지를 전수받은 사람도 자신이 어떤 노하우를 전수받았는지 정확히 말로 표현하지 못한다. 유능한 보험 설계사의 판매 비법이 그러한 예다. 마케팅 연구자들이 하는 많은 일이 바로 유능한 경영자들이 가진 암묵지를 명문화하는 일이다.

셋째, 지식 경영을 성공적으로 수행하기 위해서는 사내 지식 공유가 원활하게 이뤄질 수 있도록 해야 한다. 명문화된 지식을 공유하기는 비교적 쉽다. 쓸 만한 지식을 명문화할 수 있다면 더 이상 걱정할 필요가 없다. 문제는 명문화가 어려운 암묵지다. 암묵지의 공유를 유도하기 위해서는 직원들 간에 비공식적인 대화를 촉진할 수 있는 분위기를 조성해야 한다. 직원들 간의 대화가 보다 자연스럽게 유도되도록 사무실 구성을 원형이나 개방형으로 디자인하는 것이 한 예다. 마케팅 부서와 생산 부서의 모임을 정례화하고 서로 지식을 공유할 기회를 갖는 것도 한 방법이다.

테스트를 통해 마케팅 의사 결정을 하겠다는 마케팅 문화가 정착되면 지식 경영을 하기가 한층 수월해진다. 테스트는 새로운 지식을 끊임없이 창출할 수 있는 원료다. 더욱이 이런 지식은 고객을 대상으로 한 실제 테스트를 통해 얻은 것이기 때문에 정확성과 타당성이 높다. 또한 각 테스트에 참가하는 사람이 기업 전 부서에서 선발되어 계속 바뀌기 때문에, 부서 간 협동이 원활해져 팀원 간 지식 공유가 가능해진다. 즉, 각 부서 직원이 소유한 암묵지의 전수 가능성이 높아진다. 그리고 무엇보다 중요한 점은 테스트 문화가 정착됨으로써 과학적 지식의 중요성을 강조하는 문화가 자리 잡아 지식 경영에 대한 거부감을 현저히 줄일 수 있다는 것이다.

## 지식 경영을 성공적으로 실천한 맥킨지

미국 MBA 졸업생들이 가장 들어가고 싶어 하는 회사 중 하나가 맥킨지McKinsey & Company다. 경영 컨설팅 회사인 맥킨지에 입사한 사람 중 85퍼센트가 7~8년 내 퇴직해야 한다는 사실을 알면서도 맥킨지에서 일하고 싶어 한다. 이들에게 그 이유를 물어보면 맥킨지의 월급이나 지명도 때문이라는 대답은 많지 않다. 이들이 맥킨지를 가고 싶어 하는 가장 중요한 이유는 맥킨지가 제공하는 우수한 교육 때문이라고 한다. 맥킨지가 제공하는 정규 교육과 현장 경험을 통해 자신이 원하는 전문 지식을 쌓을 수 있고 자신의 몸값을 올릴 수 있기 때문이다.

맥킨지는 1926년에 당시 시카고대학교 교수였던 제임스 맥킨지James McKinsey가 회계와 공장 운영 분야의 자문 목적으로 설립한 경영 컨설팅 회사다. 당시에는 경영 컨설팅이란 용어가 없었고, 경영 엔지니어링management engineering이라는 말을 사용했으니, 보다 정확히 말하면 맥킨지는 경영 엔지니어링 회사였다. 당시 경영 컨설팅을 원하는 회사는 대부분 어려움에 처한 기업이었다. 그러나 제임스 맥킨지는 미래에 대비하려면 지금 잘하는 기업이 오히려 경영 컨설팅을 더 받아야 한다고 주장하며, 경영 컨설팅이라는 새로운 산업을 창조했다. 그는 사업 경험이 풍부한 40대 중반의 회사 임원을 컨설턴트로 선발해 기업 전반에 대한 체계적인 맥킨지식 교육을 한 후 컨설팅 업무를 수행하도록 했다.

맥킨지를 오늘날 자리에 오르게 만든 인물은 창립자 맥킨지가 아니라 1933년 맥킨지에 입사한 마빈 바우어Marvin Bower라는 전설적인 인물이다. 그는 하버드대학교에서 경영학과 법학 석사를 마친 총명하고 야심 찬 젊은이였다. 바우어는 경영 컨설팅의 미래가 밝을 거라고 여겨 출세가 보장되어 있던 유명한 법률 회사를 그만두고 맥킨지로 자리를 옮겨 경영 컨설팅 산업의 발전에 수많은 기여를 했다. 그는 경영 컨설턴트란 변호사나 의사 이상의 전문성과 직업의식이 필요하다고 주장하며 항상 교육을 강조했다. 또한 컨설팅 업무는 창의적인 사고를 많이 하기 때문에 실무 경험이 많은 사람보다 지적 능력이 뛰어난 사람이 필요하다고 주장했다. 그래서 산업 경험이 풍부한 회사 임원을 컨설턴트로 선발하던 맥킨지의 인사 정책을 바꿔, 똑똑하고 상상력이 풍부한 젊은 사람을 컨설턴트로 선발하기 시작했다. 이들은 학교를 졸업한 지 얼마 안 되었기 때문에 맥킨지식 교육이 더 중요했고, 교육 효과도 배가되었다.

바우어의 경영 철학을 한마디로 요약하면 '고객 중심 경영'이다. 그는 기업의 최고 경영자가 중요하게 생각하는 이슈에 대해 맥킨지 컨설턴트는 시원한 대답을 할 수 있어야 한다고 주장했다. 즉, 클라이언트의 관심이 맥킨지의 관심보다 항상 우선이었다. 그는 또한 장기적인 비전의 소유자였다. 프로젝트를 수행할 때 가시적인 이익 이상으로 컨설턴트가 얻는 경험과 맥킨지의 명성에 미치는 효과를 고려했다. 그는 1950년부터 1967년까지 맥킨지의 사장으로 재직하면서 경영 컨설팅 산업을 정착시켰으며 맥킨지를 세계적 기업으로 만들었다. 맥킨지 사장을 그만둔 후에도 파트너로 일하며 2003년 세상을 떠날 때까지 맥킨지의 정신적 지주 역할을 했다.

그러나 맥킨지는 1970년대 들어서면서 창사 이래 가장 심각한 위기를 맞았다. 오일 쇼크로 세계적인 경기 침체가 시작되고, 일본이 글로벌 파워로 등장하면서 미국적 경영 방식에 대한 회의가 일자 맥킨지의 성장에 브레이크가 걸렸다. 또한 몇 가지 특정 경영 전문 분야의 노하우를 내세운 보스턴 컨설팅 그룹Boston Consulting Group과 같은 새로운 경쟁자의 등장은 맥킨지에 결정적인 타격을 주었다. 경영 환경이 복잡해지면서 과거 맥킨지가 추구했던 일반론적 접근법의 매력이 떨어지고 있었다. 양적 성장에만 주력하면서 컨설턴트의 경영 전문 지식 배양을 소홀히 했던 맥킨지는 보다 전문화된 경영 컨설팅을 요구하는 클라이언트의 니즈를 충족시킬 수 없었다. 이런 어려움을 겪으며 새로운 경영 환경에서는 지식이 경영 컨설팅 회사의 가장 핵심 자산이라는 사실을 깨닫기 시작했다. 맥킨지식 지식 경영 시대가 시작된 것이다.

지식 경영을 위해 맥킨지는 먼저 비전을 새롭게 설정했다. 과거에는 클라이언트와의 끈끈한 관계에 초점을 맞춰 클라이언트의 경영 문제를 일괄적으로 처리한다는 일반론적 접근법을 사용했으나, 세분화된 경영 전문 분야에서 선도자가 되겠다는 새로운 비전을 제시했다. 특정 경영 전문 분야에서 세계적인 리더가 되면 고객은 맥킨지를 찾을 수밖에 없다는 계산이었다. 그리고 이러한 새로운 비전을 달성하기 위해 맥킨지 경영진은 지식 개발에 막대한 투자를 하면서 경영 전반에서 수많은 변화를 주도하기 시작했다. 그중 세 가지를 들어 보자.

첫째, 맥킨지의 핵심 자산은 컨설턴트 개개인이라는 믿음을 갖고 컨설턴트의 전문 지식과 능력 개발을 위해 맥킨지 전체 수익의 5퍼센트를 투자하기로 했다. 이는 맥킨지의 개인 컨설턴트에게 연간 2만 달러 이상의 교육 비용을 투자한다는 의미였다. 교육을 통해 컨설턴트가 자신이 원하는 전문 지식을 지속적으로 축적하면 그 분야에서 선도자가 될 수 있다는 계산이었다.

또한 맥킨지는 전반적으로 똑똑한 사람 외에도 특정 경영 전문 분야에서 월등한 능력을 가진 인재를 채용하기 시작했다. 조직 분야 박사 학위를 이수한 톰 피터스Tom Peters 같은 젊은 인재가 입사한 것도 이때다. 피터스는 맥킨지에 재직하던 1982년 밥 워터맨Bob Waterman

과 함께 『초우량 기업의 조건In Search of Excellence』이라는 불후의 경영서를 출간했다. 이 책은 2년 이상 『뉴욕 타임스』 베스트 셀러 1위를 유지하며 500만 부 이상 판매되었고, 『포브스』는 이 책을 20세기 최고의 경영 서적 중 하나로 꼽았다.

피터스 외에도 맥킨지 컨설턴트 출신이 발간한 베스트셀러는 많다. 오마에 겐이치Ohmae Kenichi의 『전략가의 사고방식The Mind of the Strategist』과 『국경을 넘어서Beyond National Borders』, 그리고 리처드 포스터Richard Foster의 『혁신Innovation』 등이 그 예다. 맥킨지 출신 베스트셀러 저자들은 맥킨지가 세계 경영 실무 이론의 중심이라는 이미지를 형성하는 데 핵심적 역할을 했을 뿐만 아니라, 맥킨지를 학생들이 가장 들어가고 싶어 하는 회사로 만드는 데도 간접적인 영향을 주었다.

둘째, 맥킨지는 각 컨설턴트가 지닌 경영 지식을 공유하고 전사적으로 활용하기 위해 정보 인프라 투자를 강화했다. 맥킨지는 클라이언트 계약 정보를 전산화한 정보 시스템을 도입하고, 맥킨지 컨설턴트의 전문 분야 목록과 분야별 핵심 자료 제목을 쉽게 찾아볼 수 있도록 데이터베이스를 구축했다. 수많은 클라이언트에게 컨설팅을 하면서 축적한 현장 지식도 데이터베이스화했다. 이를 활용해 유사한 산업 및 분야의 컨설팅을 수행하는 맥킨지 컨설턴트로 하여금 자료에 쉽게 접근할 수 있도록 했다. 또한 맥킨지 내부의 지식 이전 및 공유의 장벽을 낮추기 위해 '실무 게시판Practice Bulletin'을 만들어 컨설턴트가 새로운 아이디어를 2페이지로 요약해 자신의 연락처와 함께 발표하도록 했다. 즉, 실무 게시판을 일종의 내부 광고물로 활용해 컨설턴트들이 이를 통해 내부 명성도 쌓고 인적 네트워크를 구축할 수 있게 한 것이다.

셋째, 맥킨지 컨설턴트의 전문 지식 배양을 위해 기존 맥킨지 조직 기반 위에 보다 유연한 매트릭스 조직을 도입했다. 매트릭스 조직은 소비재, 은행, 산업재, 보험 등 산업별 전문 조직과 전략, 조직, 마케팅 등의 기능별 전문 조직을 포함한다. 매트릭스 조직은 전문화된 지식을 축적하고 이를 맥킨지 전체 조직에 전파하는 일종의 정보 채널 역할을 했다. 그뿐만 아니라 유사한 전문 지식을 가진 컨설턴트들 간 커뮤니케이션을 증진해 그들의 전문 지식을 심화하는 역할도 했다. 또한 맥킨지는 전문 지식을 보유한 사람과 튼튼한 클라이언트 인맥을 보유한 사람을 한 팀으로 묶어 서로 지식을 공유하도록 하는 팀제를 도입했다.

맥킨지가 지식 경영을 도입한 지 30년 이상 지났다. 지식 경영을 도입하기 위해 50년간 지켜 온 맥킨지의 비전도 바꾸고 장기적인 전략과 조직도 수정했다. 맥킨지 역시 지식 경영을 도입하는 과정에서 수많은 내부 저항과 실패를 겪었지만 맥킨지 최고 경영자들은 뜻을 굽히지 않았다. 맥킨지의 오랜 지식 경영 혁신은 이제 결실을 보고 있다. 많은 경영 혁신 아이디어가 맥킨지로부터 나오며 MBA 졸업생들은 우수한 교육을 받기 위해 맥킨지에서 일하고 싶어 한다. 『포춘』 선정 1,000대 기업 중 약 3분의 2 이상이 맥킨지의 컨설팅을 받은 경험이 있다고 한다. 이 클라이언트들이 맥킨지를 찾는 이유는 맥킨지가 경영 전문 지식의 리더이기 때문이다. 그리고 맥킨지는 클라이언트를 통해 돈도 벌고 지식도 축적하고 명성도 쌓는다. 얼마나 매력적인 비즈니스 모델인가?

# 4 | 소비자 행동

MAR
KET
ING

Consumer
Behavior

## 소비자를 이해하면 마케팅이 보인다

현대 사회 소비자는 매일 수많은 구매 의사 결정을 한다. 기업은 소비자의 구매 의사 결정에 영향을 주기 위해 마케팅 활동을 한다. 제품·서비스를 알리기 위한 광고를 하고, 소비자의 눈에 쉽게 들어오는 진열대에 제품을 진열한다. 종종 경품 행사도 하고 제품 포장 디자인을 교체하기도 한다. 소비자는 기업의 이와 같은 마케팅 활동에 노출된 후 브랜드 선택, 구매 시점 결정, 구매량 결정, 구매 장소 선택 등의 반응을 보인다.

[그림 4-1]은 기업의 마케팅 활동에 대한 소비자의 반응이다. 심리학에서 많이 쓰는 자극-반응 모형stimulus-response model or SR model을 소비자의 구매 행위에 응용한 것이다. 기업이 마케팅 활동을 통해 소비자를 자극하면 소비자는 적절한 반응을 보인다는 내용이다. 여기서 기업의 관심사는 주어진 마케팅 활동에 대해 소비자가 어떤 반응을

[그림 4-1] 자극 - 반응 모형

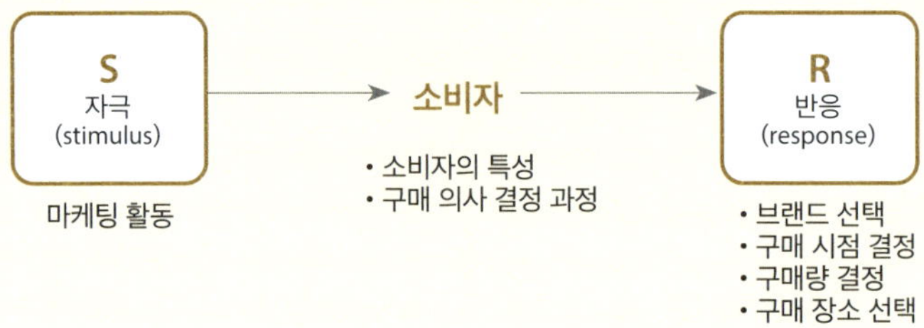


보일지 예측하는 것이다.

그림에서 (마케팅) 자극이란 가격, 제품, 유통, 판매 촉진의 마케팅 4P를 나타낸다. 소비자는 마케팅 자극 외에 소비자를 둘러싼 환경의 변화 등 다른 자극에도 반응한다. 또한 마케팅 관리자는 소비자가 무엇을 구매하는지, 어디에서 구매하는지, 왜 구매하는지, 언제 구매하는지, 어떻게 제품·서비스 관련 정보를 취득하는지 등 소비자의 반응response에 지대한 관심을 갖는다. 그런데 소비자마다 자극을 인식하고 반응하는 방식이 모두 다르다.

동일한 마케팅 활동에 대한 반응이 소비자마다 다르기 때문에 기업은 시장을 세분화한다. 최고급 화장품을 판매하는 샤넬Chanel은 세일하지 않는 회사로 유명하다. 샤넬을 구매하는 소비자는 낮은 가격 때문에 구매하는 것이 아니기 때문이다. 반면 대중 화장품 회사 레블론Revlon은 편의점이나 슈퍼마켓에서 제품을 판매하고 가격도 싸다. 저가 정책에 대한 인식과 반응에서 샤넬 소비자와 레블론 소비자는 다르다.

## 캐딜락을 위기에서 구한 관찰력

캐딜락은 미국을 대표하는 고급 자동차 브랜드다. 100년이 조금 넘는 자동차 역사에서 수천 종의 자동차가 시장에 출시되었지만, 오늘날까지 소비자로부터 사랑받는 자동차 브랜드는 몇 안 된다. 캐딜락은 1903년에 판매를 시작한 GM의 대표 브랜드다. 캐딜락이 아직까지 살아남을 수 있었던 배후에는 니콜라스 드라이슈타트Nicholas Dreystadt라는 위대한 경영자가 있었다.

캐딜락의 탄생은 포드자동차 설립에 참여했던 금융 자본가들이 헨리 포드와 불화를 겪으면서 시작되었다. 이 금융 자본가들은 평범한 자동차를 생산하려는 헨리 포드의 전략을 항상 못마땅하게 생각했다. 이미 고성능 자동차 엔진을 개발해 놓고 자금을 댈 사람을 찾던 헨리 릴런드Henry Leland라는 엔지니어가 이 금융 자본가들을 만나면서 캐딜락의 탄생이 시작되었다.

캐딜락은 전기 시동 장치를 처음 개발했으며, 8기통 엔진 자동차를 처음으로 출시한 자동차 회사다. 캐딜락은 사업 초기부터 시장에서 최고급 자동차라는 명성을 얻기 위해 연구 개발에 많은 투자를 해왔다. 캐딜락의 이런 혁신 정신은 1909년 GM에 인수된 후에도 계속되었다. 그러나 연구 개발에 엄청난 비용을 투자했기 때문에 1921년에 나온 캐딜락의 가격은 미국 자동차 시장에서 가장 비싼 5,690달러였다. 당시 포드의 모델 T 가격이 355달러였던 것을 고려하면 캐딜락은 보통 사람이 엄두도 낼 수 없는 고급 승용차였다. 그래도 1920년대까지 고급 차에 대한 수요가 꾸준해 캐딜락은 그런대로 수지를 맞출 수 있었다. 그러나 1930년 미국 대공황으로 고급 승용차는 절체절명의 위기에 봉착해, 1928년 4만 1,172대였던 캐딜락의 연간 판매량이 1933년에는 6,736대로 곤두박질쳤다.

GM은 대공황의 어려움 속에서 생존하기 위해 강도 높은 구조조정을 실시할 수밖에 없었다. 생산 원가가 높아 창사 이후 한 번도 이익을 낸 적이 없던 캐딜락은 당연히 구조 조정 대상 1순위였다. 캐딜락의 최종 운명을 결정하는 GM 중역 회의가 열리던 날, 캐딜락의 유지 수리 서비스를 책임지고 있던 중견 관리자 드라이슈타트는 중역 회의장 문을 박차고 들어가 캐딜락을 18개월 내에 살릴 수 있는 방안을 제시하며 GM 경영자들을 설득했다.

드라이슈타트의 혁신적인 전략은 현장을 보는 그의 예리한 관찰력에 기인한 것이었다. 당시 캐딜락의 유지 수리 서비스를 책임지고 있던 드라이슈타트는 미국 전역 캐딜락 딜러의 유지 수리 서비스 부서를 둘러보면서 흥미로운 사실을 관찰했다. 캐딜락의 표적 시장은 고소득층이었고, 그 구체적인 전략 중 하나가 흑인에게는 팔지 않는 인종 차별 정책이었다. 그런데 이러한 차별에도 불구하고 캐딜락 유지 수리 서비스를 찾는 고객 중에 흑인이 많았다. 이들은 권투 선수, 가수, 의사 등 소수 엘리트로 소득만으로 보면 충분히 캐딜락을 구매할 수 있는 소비자였다. 이들은 자신의 소득에 어울리는 신분의 상징을 원했으나 당시 암묵적인 인종 차별로 부자 주택가에서 살 수도 없고, 일류 식당에서 식사를 하기도 쉽지 않았다. 그런데 캐딜락은 수백 달러의 수수료를 지불하고 백인을 내세워 구매할 수 있었다.

드라이슈타트의 제안은 흑인에게도 캐딜락을 판다는 매우 단순한 것이었다. 그러나 그 당시 사회 분위기에서 흑인에게 캐딜락을 판다는 것은 혁신적인 발상의 전환이었다. 흑인에게도 캐딜락을 판매하면 회사 입장에서는 그동안 백인 브로커가 챙긴 수백 달러의 커미션을 캐딜락의 이익으로 환원할 수 있고, 흑인 입장에서는 백인 브로커를 쓰는 불편을 감수하지 않아도 되기 때문에 판매가 신장될 것이라는 내용이었다. 결국 GM 경영진은 드라이슈타트의 전략에 동의했다. 그리고 1934년 캐딜락 판매는 무려 70퍼센트나 성장해 손익 분기점을 처음으로 넘어서는 쾌거를 이뤘다. 캐딜락 역사상 처음으로 이익을 낸 드라이슈타트는 1934년 6월 캐딜락 대표직에 올랐다.

드라이슈타트는 그 후에도 캐딜락의 발전에 많은 기여를 했다. 그는 특히 고급 승용차의 개념을 바꿔 놓은 사람으로 유명하다. 당시 대부분의 자동차 전문가들은 고급 승용차란 제작 비용이 비싼 부품을 많이 장착한 차라고 생각했다. 생산 방식도 전통적인 제작 방식에서 벗어날 수 없어 제작 비용이 높을 수밖에 없었다. 그러나 드라이슈타트는 뛰어난 디자인, 철저한 품질 관리, 최상의 유지 수리 서비스가 고급 승용차를 구성하는 가장 중요한 속성이라고 주장했다. 오늘날 소비자들이 생각하는 고급차의 이미지를 생각해 보면 1930년대에 이런 주장을 했다는 것은 놀라운 일이 아닐 수 없다. 결과적으로, 드라이슈타트의 새로운 고급차 개념 덕택에 고급 승용차를 대량 생산해 제조 비용을 혁신적으로 낮췄다. 항상 손해 보던 캐딜락이 1935년에는 GM에서 생산하는 자동차 중 대당 이익이 가장 높았다.

드라이슈타트는 1946년 당시 GM의 가장 큰 사업부였던 쉐보레 대표로 취임하면서 수년 내 GM의 대표가 될 수 있는 가장 강력한 경쟁자가 되었다. 그러나 쉐보레 대표로 취임한 지 6개월 후 48세의 젊은 나이에 후두암으로 세상을 떠났다.

## 미국 문화를 전 세계에 팔아라

2002년 『비즈니스 위크』는 글로벌 브랜드 자산 평가 회사인 인터브랜드Interbrand와의 공동 조사에서 코카콜라를 세계 일등 브랜드로 꼽았다. 코카콜라의 브랜드 가치는 자그마치 690억 달러, 우리 돈으로 85조 원이다. 우리나라 기업으로는 삼성이 유일하게 세계 100대 브랜드 중 42위로 평가되었으나, 코카콜라 브랜드 가치의 10분에 1에도 못 미치는 금액이었다. 음료수 회사인 코카콜라는 어떻게 세계 유수 브랜드를 제치고 세계 일등 브랜드가 되었을까?

코카콜라는 1886년 미국 조지아주 애틀랜타에서 약사인 존 펨버턴John Pemberton이 두통과 숙취 제거를 목적으로 이런저런 재료를 섞어 제조한 음료수로 시작되었다. 얼마 후 이 음료수를 시식한 펨버턴의 한 친구가 '코카콜라'라는 이름을 제안했고, 펨버턴은 이를 받아들여 오늘날의 코카콜라 브랜드 로고가 만들어졌다. 이 이름에 특별한 뜻이 있었던 것은 아니고, 단지 코카콜라Coca-Cola를 필기체로 썼을 때 두 개의 알파벳 C가 광고에서 보기 좋을 거라 생각했다고 한다. 그리고 어떤 약사가 우연한 기회에 탄산수를 코카콜라에 섞어 마셨더니 맛이 훨씬 좋다는 아이디어를 주어 오늘날과 같은 코카콜라의 맛과 브랜드가 탄생했다.

그러나 불행하게도 펨버턴은 코카콜라를 만든 지 불과 2년 뒤인 1888년에 세상을 떠나, 코카콜라는 아사 캔들러Asa Candler라는 젊은 약제사에게 단돈 2,300달러에 매각되었다. 캔들러는 코카콜라라는 오늘날의 세계적 브랜드를 만드는 데 몇 가지 중요한 기여를 했다. 캔들러는 먼저 코카콜라를 두통 치료제가 아닌 청량음료로 재정의함으로써 시장을 확대했다. 그는 또한 '머천다이즈 7XMerchandise 7X'라고 불리는 코카콜라 제조법을 회사 비밀 금고에 보관하고 세 명의 직원만 코카콜라 제조법을 알 수 있도록 하는 정책을 정했다. 나는 코카콜라 성분에 어떤 특별한 것이 있기 때문에 잘 팔린다고 생각하지 않는다. 즉, 코카콜라 성분을 비밀에 부칠 이유가 별로 없었다. 그러나 캔들러가 코카콜라 제조법을 극비 사항으로 취급한 것은 뛰어난 마케팅 효과를 불러왔다. 소비자들이 코카콜라에는 다른 청량음료가 모방할 수 없는 신비로운 성분이 있다고 믿기 시작한 것이다. 캔들러가 이러한 간접 효과까지 계산해서 코카콜라 제조법을 비밀 금고에 보관했는지는 알 수 없지만, 이것은 후일 코카콜라를 차별화하는 데 결정적 역할을 했다.

캔들러의 또 다른 업적은 코카콜라를 곡선형 유리병에 담았다는 점이다. 이 병은 1950년 『타임』의 표지를 장식할 정도로 유명해졌고, 코카콜라는 다른 청량음료와 확연히 구별되었다. 마지막으로, 캔들러는 코카콜라를 유통하기 위해 '보틀러bottler'라 불리는 도매업자에게 유통 프랜차이즈를 주기 시작했다. 코카콜라는 소비자 마케팅을 담당하고, 보틀러는 코카콜라에서 콜라 농축 원액을 구입해 원액에 탄산수를 타고 병에 담아 슈퍼마켓 등 소매점에 판매하는 역할을 담당하도록 한 것이다. 이와 같은 유통 정책은 코카콜라가 초기에 빠르게 성장하는 계기가 되었다. 보틀러에게 프랜차이즈를 주기 시작한 지 10년 만에 프랜차이즈가 370개로 늘어났고, 그 결과 코카콜라는 순식간에 미국 전역에 깔렸다.

1916년 캔들러는 애틀랜타 주지사에 출마하기 위해 코카콜라의 경영을 친척들에게 맡겼는데, 이들이 캔들러와 상의도 하지 않고 코카콜라를 어니스트 우드러프Ernest Woodruff에게 2,500만 달러에 팔아 버렸다. 이로써 코카콜라의 주인이 다시 한번 바뀌었다. 캔들러가 코카콜라의 초기 사업 기반을 다졌다면, 어니스트의 아들 로버트 우드러프Robert Woodruff는 이후 코카콜라를 세계 초일류 기업으로 키웠다. 우드러프 집안은 오늘날까지 코카콜라 대주주로 남아 있다.

1923년 코카콜라의 최고 경영자로 취임한 로버트 우드러프는 오늘날의 코카콜라를 만들기 위해 수많은 혁신을 거듭했다. 그는 소비자의 생활 속에서 코카콜라의 역할을 강조하는 '라이프 스타일 광고'를 창시했다. 즉, 제품의 성분이나 맛을 강조하기보다 코카콜라를 마시는 상황을 강조하는 전략을 펼쳤다. 우드러프는 코카콜라를 성분으로 차별화하기 어렵다는 것을 알고 있었던 것 같다. 우드러프는 앞서 언급했듯이 크리스마스 즈음에 산타클로스가 코카콜라를 마시는 광고, 유명 배우나 운동선수가 즐겁게 코카콜라를 마시는 광고 등을 소개했고, 월드컵과 올림픽, 윔블던 등 세계적 대회를 후원했으며, 심지어 미국 대통령이 구소련 대통령과 회담하는 자리에서 코카콜라를 마시도록 로비했다. 할리우드 영화에서 코카콜라를 자주 볼 수 있게 된 배후에도 우드러프의 치밀한 마케팅 전략이 숨어 있었다. 이때부터 코카콜라는 미국 문화 그 자체가 되었다.

우드러프는 코카콜라를 다국적 기업으로 끌어올린 사람이기도 하다. 그는 이사회의 반대를 무릅쓰고 유럽에 진출했고, 유럽 사람들의 입맛에 적합하게 코카콜라의 맛을 바꿔야 한다는 주위 사람들의 충고에도 불구하고 '코카콜라는 한 가지 맛이라야 한다'고 고집하며 맛을 바꾸지 않았다. 지금 생각해 보면 코카콜라는 미국 문화를 파는 것이니 미국 맛 그대로를 고집한 우드러프의 결정이 맞지 않았나 싶다.

코카콜라의 세계화를 꿈꾸던 우드러프에게 코카콜라 브랜드를 세계에 알릴 수 있는 결정적 기회가 찾아왔다. 바로 제2차 세계 대전이다. 우드러프는 모든 미군 병사에게 코카콜라를 단돈 5센트에 공급했다. 미군이 주재하는 세계 64개 지역에 정부 지원으로 코카콜라 생산 공장이 건설되어 미군이 가는 곳에는 항상 코카콜라라는 미국 문화가 함께했다. 전쟁 동안 미군은 50억 병의 코카콜라를 마셨고, 이들은 전쟁이 끝난 후 고향으로 돌아가서도 전쟁을 회상하며 코카콜라를 계속 마셨다. 미군 주둔 지역 사람들에게까지 코카콜라가 보급된 것은 당연하다. 이것은 세계 역사상 가장 효과적인 샘플링 행사로, 세계인들은 이를 계기로 코카콜라가 미국을 대표하는 브랜드라는 사실을 인식하기 시작했다.

코카콜라 브랜드가 성공한 비결을 '일관성'과 '혁신'이라는 두 단어로 요약할 수 있다. 코카콜라의 브랜드 로고는 100여 년 동안 변한 적이 없고, 200개국에 진출했지만 제품의 맛은 세계적으로 똑같다. 코카콜라는 미국을 파는 제품이기 때문에 광고 내용과 맛도 세계적으로 동일하다. 코카콜라는 브랜드의 일관성을 유지하기 위해 브랜드 관련 의사 결정을 미국 본사에서 한다. 그러나 일관성만으로 코카콜라가 세계 일등 브랜드로 성장한 것은 아니다. 산타클로스를 코카콜라와 연결시킨 것이나, 제2차 세계 대전을 코카콜라 홍보에 활용한 경우와 같이 끊임없이 혁신을 거듭한 결과다. 코카콜라는 남들이 생각하기 어려운 사건이나 상황을 브랜드 구축에 연결시키는 능력과 용기를 가지고 있다.

세계인들에게 가장 잘 알려진 말은 '오케이OK'라고 한다. 그리고 두 번째가 '코카콜라'라고 한다. 19세기 말 세상을 떠난 펨버턴은 자신이 만든 코카콜라가 세계 일등 브랜드가 되리라 상상도 못 했을 것이다. 그리고 주지사 출마를 위해 코카콜라 경영을 포기한 캔들러 역시 코카콜라가 미국을 상징하는 대표 브랜드가 되리라 꿈도 꾸지 못했을 것이다.

## 영원한 라이벌, 코카콜라와 펩시콜라

1933년 코카콜라의 최고 경영자였던 로버트 우드러프는 경영난으로 어려움을 겪던 펩시를 아주 싸게 인수할 기회가 있었다. 그러나 우드러프는 코카콜라와 제 살 깎아 먹기를 할 수 있는 제품을 인수하는 것은 좋지 않다며 이를 거절했다. 만약 이때 우드러프가 펩시를 인수했다면 현재 코카콜라의 모습은 어떻게 되었을까? 1950년대부터 코카콜라를 수없이 괴롭힌 펩시가 경쟁자가 아니라 같은 회사 소속이니 사업하기가 훨씬 수월했을지도 모른다. 그러나 반대로 생각할 수도 있다. 펩시라는 강력한 2인자가 있었기에 오늘날의 코카콜라가 존재하는지도 모른다. 펩시가 없었다면 코카콜라는 자만에 빠져 더 이상 혁신하지 않는 기업으로 전락했을지도 모른다.

펩시는 2인자가 어떻게 마케팅을 해야 하는지 누구보다 잘 안다. 이것은 세계에서 가장 뛰어난 기업으로 평가받는 코카콜라와 100년간 전쟁을 치르면서 얻은 지혜다. 코카콜라의 브랜드 가치는 앞서 언급한 바와 같이 690억 달러로 세계 1위다. 반면 세계 44위인 펩시의 브랜드 가치는 코카콜라의 10분의 1에도 못 미치는 62억 달러다. 그러나 2024년 『포춘』에 따르면 코카콜라의 연간 매출액은 464억 달러로 94위인 반면, 펩시는 콜라 외 사업부의 매출 덕택에 919억 달러로 44위로 평가되었다. 코카콜라와 펩시의 경쟁은 마케팅에서 가장 많이 다뤄진 주제 중 하나이지만 여전히 우리에게 주는 교훈이 많다.

펩시의 출발은 코카콜라와 닮은 점이 많다. 펩시는 코카콜라 설립 7년 뒤인 1893년 노스캐롤라이나의 약사이던 케일럽 브래덤Caleb Bradham이 소화 불량에 먹는 약으로 조제한 음료수로부터 시작되었다. 이후 펩시는 수차례 도산하며 주인이 바뀌었지만 저가 정책이 성공하면서 미국 음료수의 2인자로 부각되기 시작했다. 그러나 1950년에도 코카콜라의 탄산 음료수 시장 점유율은 47퍼센트인 반면, 펩시는 10퍼센트로 아직 코카콜라에 위협적인 존재가 아니었다.

펩시가 건실한 기업으로 성장하기 시작한 것은 1950년 마케팅 담당 임원이었던 앨프리드 스틸Alfred Steele을 최고 경영자로 영입하면서부터다. 스틸은 '타도 코카'를 부르짖으며 음료 시장 도매상인 보틀러들에게 지지를 호소했다. 앞서 언급한 바와 같이 펩시나 코카콜라는 일반적으로 콜라 원액을 보틀러에게 공급하고 보틀러는 이 원액에 탄산수를 타고 병에 담아 소매점에 유통시켰다(단, 패스트푸드 체인점 등 식당 판매의 경우 원액 제조업체는 원액을 식당에 직접 공급하고 식당이 탄산수를 배합해 소비자에게 공급하므로 보틀러가 필요 없다). 코카콜라는 특히 식당 판매에서 강세를 보였기 때문에 스틸은 보틀러를 통한 슈퍼마켓이나 편의점 판매에 주력하기로 했다.

이러한 채널 집중화 전략은 슈퍼마켓과 편의점 등 유통 채널의 성장과 함께 펩시콜라의 판매 신장에 결정적 역할을 했다. 스틸은 또한 6온스ounce의 1인용 탄산 소다 음료 일색인 시장에 가정용 소비를 표적으로 26온스짜리 대형 펩시콜라를 도입해 소비자들로부터 좋은 평가를 받았다.

펩시가 코카콜라에 위협을 가하기 시작한 것은 1963년 도널드 켄들Donald Kendall이 펩시의 최고 경영자가 되면서부터다. 켄들은 코카콜라의 로버트 우드러프 회장과 함께 20세기 미국 음료 시장을 대표하는 인물로 평가받는다.

가난한 농부의 아들로 태어난 켄들은 펩시 영업 사원으로 시작해 최고 경영자가 된 입지전적인 인물이다. 천부적인 세일즈맨이었던 켄들은 당시 리처드 닉슨Richard Nixon 부통령이 니키타 흐루쇼프Nikita Khrushchyov 소련 총리를 만나는 자리에서 흐루쇼프에게 미국에서 만든 펩시콜라와 소련에서 만든 펩시콜라를 시식하고 비교해 보도록 했다. 이 사건으로 순식간에 펩시콜라를 세계 소비자에게 널리 알렸고, 켄들은 펩시의 전설적인 세일즈맨으로 부각되었다.

켄들은 끊임없는 마케팅 아이디어와 혁신을 통해 펩시를 세계적인 기업으로 키웠는데, 여기서는 그중 코카콜라에 결정타를 날린 두 사건을 소개하겠다. 첫째는 켄들이 최고 경영자로 취임하면서 시작된 '펩시 제너레이션Pepsi Generation'이란 광고 캠페인이다. 코카콜라를 먹으면서 자란 구세대는 어차피 코카콜라에 길들어 펩시콜라를 마시도록 설득하기 어려우니, 젊은 미래 소비자에게 펩시의 운명을 걸겠다는 의지를 표명한 것이다. 베이비붐 세대를 표적으로 한 이 광고는 스포츠카, 모토사이클, 헬리콥터 등 젊음과 활력을 상징하는 소품들로 가득했다. 과거 펩시콜라 광고와 달리 펩시 제품 얘기는 하지 않고 펩시콜라 구매자의 라이프 스타일 얘기를 했다는 점이 특징이다. 무엇을 먹느냐가 어떤 사람인가를 표현하고, 펩시콜라를 마시는 사람은 젊고 활동적이며 진취적이라는 의미를 담았다. 바꿔 말하면 (광고에서 직접적으로 표현한 것은 아니지만) 코카콜라를 마시는 사람은 보수적인 구세대라는 의미를 내포한 전략이었다. 펩시콜라는 이 캠페인 덕택에 코카콜라와의 시장 점유율 격차를 2대 1로 줄였고, 코카콜라는 펩시콜라를 의식한 광고를 하기 시작해 펩시콜라의 존재를 처음으로 인정했다. 펩시 제너레이션 캠페인은 세계 광고 역사에 한 획을 그은 역작으로 평가되어 마케팅 학자들의 꾸준한 연구 대상이 되었다.

펩시콜라의 켄들이 코카콜라에 치명타를 안긴 또 다른 사건은 1975년부터 시작한 '펩시 챌린지Pepsi Challenge'다. 이 캠페인은 당시 텍사스 지역 펩시콜라 임원이던 래리 스미스Larry Smith의 제안에 따른 것이었다. 그는 코카콜라를 이기기 위해서는 보다 직접적인 방법이 필요하다고 주장했다. 이미지나 감정에 호소하는 것보다는 코카콜라와 제품 대 제품으로 비교하자는 것이었다. 텍사스주 댈러스Dallas에서 시작된 펩시 챌린지는 일종의 블라인드 테스트blind test로, 소비자에게 브랜드를 보여 주지 않고 펩시콜라와 코카콜라 중 맛이 좋은 콜라를 선택하도록 하고, 이를 몰래 카메라로 촬영해 광고에 활용한 것이다. 결과는 펩시콜라의 승리였다. 소비자의 52퍼센트는 펩시를, 나머지 48퍼센트는 코카콜라를 선택했다. 비교 광고를 할 수 있는 객관적인 자료까지 확보하고 있었으므로 법적인 문제도 없었다. 광고 후 이 지역에서 펩시의 시장 점유율은 6퍼센트에서 14퍼센트로 수직 상승했다. 댈러스에서 이뤄진 펩시 챌린지 비교 광고 결과는 펩시 경영진을 흥분시키기에 충분했다. 펩시는 펩시 챌린지 캠페인을 점차 다른 지역으로 확대 실시해 1980년에는 미국 전역에서 펩시 챌린지를 볼 수 있었다. 펩시 챌린지 덕택에 1979년 펩시콜라는 미국 슈퍼마켓 판매에서 역사상 처음으로 코카콜라를 앞질렀다.

펩시 챌린지 광고가 방송된 후 코카콜라는 펩시 챌린지에 대해 소비자를 오도하는 말도 안 되는 광고라고 비난했다. 그러나 코카콜라가 직접 블라인드 테스트를 해본 결과 펩시콜라의 주장이 틀리지 않았다. 지난 90년 동안 소비자의 사랑을 받아 왔기 때문에 한 번도 의심해 본 적 없던 코카콜라의 맛에 문제가 있었던 것이다. 사실 코카콜라의 입장에선 다른 콜라와 비교한다는 것 자체가 용납할 수 없는 일이었다. 자존심이 상한 코카콜라는 시장 점유율 회복을 위해 각종 프로모션을 시행했지만 펩시의 시장 잠식은 계속되었다.

초조해진 코카콜라는 결정적인 실수를 저질렀다. 소비자들이 단순히 맛을 기준으로 콜라를 선택한다고 여긴 것이다. 결국 펩시콜라보다 맛있는 코카콜라를 만들라는 특명이 떨어졌다. 코카콜라는 2년에 걸쳐 블라인드 테스트에 20만 명의 소비자를 동원하고, 테스트 비용으로 무려 400만 달러를 쓰며 새로운 제조법을 개발했다. 블라인드 테스트 결과는 매우 고무적으로, 새로운 코카콜라는 선호도 면에서 예전 것에 비해 10퍼센트, 펩시콜라에 비해 6~8퍼센트 정도 높은 것으로 나타났다. 테스트 결과에 확신을 얻은 코카콜라 경영진은 1985년 4월 코카콜라의 맛을 개선한 새로운 코카콜라를 시판하기 시작했다. 코카콜라 100년 역사에서 한 번도 변하지 않았던 코카콜라의 맛이 바뀐 것이다.

공교롭게도 코카콜라의 거목 우드러프가 세상을 떠나고 얼마 지나지 않아 이 일이 일어났다. 결과는 대실패였다. 코카콜라 충성 고객의 비난이 빗발쳤고, 보틀러 역시 여기에 가세했다. 코카콜라 본사는 하루 평균 5,000통의 소비자 항의 전화를 받았고 극성 소비자들은 옛날 코카콜라 사재기를 하기에 이르렀다. 코카콜라는 더 이상 코카콜라만의 것이 아니었던 것이다. 소비자는 미국 문화를 대표하는, 그리고 제2차 세계 대전을 함께했던 코카콜라가 사라진 것에 통탄했다. 미디어에서는 이를 '탈코카콜라 신드롬post-Coke syndrome'이라고 표현했다. 뉴욕 증권 거래소에서 코카콜라 주식은 곤두박질치고 펩시의 주가는 치솟기 시작했다. 결국 코카콜라는 역사적 실수를 인정하고 새로운 맛의 코카콜라를 도입한 지 3개월 만에 예전 맛의 코카콜라를 '코카콜라 클래식Coca-Cola Classic'이라는 이름으로 다시 판매하기로 하고, 새로운 맛의 코카콜라에 '뉴코크New Coke'라는 이름을 붙였다. 옛 코카콜라가 다시 시판되면서 코카콜라의 시장 점유율은 다시 늘어났고 주식 가격도 안정을 되찾았다.

100년 가까이 변함없던 코카콜라의 맛을 바꾼 이 사건은 마케팅 역사상 가장 어리석은 실수로 기록되었다. 실수의 주인공은 바로 세계에서 가장 마케팅을 잘한다는 코카콜라였다. 그리고 코카콜라의 역사적 실수를 유도한 것은 다름 아닌 펩시 챌린지였다. 소비자가 사랑한 것은 코카콜라의 맛이 아니라 코카콜라의 이미지와 역사였다. 마찬가지로 펩시 챌린지 캠페인이 성공한 이유는 펩시콜라의 맛 때문이 아니라 펩시 챌린지가 전달하는 펩시콜라의 진취적이고 당돌한 이미지 때문이었다. 블라인드 테스트에서는 뉴코크, 펩시콜라, 코카콜라 클래식의 순서로 맛을 선호했지만, 브랜드를 보는 순간 가장 많은 사람이 코카콜라 클래식을 선택했다. 왜냐하면 소비자가 구매하는 것은 코카콜라의 이미지였기 때문이다.

# 아리스토텔레스는 뛰어난 마케팅 이론가였다

누군가를 설득해야 하는 직업에 종사하는 사람은 생각보다 훨씬 많다. 광고 및 홍보 담당자나 영업 사원은 물론이고 교사, 정치가, 변호사, 목사, 배우, 상담가도 말이나 글로 상대방을 설득하는 일에 종사한다.

고대 그리스에서는 다양한 계층의 사람들과 소통하는 능력을 길러 주기 위해 정치가에게 '수사학修辭學, rhetoric'이라는 과목을 가르쳤다. 오늘날 대부분의 대학에서는 더 이상 필수 교과목으로 채택하지 않지만, 말이나 글로 대중을 설득해야 하는 사람에게 수사학은 유용한 학문이다. 수사학의 발전에 가장 크게 공헌한 학자로 손꼽히는 아리스토텔레스Aristoteles는, 설득력 있는 주장을 하려면 '에토스ethos, 로고스logos, 파토스pathos'라는 설득의 세 가지 요소를 균형 있게 갖춰야 한다고 말했다.

### 설득의 세 가지 요소

에토스는 신뢰를 뜻한다. 말하는 사람을 신뢰하면 그가 말하는 내용 역시 믿게 된다는 것이다. 예컨대 노벨상을 수상한 경제학자가 내년에 세계 대공황이 올 거라고 주장하면 우리는 전전긍긍할 수밖에 없다. 경제 문제 권위자로서 그를 신뢰하기 때문에 주장의 진위를 따져보지도 않고 믿기 일쑤다.

한국야쿠르트의 발효유 브랜드 '윌' 광고에 노벨 의학상 수상자인 배리 마셜Barry Marshall이 출연해 혀 꼬부라지는 듯한 발음으로 "헬리코박터 프로젝트 윌"이라고 외치던 장면을 기억하는가? 우리는 마셜이 헬리코박터균을 세계 최초로 발견한 공로로 노벨상을 수상한 인물이기에 절대 거짓말하지 않을 거라고 믿는다. 우리나라 국민의 절반이 보유하고 있다는 헬리코박터균은 위염이나 위암을 유발하는 것으로 알려져 있는데, 기능성 발효유 윌이 이 고약한 균의 활동을 약화시키는 데 효과적이라고 권위자가 직접 나와 설명하는 마당에 지갑을 열지 않고 버틸 도리가 있겠는가.

또한 효과적인 설득을 위해서는 로고스, 즉 '합리적이고 논리적인 추론'을 동원해야 한다. 학술 연구자들이 통계 자료, 수리적 모형, 실험 등 과학적이고 객관적인 절차를 통해 자신의 이론을 주장하는 것이 대표적인 예다.

이를테면 나와 같은 대학교수가 직업인으로서 해야 하는 일은 크게 교육, 연구, 사회봉사의 세 가지로 나뉜다. 그런데 서울대학교의 경우는 내부 지표나 분위기로 보아 연구가 차지하는 비중이 절반 이상인 듯하다. 교수들은 자신의 학술 연구 결과를 국내외 학술지에 게재하는데, 이들 학술지의 독자는 대부분 동종 분야 연구자다. 그러므로 연구 논문을 집필할 때는 감정을 되도록 배제하고 철저하게 논리, 즉 로고스만 사용해 자신의 주장을 전개하는 편이 다른 연구자들을 설득하는 데 유리하다.

이와 달리 파토스를 통해 설득하는 것이 효과적일 때도 있다. 파토스는 상대의 감성에 호소해 설득하는 방법이다. 인간은 감성적 동물이기 때문에 과장, 은유, 스토리텔링 등과 같은 기법을 통해 청중의 마음을 사로잡으면 설득하기 쉽다.

한국인은 서양 사람들에 비해 감성적인 측면이 강한 것 같다. 소비자의 감성에 호소하는 유형의 광고가 우리나라에 유난히 많은 이유가 바로 여기에 있다. 특히 국내 식품 및 의류 기업의 텔레비전 광고는 감성에 호소하는 유형이 주를 이룬다. 제품의 속성 하나하나를 꼼꼼히 따지는 로고스형 소비자는 드물고, 브랜드나 기업 이미지에 이끌려 구매를 결정하는 파토스형 소비자가 많다는 것이다. 논리 정연한 합리성보다 정이 중요하고, 법보다 정서가 앞서는 국민이라는 평가도 비슷한 맥락에서 나온 말이다.

## 중심 경로와 주변 경로를 통한 정보 처리

아리스토텔레스가 말한 설득의 세 가지 요소는 수사학의 근간을 이루는 이론일 뿐 아니라 다양한 학문 분야에도 지대한 영향을 미쳤다. 아리스토텔레스의 설득 이론과 유사한 심리학 분야의 설득 및 태도 이론으로 1970년대 중반 리처드 페티Richard Petty와 존 카치오포John Cacioppo가 제시한 '정교화 가능성 모형Elaboration Likelihood Model, ELM'이 있다. 아리스토텔레스가 설득의 문제를 설득하려는 사람, 즉 메시지 발신자(기업) 입장에서 다뤘다면, ELM은 설득의 대상자, 즉 메시지 수신자(소비자) 입장에서 다뤘다는 것이 차이점이다.

ELM 이론에 따르면 소비자가 기업이 제공한 정보를 처리할 때

의도적으로 상당한 인지적 노력을 기울이면 중심 경로central route를 통해, 별다른 노력을 기울이지 않으면 주변 경로peripheral route를 통해 태도가 형성된다.

메시지가 중심 경로를 통해 처리되는 경우 소비자는 기업이 보내는 메시지의 진위 여부를 비롯해 그 내용을 꼼꼼히 검토한다. 예컨대 소비자가 디지털카메라를 구매하는 과정에서 여러 브랜드 카메라의 특성(가격, 크기, 무게, 화소 등)을 꼼꼼히 비교해 최종적으로 구매 제품을 선택한다면 이는 중심 경로를 사용하는 것이다. 이 경우에는 많은 인지적 노력을 투입하기 때문에 한 번 형성한 태도가 비교적 장기간 지속되는 경향을 보인다.

반면에 메시지가 주변 경로를 통해 처리되는 경우, 소비자는 제품 정보 등 메시지의 구체적인 내용을 따지기보다 메시지 주변에 존재하는 여러 단서(매력적인 광고 모델, 신선한 광고 문구 등)로부터 많은 영향을 받는다. 내가 좋아하는 배우가 광고 모델로 등장하는 제품이라면 다른 브랜드와 비교도 하지 않고 구매하는 것이다. 많은 인지적 노력이 투입되지 않는 만큼, 주변 경로를 통해 형성된 태도는 쉽게 바뀔 수 있다.

소비자가 정보를 처리할 때 중심 경로와 주변 경로 중 어떤 경로를 선택할지는 정보 처리 과정에 투입되는 노력 정도에 달려 있다. 그리고 이 노력은 소비자가 정보를 꼼꼼히 처리하려는 동기 부여가 되어 있는지, 소비자에게 정보를 처리할 수 있는 능력이 있는지 여부에 크게 좌우된다. 예를 들어, 자동차와 같이 가격이 비싸고 관여도involvement가 높은 제품을 구매할 경우 소비자는 정보를 신중히 처리하려는 동기 부여가 되어 있기 때문에 정보 처리에 많은 노력을 기울일 테고, 따라서 중심 경로를 사용할 것이다. 또한 제품에 대한 사전 지식이 많고 의사 결정에 필요한 시간적 여유가 많을수록 소비자가 정보를 꼼꼼히 처리하는 능력을 발휘할 수 있기 때문에 중심 경로를 사용할 가능성이 높다.

ELM 이론은 실무 마케팅 문제에 유용하게 활용된다. 디지털카메라나 스마트폰과 같은 첨단 기술 제품을 구매하고자 하는 소비자는 제품 정보를 면밀히 검토하려는 의욕이 있고, 일부 소비자의 경우에는 실제로 그럴 능력도 있다. 이러한 중심 경로 사용자를 대상으로 마케팅을 펼칠 때는 많은 정보를 담을 수 있는 신문이나 잡지 광고가 텔레비전 광고보다 유용하다. 반대로 가격이 저렴하고 자주 구매해야 하는 제품의 경우에는 주변 경로를 주로 사용하기 때문에 인쇄 매체보다 방송 매체가 더 효과적이다. 유명인을 광고에 등장시키는 셀럽 마케팅celebrity marketing을 하면 더욱 큰 효과를 거둘 수 있다.

# 5 시장 세분화와 표적 시장 선정

## Segmentation & Targeting

### 세분화는 마케팅 관리자가 가장 자주 쓰는 도구다

프록터앤드갬블Procter & Gamble, P&G은 미국 세탁제 시장을 세분화하여 각 세분 집단에 적합한 11개의 세탁제 브랜드를 도입했다. P&G는 이와 같은 세분화 전략을 통해 40억 달러 규모의 미국 세탁제 시장의 약 60퍼센트를 점유하고 있다.

구매자의 니즈와 구매 행위는 매우 다양하며, 지역적으로도 아주 넓게 퍼져 있다. 그러므로 모든 구매자에게 동일한 방법으로 자사 제품을 판매하려는 것은 잘못된 생각이다. 기업마다 보유한 자원과 능력이 다르기 때문에 진출하기에 적합한 세분 시장도 다르다. 그러므로 모든 구매자에게 자사 제품을 판매하려 하지 말고, 자신이 가장 경쟁 우위가 있다고 판단되는 세분 시장을 발굴해 그 세분 시장에 자원을 집중하는 것이 좋다.

오늘날 대부분 기업은 매스 마케팅을 가능한 한 피하고, 세분 시장 탐색, 한두 개의 세분 시장 선정, 각 세분 시장에 적합한 제품 및 마케팅 믹스 전략 개발로 요약되는 표적 마케팅target marketing을 수행한다. 이와 같은 과정을 통해 판매자는 각 표적 시장에 적합한 제품을 개발할 수 있고 가격, 촉진, 유통 등 마케팅 믹스 전략을 표적 시장 공략에 적합하도록 조정할 수 있다. 즉, 마케팅 자원을 구매 의도가 가장 높은 집단에 집중적으로 투자한다.

표적 마케팅은 세분화segmentation, 타기팅targeting, 포지셔닝positioning의 세 단계로 구성되어 있는데, 이 세 단계를 STP라고 부른다. 첫째, 세분화 작업에서는 구매자 특성, 구매 니즈, 구매 행위 등 시장을 세분화할 변수를 발굴하고, 각 세분 집단의 프로파일을 개발하는 것이 목표다. 각 세분 집단의 고객은 서로 다른 제품 및 마케팅 믹스를 선호할 것으로 기대한다. 둘째, 타기팅 작업에서는 각 세분 집단의 매력도를 평가해 자신에게 가장 적합한 세분 시장을 한두 개 선정한다. 셋째, 포지셔닝 작업의 핵심은 선정된 표적 시장에 적합한 포지션과 마케팅 믹스를 개발하는 것이다.

### 매스 마케팅과 세분화

요즘에는 표적 마케팅에 대한 장점만 부각해 매스 마케팅을 단점만 있는 마케팅 기법으로 오해하는 사람들이 있다. 그러나 대부분의 세계적 기업은 수십 년 동안 매스 마케팅을 해왔고, 아직까지 매스 마케팅을 성공적으로 수행하는 기업이 많다. 매스 마케팅의 대표적인

[그림 5-1] 마케팅 패러다임의 변화

예는 포드자동차의 '모델 T'다. 검은색 한 가지 종류를 대량 생산, 대량 유통, 대량 촉진한 포드자동차는 오랫동안 세계 자동차 시장을 석권했다. 매스 마케팅의 최대 강점은 표준화를 통해 비용을 최소화할 수 있다는 점이다. 모든 고객에게 동일한 제품을 동일한 방법으로 판매하기 때문에 단위 제조 원가와 마케팅 비용을 낮출 수 있다.

그러나 마케팅 환경 변화로 매스 마케팅의 매력이 점차 떨어지고 있다. 대안으로 표적 시장 구매자를 구매 행위의 유사성에 따라 세분 집단으로 나누고 세분 집단별로 마케팅을 차별화한다는 세분화 마케팅이 각광받고 있다. 요즈음 자동차 회사는 고객의 소득과 연령에 따라 시장을 세분화하고 각 세분 집단에 적합한 자동차 모델을 판매한다. 신용 카드 회사는 여성만을 위한 신용 카드, 골드 카드, 플래티넘 카드, 교통 카드 등 수백 종의 신용 카드를 발급하고 있다.

일대일one-to-one 마케팅이란 고객 개인의 수준까지 세분화해서 마케팅하는 것을 말한다. 고객 개인별 니즈와 구매 행위에 적합한 맞춤형 마케팅을 하겠다는 것이다. 일대일 마케팅에 대한 보다 상세한 설명은 CRM을 논의하면서 다루기로 한다.

## 고객 개인별로 마케팅을 달리하라

CRMCustomer Relationship Management이라는 용어를 누가 언제 사용하기 시작했는지에 대해서는 의견이 분분하지만, 1998년부터 외국계 컨설팅업체를 중심으로 그 개념이 서서히 정착되었다고 본다. 아직 역사가 짧아 각 전문가의 배경에 따라 정의가 다소 다르지만, 마케팅 환경이 변함에 따라 등장한 새로운 마케팅 방식이라는 데는 의견을 같이한다. CRM이 말하는 새로운 마케팅 방식은 두 가지 개념으로 요약할 수 있다. 첫째는 보다 정교한 시장 세분화 또는 고객 차별화를 통해 마케팅을 수행하는 것이고, 둘째는 보다 장기적인 안목을 가지고 마케팅을 수행하는 것이다.

[그림 5-2]는 CRM이 의미하는 마케팅 패러다임의 변화를 보여 준다. X축은 표적 시장의 고객을 정교하게 세분화해 매스 마케팅에서 일대일 마케팅으로 가야 한다는 변화를 말한다. Y축은 단기적 이익 극대화에서 탈피해 장기적 이익 극대화를 추구해야 한다는 패러다임의 변화를 보여 준다. 즉, 고객이 우리가 판매하는 제품을 일생에 걸쳐 구매하기 때문에, 고객의 일생 가치를 증진할 수 있다면 단기적 손해는 감수해야 한다는 것이다.

여기서 한 가지 흥미로운 사실은 CRM의 핵심 이론에는 특별히 새로운 것이 없다는 점이다. 시장 세분화 개념은 1950년대 마케팅 개념이 학문적으로 정립되면서부터 마케팅에서 가장 중요한 주제로 취급되었다. 좀 더 장기적 안목으로 마케팅을 수행하라는 원칙도 그 역

[그림 5-2] CRM의 정의

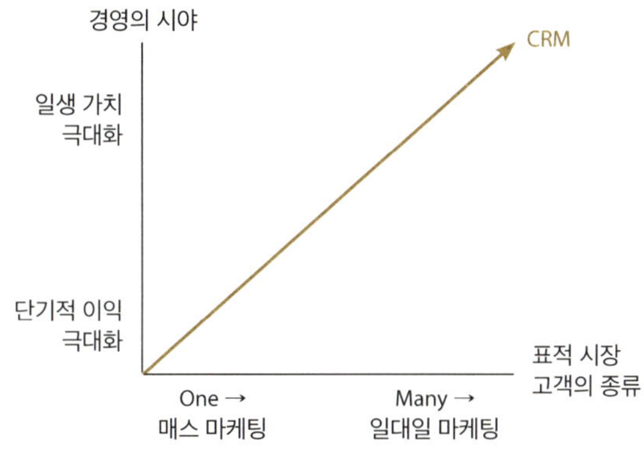


사가 너무 오래되어 마케팅 또는 경영학을 연구하는 사람이라면 당연히 받아들이는 개념이다. 역설적으로 CRM은 마케팅을 연구하는 학자들이 지난 수십 년 동안 검증하고 합의한 이론을 근간으로 하고 있으니, 잠깐 유행으로 사라질 경영 기법이 되지는 않을 것이다.

## 마케팅 환경 변화와 CRM

마케팅 연구자들은 오래전부터 기업의 장기적 이익 극대화를 위해서 시장을 세분화하고 장기적 마케팅을 수행해야 한다고 주장해 왔다. 그들은 시장을 세분화하고 각 세분 시장에서 마케팅 활동을 차별화함으로써 얻을 수 있는 추가 이익을 이론화했으며 좀 더 구체적이고 정교한 차별화 전략도 개발했다. 그러나 실무에서는 세분화 및 차별화로부터 얻는 추가 이익보다 세분화 및 차별화하는 데 필요한 추가 비용이 더 커 현실화할 수 없는 경우가 많았다. 장기적 마케팅의 경우도 마찬가지다. 그 이론적 매력에도 불구하고 장기적 마케팅을 실무에서 수행하기 위해서는 엄청난 추가 비용을 지불해야 하기 때문에 현실적인 전략이 되기 어려웠다. 그런데 최근 마케팅 환경의 변화가 이 모든 것을 바꿔 놓고 있다. 마케팅 연구자들이 오랫동안 꿈꾸던 마케팅 유토피아가 현실로 다가오기 시작한 것이다.

CRM을 현실적인 이론으로 만든 첫 번째 환경 변화는 소비자 욕구의 변화다. 현대 문화를 다양성의 문화라고 한다. 자신의 라이프스타일, 인종, 소득, 연령에 따라 원하는 제품과 서비스가 다르고 즐겨 보는 신문, 방송, 잡지가 다르다. 이러한 소비자의 다양성을 반영해 아마존Amazon은 300만 종 이상의 서적을 인터넷을 통해 제공하고 있다. 만약 표적 시장을 구성하는 소비자 욕구가 동일하다면 모든 고객을 동일하게 취급하는 매스 마케팅이 효율적일 수 있다. 그러나 소비자의 욕구가 다양해질수록 마케팅 활동을 고객별로 차별화하자는 CRM 이론이 설득력을 가지게 된다.

둘째, 정보 통신 비용의 급격한 하락으로 개별 고객의 수요 관련 정보를 저렴한 비용으로 수집·축적·분석할 수 있다. CRM을 수행하기 위해서는 고객 개개인에 대한 방대한 정보를 축적해야 한다. 각 고객이 어떤 제품을 선호하는지, 가격 민감도는 어떠한지, 어떤 커뮤니케이션 채널을 선호하는지, 어떤 유통 채널에서 주로 제품을 구매하는지, 그리고 이들 선호도가 어떻게 변하고 있는지 등 상세한 고객 정보를 오랜 기간 축적했을 때 CRM은 위력을 발휘한다. 최근 정보통신 산업의 급격한 발달로 이러한 고객 관련 데이터를 수집·축적·분석하는 데 필요한 비용이 빠른 속도로 감소하고 있다. 인터넷 채널을 통한 CRM이 상대적으로 효과적인 이유도 인터넷 채널을 통한 고객 데이터 수집·축적·분석 비용이 저렴하다는 데 있다.

셋째, 인터넷 등 새로운 커뮤니케이션 및 판매 채널의 등장으로 CRM 수행 비용이 현저히 감소하고 있다. 아무리 방대한 고객 정보를 축적하고 있다고 할지라도 고객별로 차별화된 마케팅을 수행하는 데 필요한 비용이 너무 크면 CRM을 실현하기 어려울 것이다. 예를 들어, 미국의 우편주문 판매업체는 전통적으로 고객 데이터 축적 및 분석 기술이 뛰어나다. 이들은 오래전부터 고객 데이터 분석을 통해 고객 개인별로 구매 가능성이 높은 제품군이 무엇인지에 대한 정보를 가지고 있었다. 그러나 큰 비용 증가 없이 여러 종류의 카탈로그를 제작할 수 있는 선택적 제본selective binding 기술이 개발되기 전까지는 고객별로 차별화된 카탈로그를 제작하는 데 필요한 비용이 너무 높았기 때문에 한 번에 한 종류의 카탈로그를 제작해 모든 고객에게 발송할 수밖에 없었다. 그러나 최근 인터넷이라는 새로운 채널의 등장으로 이와 같은 차별화 비용이 현저히 낮아졌다. 요즈음 인터넷 업체들은 고객 데이터 분석을 통해 개인별로 차별화된 메시지를 전달하는 서비스를 제공해 고객으로부터 좋은 반응을 얻고 있다.

요약하면, 위 세 가지 마케팅 환경 변화로 인해 기업 이익의 극대화라는 기업 목표를 달성하는 마케팅 방법론이 변화했다. 이 새로운 마케팅 방법이 CRM이다. 즉, CRM은 마케팅 환경 변화에 따른 필연적 산물로, 모든 마케팅 활동을 고객별로 차별화하고 보다 장기적인 시야를 가지고 마케팅 활동을 수행하자는 것이다.

## 선택한 세분 시장을 독점하라

USAA United States Automobile Association는 일반적으로 알려진 여러 비즈니스 상식을 깨고 있는 기업이다. 글로벌 경쟁 시대에는 독점이 불가능하다고 한다. 그러나 USAA의 실적을 보면 200년 전 독점 기업을 보는 것 같다. USAA의 고객은 미국 국민의 2~3퍼센트에 해당하는 현역 및 퇴역 군인과 그들의 자녀로 한정되어 있다. 현재 USAA의 고객 수는 490만 명이다. 이 중 20만 명은 40년 이상 USAA를 한 번도 떠나지 않은 충성 고객이라고 한다.

USAA는 이들 한정된 고객에게 보험, 은행, 부동산 등 금융 상품을 판매하는 기업으로, 2023년 자산 규모가 2,116억 달러이며 미국 기업 순위 103위다. 성장률이나 이익 면에서도 산업 내 최고 수준이다. USAA의 고객 유지율 retention rate은 자동차 보험 시장에서는 가히 상상을 초월하는 98퍼센트에 달한다. 또한 현역 군인의 95퍼센트가 USAA의 고객이라는 사실로 보면 USAA는 제한된 시장에서 완벽한 독점을 하는 기업이라 할 수 있다. 더욱 놀라운 사실은, USAA는 TV 등을 통한 매스 마케팅을 거의 하지 않고 대부분 DM이나 TM으로 판매가 이뤄진다는 것이다.

USAA는 1922년 군인에게 자동차 보험을 판매할 목적으로 설립된 보험 회사다. 당시 다른 보험 회사는 군인은 이동이 빈번하고 위험한 사건에 노출될 가능성이 높다고 여겨 관심을 두지 않았다. 그러나 USAA의 생각은 달랐다. 군인만을 대상으로 자동차 보험을 판매하면 표적 시장 고객의 니즈가 유사해 상품을 단순화하고 영업 비용을 낮출 수 있다고 판단했다. 또한 자동차 보험 사업에서 군인은 비교적 양호한 인구 통계적 특성을 가지고 있다고 보았다. 군인은 비교적 소득이 높고 안정적이기 때문에 채무 불이행 가능성이 매우 낮고 보험에 매우 호의적이며, 소득에 비해 상대적으로 좋은 자동차를 구매한다.

그러나 USAA가 오늘날 세계적 기업으로 성장한 데는 1969년부터 22년 동안 최고 경영자를 맡았던 로버트 맥더모트Robert McDermott의 뛰어난 지도력과 비전을 빼놓을 수 없다. 퇴역 공군 준장 출신인 맥더모트는 항공기 조종사로 제2차 세계 대전에 참전한 전쟁 영웅이었다. 종전 후 하버드 경영대학원에서 경영학 석사 학위MBA를 받았고, 미국 육군사관학교 웨스트포인트에서 경제학 교수로 재직한 후 공군사관학교 초대 학장을 지내기도 했다. 맥더모트는 그가 최고 경영자로 취임한 1969년 당시 자산 규모 2억 달러의 손해 보험 회사였던 USAA를 1991년 퇴임 시 자산 규모 200억 달러의 종합 금융 그룹으로 바꿔 놓았다.

맥더모트의 전략은 정보 기술에 대한 과감한 투자와 고객 중심 기업이라는 두 가지로 요약할 수 있다. 좀 더 정확히 표현하면 고객 중심 기업이 되기 위해 정보 기술에 아낌없이 투자했다.

USAA의 성장 과정을 보면 다른 기업의 성장 패턴과 크게 다른 점이 있다. 보통 기업들은 판매 제품을 정해 놓고 고객 사이즈를 점차 늘림으로써 성장한다. 그러나 USAA는 표적 고객을 정해 놓고 판매하는 제품을 자동차 보험에서 산업 재해 보험, 생명 보험, 은행, 부동산, 금융 투자 중개 등으로 확대하면서 매출이 점차 늘어나는 독특한 방식의 성장을 이루었다. 최근에는 여행, 자동차 임대, 보석, 가전제품 등의 구매를 대행해 주고 배달까지 하는 서비스도 제공하고 있다. USAA의 이와 같은 독특한 성장 패턴은 과감한 IT 투자 없이는 불가능했다.

USAA가 매우 높은 고객 유지율을 달성할 수 있는 것은 고객 데이터베이스와 TM 요원 때문이다. 맥더모트는 고객 데이터베이스의 중요성을 일찍부터 인식하고 양질의 데이터를 유지하는 데 필요한 투자를 아끼지 않았다. USAA는 고객 데이터를 갱신하기 위해 정기적인 센서스와 표본 조사를 실시하고 있다. 종종 이런 조사를 제품 및 서비스를 추가 판매하는 이벤트와 결합하기도 한다. USAA는 교차 판매를 촉진하고 고객에게 원스톱 서비스를 제공하기 위해 모든 자회사 고객 데이터베이스를 통합해서 운영한다. USAA는 현재 본사가 위치한 샌안토니오San Antonio에 고객 데이터베이스를 보관 운영하고 있다. 그러나 안전을 위해 또 하나의 동일한 고객 데이터베이스를 다른 장소에서 유지 관리한다.

맥더모트는 고객 데이터베이스에 대한 투자와 함께 TM의 효율성을 증진시키기 위한 IT 투자에도 노력을 아끼지 않았다. 예를 들어, 당시 한 대에 1만 달러 정도 하던 컴퓨터 전화 통합기Computer Telephony Integration, CTI를 모든 TM 요원에게 지급했다. TM은 고객 데이터베이스와 함께 USAA의 성장에 견인차 역할을 해온 주요 요소다. USAA는 TM의 선구자와 다름없는 기업으로, 관련 이노베이션을 선도해 많은 회사가 USAA의 TM 부서를 모방한 부서를 설립했다. 현재 USAA는 고객에게 원스톱 서비스를 제공하기 위해 TM 부서를 판매, 서비스, 클레임 처리 등 기능을 통합한 콜센터calling center로 운영하고 있다.

다른 미국 보험 회사와 달리 USAA에는 외부 중개인agent이나 대인 판매를 위한 영업 인력이 없다. 판매는 본사 직원의 DM과 TM을 통해 이뤄진다. DM은 고객과 고객 가족 구성원의 나이에 따라 내용을 차별화해서 발송한다. 고객이 DM을 보고 USAA에 전화를 하면 TM 요원의 CTI 모니터에 자동으로 고객의 인적 사항이 뜬다. 또한 USAA는 고객과의 장기적인 관계를 중요하게 여겨 가능한 한 동일한 TM 요원이 같은 고객을 계속 상대하도록 하고 있다.

USAA는 TM과 DM으로 영업하기 때문에 인적 판매를 통해 보험을 판매하는 다른 보험 회사보다 영업 비용이 훨씬 적게 든다. 그런데 USAA의 고객 만족도는 매우 높고, 특히 여러 서비스를 구매한 고객의 만족도는 더욱 높다. 주소지를 이전해도 새로운 보험 중개인을 만나 기록을 새로 작성할 필요가 없고 은행 계좌를 새로 개설할 필요도 없다. 전화 한 통만 하면 USAA가 알아서 모두 처리해 준다.

모든 자회사의 고객 데이터베이스가 통합되어 있기 때문에 USAA는 주소지 변경과 같은 일을 손쉽게 처리할 수 있다.

## 세분 시장을 나누는 변수

전체 시장을 상대적으로 동질적인 집단으로 나누는 작업을 시장 세분화라고 한다. 마케팅 관리자가 시장 세분화를 하는 이유는 각 세분 집단에 속한 고객의 다양한 구매 행위가 동질적이기 때문이다. 그러나 구매 행위를 직접 관측하기는 어렵기 때문에 인구 통계적 변수 등 대리 변수proxy variable를 사용해 시장을 세분화한다. 구매 행위와 밀접한 관련이 있는 대리 변수로는 지리적 변수, 인구 통계적 변수, 사이코그래픽psychographic 변수, 행위적 변수의 네 종류가 있다.

시장을 세분화하는 데 가장 좋은 변수는 존재하지 않는다. 세분화의 목표는 동질적인 구매 행위를 보이는 집단으로 나누는 것이지만 구매 행위의 범위가 너무 넓다. 예를 들어, 소득은 브랜드 선호도라는 구매 행위를 설명하는 데 유용한 변수이지만, DM에 대한 반응률을 예측하는 데는 라이프 스타일 변수가 핵심 변수일 수 있다. 그러므로 마케팅 실무자들은 시장 세분화를 할 때 네 종류의 세분화 변수를 모두 사용한다.

지리적 세분화란 전체 시장을 국가, 행정 구역, 도시, 우편 번호와 같은 지리적 단위로 나누는 세분화로, 수백 년 동안 사용된 시장 세분화 방법이다. 지역별로 소득 등 인구 통계적 특성이 다르고 특정 제품에 대한 선호도 역시 차이가 많다. 표적 시장을 지리적으로 세분화한 기업은 몇 개 지역만 선정해 제품을 판매하거나 전체 지역에 팔되 지역적 차이를 고려한 마케팅 활동을 한다. 오늘날에는 많은 기업이 제품, 광고, 판촉 등 마케팅 활동을 각 지역의 니즈에 부합되도록 지역별로 차별화하고 있다.

인구 통계적 세분화란 시장을 나이, 성별, 가구 구성원 수, 라이프 사이클 단계, 소득, 직업, 교육, 종교, 인종, 국적 등과 같은 변수를 기초로 세분 집단으로 나누는 것이다. 인구 통계적 변수는 소비자의 제품 니즈 및 사용량과 밀접한 관련이 있기 때문에 세분화 변수로 가장 많이 사용한다. 또한 인구 통계적 변수는 다른 세분화 변수에 비해 상대적으로 측정하기 용이하다는 장점이 있다.

가족의 라이프 사이클 단계라는 인구 통계적 변수의 예를 들어보자. JWTJ. Walter Thompson라는 글로벌 광고 회사는 가족의 라이프 사이클에 대해 광범위한 조사를 했다. JWT는 신규 싱글new singles, 신규 커플new couples, 신규 부모new parents라는 세 종류의 라이프 사이클 단계를 찾아냈다. 신규 싱글은 다시 부모와 동거하는 젊은 집 싱글At-home singles, 부모를 떠난 젊은 출발 싱글Starting-out singles, 결혼이나 이혼한 경험은 없지만 나이가 많은 성숙 싱글Mature singles, 배우자와 이혼하거나 사별한 홀로 싱글Left-alone singles로 나눴다. 신규 커플은 젊고 최근 결혼했지만 아직 아이가 없는 젊은 커플Young couples과 아이가 성장해 집을 떠난 나이가 많은 늙은 커플Empty nesters로 나눴다. 신규 부모는 자녀가 13세 미만인 젊은 부모Young parents, 자녀가 13세 이상인 성숙 부모Mature parents, 자녀를 양육하지만 결혼하지 않은 싱글 부모Single parents로 나눴다. JWT는 단순히 소비자의 나이보다 라이프 사이클 단계에 따라 구매 행위가 매우 다르다고 주장했다.

연구자에 따라 정의가 다소 다르지만, 사이코그래픽 세분화란 보통 고객의 라이프 스타일에 따른 세분화를 말한다. 같은 인구 통계적 집단에 속하는 사람이라도 라이프 스타일이 매우 다른 경우가 종종 있다. 라이프 스타일이란 삶의 방식, 즉 하루 생활을 영위하는 방식을 말한다. 라이프 스타일은 보통 'AIO 질문 항목'으로 설문 조사를 실시해 측정한다. 여기서 AIO 질문 항목은 활동activity, 취미interest, 의견opinion과 관련된 수백 개의 질문으로 구성되어 있다.

### 효과적인 세분화를 위한 조건

시장을 세분화하는 데는 수많은 방법이 있다. 그러나 모든 세분화가 효과적인 것은 아니다. 예를 들어, 키에 따라 맥주 구매자를 세분화하는 것은 바람직하지 않다. 키와 맥주 구매량은 상관관계가 없기 때문이다. 효과적인 시장 세분화는 다음의 기본 조건을 충족해야 한다.

첫째, 세분화 변수는 측정 가능해야 한다. 세분 집단의 크기, 구매력, 프로파일을 측정할 수 있어야 한다. 어떤 (세분화) 변수는 원천적으로 수집하기 어렵다. 예를 들어, 스포츠용품을 판매하는 회사는 고객이 오른손잡이인지 왼손잡이인지를 기준으로 시장 세분화를 원한다. 그러나 왼손잡이 데이터는 일일이 고객에게 문의하지 않는 한 수집하기도 어렵고 추정하기도 어렵다.

둘째, 세분 집단이 표적 시장으로 선택할 정도의 크기와 수익성을 갖고 있어야 한다. 예를 들어, 키가 1미터보다 작은 세분 집단은 특수한 자동차를 원하지만, 자동차 제조업체가 이들을 위해 맞춤 자동차를 제작하기에는 세분 집단의 크기가 너무 작다.

셋째, 각 세분 집단은 해당 기업의 마케팅 활동에 다르게 반응해야 좋다. 예를 들어, 고객의 나이와 DM에 대한 반응률과 아무 관계없다면 나이는 세분화 변수로 적절하지 않다.

넷째, 시장을 정교하게 나누는 것만이 능사가 아니다. 세분 시장별로 차별화된 마케팅 프로그램을 수행하기 위해서는 충분한 인적 및 물적 자원이 필요하다. 자신의 능력에 맞는 세분화 수준이 바람직하다.

## 타기팅을 잘하면 대기업도 이길 수 있다

시장 세분화를 통해 전체 시장을 동질적인 세분 집단으로 나눈 뒤에는, 각 세분 시장을 평가하고 이들 중 어떤 세분 시장을 표적으로 삼을 것인지 결정해야 한다. 이를 타기팅이라고 하는데, 표적 시장을 선정할 때 표적 시장의 개수에 대한 의사 결정을 동시에 한다.

각 세분 시장을 평가하는 데는 (1) 세분 시장의 크기와 성장 가능성, (2) 세분 시장의 구조적 매력도, (3) 기업의 목표와 보유 자원이라는 세 가지 요소를 고려해야 한다.

- **세분 시장의 크기와 성장 가능성**: 각 세분 시장의 현재 판매액, 성장률, 예상 이익률 정보를 수집한다. 무조건 크기가 크고 성장률이 높은 세분 시장이 좋은 것은 아니다. 작은 기업은 커다란 세분 시장을 공략할 자원과 기술을 갖고 있지 않을 가능성이 높다. 그러므로 기업에 적합한 크기, 성장률, 이익률을 갖춘 세분 시장을 선정하는 것이 좋다.
- **구조적 매력도**: 세분 시장의 장기적 매력도에 영향을 미칠 수 있는 구조적 요인들을 조사해야 한다. 예를 들어, 이미 강력한 경쟁자가 다수 진입한 세분 집단은 매력도가 현저히 떨어진다. 대체제 또는 잠재적 대체제가 다수 존재하는 세분 시장도 별로 매력적이지 않다.
- **기업의 목표와 자원**: 해당 세분 집단이 아무리 매력적이라도 기업의 장기적 목표에 부합하지 않으면 고려 대상에서 제외해야 한다. 그리고 세분 집단이 목표에 부합하는 경우라도 기업이 필요 기술과 자원을 갖고 있지 않다면 고려 대상에서 제외해야 한다. 자신이 경쟁 우위를 누릴 수 있는 세분 집단에만 진출하는 것이 현명하다.

## 적합한 세분 시장 선정

각 세분 시장을 평가한 뒤에는 표적 시장을 선정해야 한다. 표적 시장 선정 전략에는 크게 비차별화 마케팅, 차별화 마케팅, 집중적 마케팅의 세 가지가 있다.

비차별화 마케팅undifferentiated marketing 전략은 세분 시장의 차이를 무시하고 한 가지 제품과 마케팅 전략으로 전체 시장을 공략하려는 매스 마케팅 전략이다. 앞서 지적한 바와 같이 매스 마케팅의 최대 강점은 비용 절감이다. 그러나 현대 마케팅 환경에서는 별로 적절치 않은 전략이다. 특히 여러 경쟁 기업이 매스 마케팅 전략을 선택한다면 출혈 경쟁을 피하기 어려울 것이다.

차별화 마케팅differentiated marketing에서는 여러 세분 집단을 표적으로 선정하고 각각의 세분 집단에 적절한 제품과 마케팅 전략을 수립한다. P&G가 세탁제 시장에서 11개의 브랜드를 출시한 경우나, 현대자동차가 소득 수준에 따라 모닝, 아반떼, 소나타, 그랜저, 제네시스 등의 다양한 자동차 브랜드를 유지하는 것이 차별화 마케팅의 예다.

끝으로, 집중적 마케팅concentrated marketing은 자원이 부족한 회사에 적절한 표적 시장 선정 전략이다. 큰 시장에서 낮은 시장 점유율을 유지하는 것보다 한두 개 세분 시장에서 높은 시장 점유율을 유지하는 전략이다. 집중적 마케팅 전략은 작은 기업이 자원이 풍부한 대형 기업을 상대로 경쟁할 때 특히 바람직하다. 세분 시장의 니즈에 대한 지식과 고객으로부터 얻은 명성을 통해 세분 시장에서 확고한 시장 지위를 쌓을 수 있다. 그러나 자원이 한두 개의 작은 세분 시장에 집중 투자되기 때문에 뒤따르는 위험도 상대적으로 크다. 표적 세분 시장의 여건이 급격히 나빠지는 경우에 대비해 몇 개의 세분 집단으로 다각화해서 위험을 분산하는 기업도 있다.

표적 시장을 선정하는 위 세 접근법 중에서 하나를 선정할 때는 여러 요소를 고려해야 한다. 첫째, 기업이 보유하고 있는 자원에 따라 추천 전략이 다르다. 자원이 부족한 기업에는 집중적 마케팅 전략이 바람직하다. 둘째, 제품 범주의 다양성variability 정도에 따라 추천 전략이 다르다. 철강이나 오렌지와 같이 균일한 제품은 비차별화 마케팅이 적절하지만, 카메라, 자동차와 같이 디자인이 다양할 수 있는 제품은 차별화 마케팅이나 집중적 마케팅이 적당하다. 셋째, 제품의 라이프 사이클 단계에 따라 추천 전략이 다르다. 도입기에는 비차별적 마케팅이나 집중적 마케팅이 적당하지만 성숙기에 접어들면 차별화 마케팅이 적당하다. 넷째, 시장 소비자 구매 행위의 다양성에 따라 추천 전략이 다르다. 대부분 고객의 기호가 유사하고 마케팅 오퍼에 대한 반응도 유사하다면 비차별화 마케팅이 적절하다.

## 고객에게
## 내 제품을 사야 하는 이유를 알려라

진입할 세분 시장이 결정되면 각 세분 시장에서 어떤 포지션을 차지할 것인지 결정해야 한다. 제품의 포지션position이란 소비자의 마음속에서 경쟁사 제품과 비교해 자사 제품이 차지하는 위치를 말한다. 예를 들어, P&G의 타이드Tide 세탁제는 강력한 다목적 가정용 세탁제로 포지셔닝되어 있고, 솔로Solo는 섬유 유연제가 들어 있는 액체 세탁제로 포지셔닝되어 있으며, 아이보리 스노Ivory Snow는 갓난아기 옷과 섬세한 고급 옷을 세탁할 수 있는 부드러운 세탁제로 포지셔닝되어 있다. 현대자동차의 제네시스는 고급으로 포지셔닝된 반면, 모닝은 경제성으로 포지셔닝되어 있다고 할 수 있다.

인지 지도perceptual map 또는 포지셔닝 지도positioning map란 주어진 제품 범주의 경쟁 브랜드를 2~3차원상 점으로 표시한 그림이다. 소비자는 제품을 구매할 때마다 대안 제품을 매번 평가하지 않는다. 구

[그림 5-3] 미국 진통제의 인지 지도

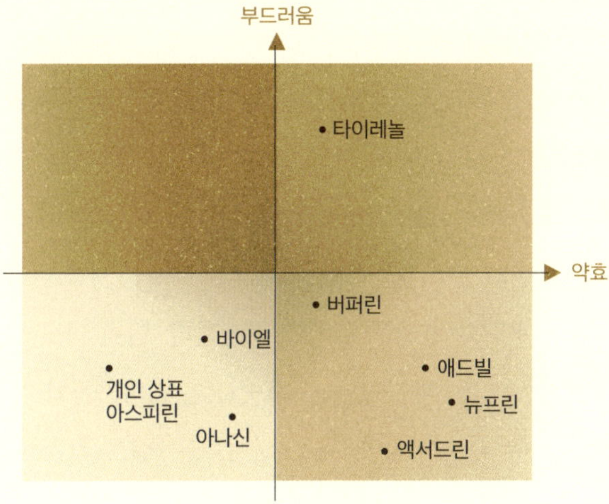


매 의사 결정을 단순화하기 위해 각 제품을 마음속에 그려 놓는 것이 인지 지도다. 마케팅 관리자는 다양한 마케팅 활동을 통해 소비자의 인지 지도상에 자사 제품이 유리한 지점에 놓일 수 있도록 노력해야 한다.

[그림 5-3]은 미국 진통제 시장의 인지 지도를 예시한 것이다. 이 인지 지도의 X축은 진통제의 효과라는 편익을 측정하고, Y축은 진통제가 위에 얼마나 부담을 적게 주는가를 측정한다. 미국 진통제 브랜드 중 소비자는 타이레놀Tylenol을 가장 부드러운 진통제로 평가하고, 약효에서는 애드빌Advil과 뉴프린Nuprin이 가장 효과적이라고 평가했다.

그림과 같은 인지 지도는 보통 소비자 설문 조사를 통해 얻은 데이터를 통해 도출할 수 있다. 좀 더 구체적으로 설명하면 인지 지도는 다차원 분석법Multidimensional Scaling, MDS을 적용해서 도출하는데, MDS 알고리즘은 도시 간 거리 정보로부터 지도를 도출하는 과정과 유사하다. 즉, 우리나라 지도에서 서울-부산, 서울-광주, 광주-부산의 도시 간 거리를 도출한다. 이번에는 거꾸로 서울-부산, 서울-광주, 광주-부산의 도시 간 거리 데이터를 이용해 우리나라 지도에서 서울, 부산, 광주의 공간적 위치를 도출한다. 인지 지도를 그리는 과정은 지도를 그리는 과정과 매우 비슷하다. 소비자에게 각 브랜드 간 유사성을 7점 척도로 평가하도록 하는데, 브랜드 간 유사성이 도시 간 거리에 해당하는 정보다. 브랜드 간 유사성 데이터에 MDS 기법을 적용하면 [그림 5-3] 또는 우리나라 지도와 같은 인지 지도를 도출할 수 있다. 인지 지도상 브랜드 위치는 우리나라 지도의 도시 위치와 유사하다.

포지셔닝이란 인지 지도 위에 자사 신제품을 어디에 놓을 것인지 다루는 문제다. 제품이 속한 산업이나 기업의 특성에 따라 다양한 포지션을 택할 수 있다. 예를 들어, 크레스트Crest 치약은 충치 예방 효과를 강조하는 포지션을 선택한다. 또 다른 예로, 자동차 렌탈 기업 에이비스Avis는 "에이비스는 이등 기업이다. 그러므로 우리는 더 열심히 노력한다."라는 유명한 광고 캠페인을 통해 렌터카 업계 일등 기업 허츠Hertz에 비해 성공적으로 포지셔닝했다.

## 포지셔닝 전략의 선택 및 수행

소비자는 자신에게 가장 큰 소비자 잉여를 제공하는 제품이나 서비스를 구매한다. 그러므로 경쟁에서 이기기 위해서는 고객에게 더 큰 가치를 제공하는 제품을 공급해야 한다. 즉, 경쟁사보다 낮은 가격에 판매하거나 고가로 판매한다면 이를 합리화할 만한 편익을 제공해야 한다. 그렇게 하지 못하면 경쟁 우위를 갖지 못해 경쟁력이 떨어진다.

포지셔닝의 핵심은 차별화다. [그림 5-3]에서 타이레놀은 약효는 중간 정도이지만 부드러움에서는 최고 브랜드다. 즉, 타이레놀은 부드러움을 통해 수많은 경쟁 진통제 브랜드와 차별화하고 있다. 타이레놀은 부드러움이라는 가치를 소비자에게 제공하기 때문에 진통제 시장 점유율 1위를 유지하고 있는 것이다.

그러므로 포지셔닝을 위한 첫 단계는 경쟁 우위를 갖는 차별화 포인트 발굴이다. 차별화 포인트를 찾는 바람직한 방법은 자사 제품 및 서비스에 대한 소비자의 총체적 경험을 분석하는 것이다. 즉, 주문 방법, 지불 방법, 배달, 설치, 유지, 수리, 업그레이드, 제품 사용 교육, 재판매, 대체 등 제품을 구매하기 전부터 처분할 때까지 전 과정을 분석한다.

만약 다수의 차별화 포인트를 발견했다면 가장 중요하다고 판단되는 하나의 차별화 요소만 선정하는 것이 좋다. 하나의 표적 시장에 하나의 편익만 강조하라는 것이다. 이렇게 선정된 핵심적 편익을 '독특한 판매 제안unique selling proposition, USP'이라고 한다. 오늘날과 같이 광고의 홍수 속에서 살아가는 소비자는 하나 이상의 차별화 요소를 기억하기 어렵다. 볼보Volvo자동차의 차별화 포인트는 안전이고, BMW의 차별화 포인트는 스포츠카를 모는 것과 같은 운전 기분ultimate driving machine이다.

# 6 | 제품 관리

MAR
KET
ING

# Product Management

우리는 향수를 살 때 냄새가 좋은 액체 그 이상의 것을 구매한다. 향수의 이미지, 향기, 향수 이름과 포장, 제조 회사, 향수 판매 소매점, 향수가 주는 희망 등 모든 것이 향수라는 제품을 구성하는 요소다. 예컨대, 샤넬은 향수라는 액체 그 이상의 것을 판매한다. 샤넬은 향수를 판매할 때 라이프 스타일, 자기표현, 희소성, 성취감, 사회적 지위, 로맨스, 열정, 환상, 희망, 꿈을 함께 판매한다.

## 뛰어난 마케터는 코모디티를 인정하지 않는다

코모디티commodity는 우리말로 번역하기 어려운 경제학 전문 용어다. 영한 사전에는 물품, 상품 등으로 번역되어 있지만, 경제학자들은 "아무런 질적 차별화differentiation가 되어 있지 않은 제품 및 서비스"를 코모디티라고 정의한다.

밀과 같은 곡물은 러시아의 농부가 생산하든 미국의 대규모 상업농이 생산하든 맛이나 품질의 차이가 거의 없다. 구리, 원유, 휘발유, 전기 등의 자원도 대표적인 코모디티로 분류된다. 코모디티의 가장 중요한 특징은 일대일로 바꿀 수 있거나 대체 가능하다는 점이다. 제품의 속성이 동일하니 누가 생산한 것이든 상관없다.

코모디티 시장에서는 소비자의 구매 의사 결정이 쉽다. 가격이 싼 제품을 선택하면 된다. 모든 제품의 속성이 동일하고 전혀 차별화되어 있지 않으니 소비자의 선택 또한 전적으로 가격에 좌우된다.

반면 생산자 입장에서 볼 때 코모디티 시장은 피곤한 시장이다. 경쟁자가 자신과 동일한 제품을 판매하고 있으니 판매량을 늘릴 수 있는 유일한 방법은 가격 인하다. 그러나 어느 한쪽이 가격을 인하하면 이는 경쟁사의 가격 인하를 연쇄적으로 촉발해 가격 파괴가 일어날 수 있다. 소비자는 기업 간 치열한 가격 전쟁을 반기겠지만, 기업 입장에서는 달갑지 않다.

뛰어난 마케팅 관리자들은 코모디티란 존재하지 않는다고 자신 있게 말한다. 어떤 제품이 코모디티가 되어 간다면 그것은 해당 기업 마케팅 관리자가 무능하기 때문이며, 그 어떤 제품이든 차별화하는 방법은 무수히 많다는 것이다.

차별화는 아마도 마케팅 교과서에 가장 자주 등장하는 용어일 것이다. 코모디티 혹은 완전 대체제가 있는 기업은 지옥인 반면, 완벽히 차별화된 제품을 보유한 기업은 하루하루가 행복하다. 그런 기업은 독점 기업이나 다름없기 때문에 경쟁자를 고려하지 않고 내일만 생각하며 마케팅 의사 결정을 내릴 수 있어 사업하기가 편하다.

## 제품 및 서비스 차별화의 세 가지 방법

제품 및 서비스를 차별화하는 방법은 크게 세 가지로 나눌 수 있다. 첫째는 연구 개발 능력을 기반으로 한 실체적tangible 차별화다. 예를 들어, HDTV는 기존의 컬러텔레비전에 비해 두께, 화질, 음향 등을 비롯해 전반적인 성능이 월등히 뛰어나다. 소비자는 자신의 눈과 귀로 이러한 사실을 확인할 수 있다. 탁월한 기술력을 보유한 삼성전자와 LG전자는 실체적 제품 차별화를 통해 자사 HDTV의 차별화를 꾀하고 있다. 실제 오늘날 글로벌 기업으로 자리매김한 국내 대기업 가운데 이와 같은 실체적 차별화를 통해 성장한 경우가 많다.

그러나 보통 산업이 성숙기에 접어들면 업체 간 기술력이 평준화되어 실체적 차별화가 어려워진다. 머지않아 HDTV 역시 흑백텔레비전이나 컬러텔레비전의 전철을 밟을 거라고 쉽게 짐작할 수 있다.

제품 및 서비스를 차별화하는 두 번째 방법은 이미지를 통한 인지적intangible or perceptual 차별화다. 인지적 차별화는 보통 광고 및 제품 사용 경험 누적을 통해 형성된다. 인지적 차별화가 잘 되어 있는 제품의 경우, 소비자는 자신이 선택한 제품이 어떤 점에서 유사 제품과 다른지 설명하는 데 어려움을 겪는다.

항상 코카콜라만 마시는 소비자에게 왜 펩시가 아닌 코카콜라를 마시느냐고 물어보면 그냥 습관적이라는 대답이 돌아오곤 한다. 코카콜라 맛이 더 좋기 때문이라고 대답하는 사람도 있지만, 막상 블라인드 테스트를 해보면 두 가지 콜라 맛을 잘 구분하지 못하는 경우가 많다. 코카콜라가 펩시보다 많이 팔리는 것은 맛 때문이 아니라, 오랜 세월 코카콜라라는 브랜드가 제공해 온 스토리, 신뢰, 이미지가 바로 코카콜라의 차별화 포인트다.

실체적 차별화를 하려면 탁월한 연구 개발 능력이 필요하듯, 인지적 차별화를 위해서는 뛰어난 마케팅 능력 및 광고비 투자가 필요하다. 또한 제품의 성격에 따라 원천적으로 인지적 차별화가 쉽지 않은 경우도 있다.

화장품이나 의류 등 소비자가 제품을 통해 자신의 생활 양식을 표현할 수 있는 품목의 경우에는 인지적 차별화가 상대적으로 용이하다. 당신이 사용하는 화장품 브랜드와 당신이 선호하는 스타일의 의복은 당신의 자아를 표현하는 것들이다. 다른 사람들은 당신의 옷과 화장품을 보고 당신이 어떤 사람인지 판단한다. 그러나 소금이나 휘발유와 같은 생필품은 인지적 차별화가 쉽지 않다. 당신이 어떤 주유소의 휘발유를 선호하는지는 당신의 생활 양식과 별로 관련이 없기 때문이다.

그렇다면 주유소는 차별화할 방법이 없다는 말인가? 경제학자의 대답은 "그렇다"이다. 그래서 경제학자는 휘발유를 '차별화할 수 없는 제품', 코모디티로 분류한다. 누가 원유로부터 휘발유를 정제하든 결과물의 차이가 미미해 실체적 차별화가 어렵고, 소비자의 자아를 표현하는 제품도 아니기에 인지적 차별화 역시 쉽지 않다.

그러나 이러한 경우에도 적용할 수 있는 차별화 방법이 있다. 바로 제품 및 서비스 개념의 확장augmentation이다. 휘발유라는 제품만으로는 차별화가 어렵다고 판단한 주유소 측에서 결합 상품으로 세차 서비스를 함께 제공하는 경우가 그 예다. 주유와 세차를 한꺼번에 해결하고자 하는 고객은 무료 세차 서비스를 제공하는 주유소를 찾을 것이다.

이런 종류의 제품 확장 가능성은 창의적 아이디어만 있다면 무한대에 가깝다. 주유하면서 담배나 음료수 등 간단한 생필품을 구매하려는 소비자를 위해 주유소와 편의점을 겸업하는 것 또한 확장의 한 종류다. 주유 금액에 따라 포인트를 적립해 주고 누적 포인트별로 사은품을 제공하는 것도 제품 및 서비스 확장의 좋은 예다.

위에서 소개한 세 가지 차별화 방법 가운데 기업의 자원과 역량을 어디에 집중시킬지는 해당 산업의 특성, 기업의 경쟁 우위 등 여러 요인을 고려해서 결정해야 한다. 하지만 과거의 마케팅이 실체적 차별화와 인지적 차별화 위주로 이뤄졌다면, 미래의 마케팅은 제품 및 서비스 확장을 통한 차별화에 초점을 맞춰야 할 것으로 보인다.

많은 산업이 시간이 지나면서 기술 발전이 정체되고 그 결과 실체적 차별화가 점점 어려워진다. 효과가 확실하지도 않은 인지적 차별화를 위해 천문학적 광고비를 투자하는 것도 부담스럽다. 반면에 확장을 통한 차별화에 걸림돌이 되는 것은 마케터의 빈약한 상상력뿐이다. 막대한 연구 개발비나 광고비 투자도 필요 없다.

기존 제품에 부가 서비스를 제공하거나 인터넷을 통한 직접 판매 등 새로운 판매 방식을 도입하는 것도 제품 확장의 범주로 볼 수 있다. 다른 기업과의 제휴를 통해 두 가지 이상의 제품을 묶어 함께 판매하는 것도 확장의 한 방법이다. 기업에는 그 어느 때보다 상상력이 풍부한 마케팅 인재가 필요하다.

## 벤처는 공대생의 전유물이 아니다

'혁신'이라고 하면 우리는 가장 먼저 기술 혁신을 떠올리는 경향이 있다. 박정희 대통령 시절부터 경제 개발을 위한 핵심 정책으로 과학기술을 육성해야 한다는 이야기를 반복해서 들어와, 혁신은 과학기술 분야의 전유물이라고 여기게 된 모양이다.

한국의 국내총생산GDP 대비 연구 개발 투자 비중은 2022년 5.21퍼센트로 세계 최고 수준이다. 국내 기업들 역시 막대한 연구 개발 비용을 써가며 애플Apple의 아이폰iPhone, 소니의 워크맨, 코닥Kodak의 사진 필름, 제록스Xerox의 복사기, 화이자Pfizer의 비아그라Viagra, 바이엘Bayer의 아스피린Aspirin 등과 같이 새로운 산업의 지평을 열 수 있는 제품을 출시하려 안간힘을 쓴다.

최근 선진 기업들은 천문학적인 연구 개발 투자 비용이 소요되는 기술 혁신의 대안으로 비즈니스 모델 혁신에 주목하고 있다. 기업 및 국가 간 연구 개발 경쟁이 치열해지면서 전과 같은 투자 효율성을 기대하기 어려워졌다고 여기기 때문이다.

제품의 수명 주기가 점점 짧아지는 소비자 환경의 변화 역시 기업들이 기술 혁신을 꺼리는 이유다. 다른 기업과 차별화된 기술 혁신은 상대적으로 어려워진 반면, 혁신 제품 개발에 투입된 자본을 회수할 수 있는 기간은 점점 짧아지고 있다.

비즈니스 모델 혁신은 사업 방식 자체를 바꿈으로써 고객에게 새로운 가치를 제공하는 것이다. 예컨대 자라Zara는 기존 의류업체들이 고수해 오던 디자인, 생산, 판매 방식을 완전히 바꿔 놓으며 패스트 패션fast fashion 산업을 선도하고 있다.

일반 패션업체는 보통 연간 4~5차례 계절에 따라 신상품을 출시하지만 자라와 같은 패스트 패션업체는 1~2주 단위로 신상품을 선보인다. 미세한 트렌드 변화를 신속히 반영해 제작한 의류를 시험 삼아 일부 매장에 소량으로 판매해 보고, 수요를 확인한 후 점차 생산을 늘려 나간다는 점이 자라 혁신의 핵심이다. 자라가 패션 산업에 이와 같은 비즈니스 모델을 도입할 수 있었던 것은 신상품 디자인에서 완제품 출시까지 걸리는 시간을 획기적으로 단축했기 때문이다.

기술 혁신을 통해 성공했다고 알려진 기업들 중에도 실상을 자세히 들여다보면 제품 그 자체보다 독특한 비즈니스 모델에 핵심 경쟁력의 기반을 둔 경우가 많다.

### 애플의 비즈니스 모델 혁신

경영학자들이 애플에 열광하는 것은 단지 아이폰이나 아이팟iPod과 같은 제품의 뛰어난 디자인이나 성능 때문이 아니다. 2001년 애플이 선보인 아이팟은 혁신적인 제품으로 평가받았지만 이는 성능의 탁월함 때문이 아니었다. 세계 최초 디지털 음원 재생기는 다이아몬드 미디어Diamond Media가 1998년에 출시한 리오Rio라는 제품이다. 제품 디자인이나 성능만 본다면 애플의 아이팟은 리오에 비해 크게 개선된 점이 별로 없다.

대신 애플은 아이팟 구매자가 음악을 다운로드하는 일을 훨씬 쉽고 편리하게 만들어 주었다. 디지털 음원, 하드웨어, 소프트웨어를 사용하기 쉽도록 하나의 패키지로 묶은 아이튠즈 스토어iTunes Store를 개설해 사람들이 음악을 듣는 방식을 완전히 바꿔 놓은 것이다. 애플은 아이튠즈 스토어를 통해 디지털 음원 소비 생태계를 창조하는 비즈니스 모델 혁신을 주도했다. 그 결과 애플은 아이팟 판매에 더해 아이튠즈 스토어에서 음원을 판매함으로써 추가 수익을 창출해 냈다.

아이튠즈 스토어를 통해 저렴하고 편리하게 구매할 수 있는 수많은 음원 콘텐츠가 아이팟의 가치를 현저히 높여 아이팟 판매가 급증하는 계기를 마련했음은 물론이다. 아이튠즈 스토어 개설 3년 만에 아이팟과 아이튠즈 스토어를 합한 매출액이 100억 달러를 돌파해 애플 총매출액의 절반 이상을 차지했다. 또한 애플의 시장 가치가 2002년 26억 달러에서 2007년 1,330억 달러로 무려 50배나 뛰어오른 것도 아이튠즈 스토어 덕분이라고 할 수 있다.

2007년 아이폰을 출시할 때도 애플은 유사한 전략을 구사했다. 기존의 휴대 전화가 '언제 어디서나 의사소통할 수 있는' 서비스를 제공하는 기기였다면, 아이폰은 여기에 덧붙여 '사용자의 생활을 끊임없이 편리하게 해주는' 서비스를 제공하도록 고안되었다. 오늘날 우리는 스마트폰으로 자투리 시간을 활용해 주식 투자, 이메일 발송,

신문 잡지 기사 읽기, 게임 플레이, SNS 접속, 카카오톡 문자 메시지 전송, 사진 찍고 편집하기, 여행 스케줄 검색, 항공권 예약 등을 한다. 실제로 지하철에 탄 사람 10명 중 7~8명은 스마트폰으로 무언가 하고 있다.

애플은 우리 생활을 편리하게 해주는 수많은 서비스를 직접 개발해 제공하는 대신에 '앱 스토어App Store'라는 모바일 콘텐츠 시장을 새롭게 만들어 냈다. 앱 스토어를 통해 수십만 명의 응용 프로그램 개발자를 확보함으로써 아무런 추가적 노력도 들이지 않고 아이폰의 가치를 끊임없이 높일 수 있는 새로운 비즈니스 모델을 다시금 창조한 것이다. 아이튠즈 때와 마찬가지로 앱 스토어에서도 추가 수익을 창출할 수 있다는 것은 덤이다.

## 캐논은 카메라 회사가 아니라 복사기 회사다

기존의 사업 방식, 즉 비즈니스 모델을 바꿔 고객에게 새로운 가치를 제공하려면 구체적으로 무엇을 해야 할까? 전략 혁신 분야 전문가 콘스탄티노스 마르키데스Constantinos Markides 교수는 기존의 비즈니스 모델을 혁신해 경쟁사와 차별화된 전략을 수립하려면 표적 시장Who, 제품 및 서비스What, 사업 방식How의 세 가지 요소를 바꾸라고 제안한다.

[그림 6-1] 비즈니스 모델 혁신의 세 가지 방향

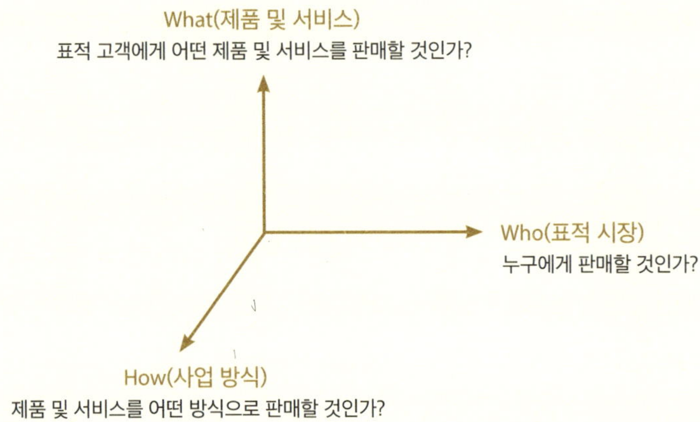


## 표적 시장을 바꾼 코닥

1839년 프랑스의 루이 다게르Louis Daguerre가 사진 촬영 및 인화 기술을 발명한 이래 사진을 찍고 인화하는 일은 전문 사진사의 전유물이었다. 커다란 사진기는 작동 방법이 복잡했고 암실이 없으면 사진을 인화할 수도 없었다. 특히 감광유제를 덧칠한 수십 장의 무거운 유리판을 들고 다니며 사진기 셔터를 누를 때마다 유리판을 교체하는 일은 여간 성가신 게 아니었다.

1885년 코닥은 무거운 유리판을 대체할 수 있는 혁신적인 수단인 사진 필름을 개발해 출시했다. 그러나 결과는 참담했다. 필름은 운반하기에 가볍고 편리했지만 유리판에 비해 사진의 선명도가 다소 떨어진다는 단점이 있었다. 보통 사람들에게는 그리 큰 문제가 아니었을지 몰라도 직업 사진사에게는 선명도가 가장 중요한 부분이었다.

고객이 등을 돌리자 코닥은 거의 도산할 지경에 이르렀다. 바로 이 시점에 코닥의 역사, 그리고 사진 산업의 역사를 바꾼 새로운 비즈니스 모델이 등장했다. 표적 시장을 직업 사진사에서 일반 대중으로 바꾼 것이다. 코닥은 직업 사진사와 달리 일반 대중은 사진의 선명도보다 촬영의 편의성을 훨씬 중요시할 테니 승산이 있다고 판단했다.

표적 시장을 바꾸기로 결정하자 코닥이 해야 할 일은 분명해졌다. 당시 25달러(오늘날 화폐 가치로 약 2,000달러) 가까이 하던 카메라는 일반인이 소유하기에 너무 비쌌다. 10년 이상 연구 개발에 노력을 기울인 결과, 코닥은 단돈 1달러짜리 카메라를 출시하는 데 성공했다. 1900년 브라우니Brownie를 출시하면서 코닥은 누구나 사진을 찍을 수 있는 시대를 열었다.

코닥의 비즈니스 모델에서 또 하나 주목할 점은 사진 현상 대행 서비스를 제공하기 시작했다는 것이다. 전문 사진사처럼 암실을 만들고 사진을 인화하는 것은 힘든 일이었다. 당시 코닥이 판매한 브라우니 사진기에는 사진 100장을 찍을 수 있는 필름이 내장되어 있었다. 사진을 다 찍은 후 고객이 필름이 들어 있는 상태로 브라우니를 코닥에 보내면 코닥은 인화한 사진과 함께 새 필름을 장착한 브라우니를 고객에게 우송했다. 당시 코닥의 유명한 광고 슬로건 "당신은 셔터만 누르세요. 나머지는 우리에게 맡기세요."를 문구 그대로 실현한 것이다.

표적 시장을 바꾸면서 코닥은 사진 필름 제조업체에서 카메라 제조, 필름 제조, 인화 서비스를 아우르는 사진 산업의 생태계를 조성한 업체로 거듭났다. 그리고 이 비즈니스 모델 혁신 덕분에 코닥은 1970년대 말까지 세계 사진 시장을 거의 독점하다시피 했다.

## 제품 판매 회사에서 서비스 관리 회사로

힐티Hilti는 건설업자에게 소형 전동 공구를 판매하는 글로벌 기업이다. 오랫동안 건설업자들 사이에서 프리미엄 브랜드로 통했다. 그러나 1990년대 후반 이후 해당 산업 전체가 코모디티화함에 따라 힐티의 시장 점유율이 급격히 떨어졌다. 이에 힐티는 생존을 위해 사업을 혁신할 아이디어를 모색했다.

코모디티화와 더불어 전동 공구 가격 지지선이 무너지자 건설 노동자들은 공구 관리를 소홀히 하기 시작했다. 비가 와도 공구를 치우지 않거나 작업 종료 후에 정리하지 않는 일이 잦았다. 이에 따라 공사 기간 동안 필요한 공구 세트를 관리하는 일이 건설업자의 골치를 썩였다. 공구 수리 비용도 늘어나고 분실하거나 짝이 맞지 않는 부속을 수시로 구입해야 했다.

힐티는 여기서 실마리를 찾았다. 건설업자에게 신품 전동 공구를 판매하는 대신 매월 수수료를 받고 필요한 공구 일체를 임대, 수리, 관리해 주는 사업을 시작하기로 한 것이다. 건설업자가 공구를 구매하는 것은 공구를 소유하기 위함이 아니라 공사를 시간에 맞춰

마무리하기 위함이라는 데 착안한 아이디어였다.

건설 근로자는 건물 짓는 일에 집중하고 골치 아픈 소형 전동 공구 관리는 힐티에 맡기라는 제안은 많은 건설업자에게 매력적으로 다가왔다. 힐티는 공구 판매 회사에서 공구 관리 서비스 회사로 변신하는 비즈니스 모델 혁신을 통해 다른 기업들과 차별화하는 데 성공했다.

## 사업 운영 방식을 바꿔라

한편 생산 프로세스, 배달 방식, 판매 채널 등 사업 운영 방식을 바꾸는 경우에도 비즈니스 모델을 혁신할 수 있다. 예를 들어, 대부분의 개인용 컴퓨터가 영업 사원과 전자 제품 전문점을 통해 판매되던 1980년대 중반, 처음으로 전화를 이용해 PC를 판매하기 시작한 델은 회사 설립 15년 만에 컴팩Compaq을 제치고 세계 최대 PC 판매업체 자리에 올랐다.

유사한 비즈니스 모델 혁신의 예로 인터넷 채널을 통해 최초로 서적을 판매하기 시작한 아마존을 들 수 있다. 아마존은 기존 오프라인 서점이 실행에 옮기기 어려운 각종 서비스를 제공함으로써 순식간에 세계 최대 규모 서점으로 부상했다.

비즈니스 모델 혁신을 어디서부터 시작할지는 기업이 처한 상황에 따라 다르다. 그러나 출발점은 다르더라도 일단 혁신이 시작되면 표적 시장, 판매 제품 및 서비스, 사업 운영 방식의 세 가지 요소가 모두 바뀌는 경향이 있다.

캐논의 복사기 시장 진입 전략을 살펴보자. 제록스는 1949년 '제록스 모델 A'를 출시한 이래 복사기 시장에서 거의 독점적 지위를 유지해 왔다. 제록스는 복사기를 판매하지 않고 임대해 주며 매달 사용량에 따라 사용료를 청구하는 가격 차별화 전략을 실시했다. 제록스의 표적 고객은 기업이었고, 판매 제품은 기업용 대형 복사기 임대 서비스였으며, 판매 방식은 영업 사원의 기업 방문이었다.

후발 업체인 캐논은 복사기 시장에 진입하면서 제록스와의 경쟁을 최소화하고자 개인 또는 가족을 표적 고객으로 설정했다. 표적 고객이 다르니 판매 제품도 달라져야 했다. 캐논이 판매하기 시작한 개인용 복사기는 제록스의 기업용 대형 복사기보다 가격이 저렴하고 부피가 작은 대신 복사 속도가 느렸다. 그러나 개인은 복사량이 많지 않아 속도는 큰 문제가 되지 않았다. 또한 캐논은 전자 제품 전문점을 통해 자사 개인용 복사기를 판매하기 시작했다. 이와 같이 캐논은 표적 시장, 판매 제품, 판매 방식이라는 세 가지 구성 요소를 모두 제록스와 차별화함으로써 복사기 산업에 새로운 비즈니스 모델을 제시한 결과, 제록스와의 경쟁을 최소화하며 성공적으로 시장에 진입할 수 있었다.

지난 반세기 동안 한국 기업들은 유능한 엔지니어와 적극적인 연구 개발 투자를 통해 괄목할 만한 성과를 거뒀다. 하지만 연구 개발 투자 경쟁이 심화하고 소비자의 기호가 더욱 빠르게 변화하는 새로운 글로벌 기업 환경에서는 비즈니스 모델 혁신이 보다 효과적일 수 있다.

미국의 전설적인 벤처 투자가 로버트 히긴스Robert Higgins는 자신의 오랜 투자 경험을 바탕으로 "기술을 보고 투자한 경우보다 비즈니스 모델 때문에 투자한 벤처의 성공 확률이 현저히 높았다."라고 털어놓은 바 있다. 기술 혁신과 달리 비즈니스 모델 혁신에는 큰 투자 비용이 들지 않는다. 기존 사업을 달리 볼 수 있는 창의성이 필요할 따름이다. 국내에서도 비즈니스 모델 혁신을 통해 성장한 기업이 많이 나오기를 바란다.

## 무엇이 성공적인 선도자를 만들까

옥스퍼드 영어 사전에 당신이 관리하는 브랜드 이름이 등재된다고 상상해 보라. 그 어떤 상을 받는 것보다 영광스러울 것이다. 옥스퍼드 영어 사전에 이름이 올라갈 정도의 브랜드가 되려면 해당 산업을 창조했다는 이미지가 너무나 강력해 많은 소비자가 해당 브랜드 이름을 보통 명사로 사용하는 수준에 이르러야 한다.

소비자들이 당신 브랜드를 보통 명사로 부르기 시작한다면 날마다 엄청난 광고 효과를 공짜로 누리는 셈이다. 제록스는 세계 최초로 복사기를 시장에 선보였고, 상당 기간 독점적 지위를 유지했다. 그렇기에 사람들은 '복사기copier'라는 보통 명사 대신 제록스를 사용하곤 한다. 제록스의 경쟁사 리코Ricoh 복사기 앞에서 소비자가 "어떻게 제록스(복사)하는 거야?"라고 말한다면 리코 경영자의 기분이 어떻겠는가?

소비자에게 보통 명사로 기억되는 일은 오직 소수의 글로벌 브랜드만 누릴 수 있는 특권이다. 화장지를 뜻하는 크리넥스Kleenex, 셀로판 테이프의 스카치테이프Scotch tape, 휴대용 카세트 플레이어의 워크맨, 첨단 아웃도어 소재의 고어텍스Gore-Tex, 콜라의 코카콜라Coke 등이 그 영광의 주인공이다. 존슨앤드존슨Johnson & Johnson의 최대 발명품인 밴드에이드Band-Aid는 일회용 반창고를 가리키는 보통 명사로 널리 쓰일 뿐 아니라 언론인들 사이에서는 미봉책을 뜻하는 단어로도 사용된다.

구글은 2006년 옥스퍼드 영어 사전에 등재되었다. 내가 아는 한 아직 우리나라 브랜드 가운데 옥스퍼드 영어 사전에 이름을 올린 경우는 없다. 크게 실망할 일은 아니다. 애플의 브랜드 중에서도 아이팟은 이름을 올리는 데 성공했지만 아이패드나 아이폰은 실패했을 정도로 어려운 일이니 말이다.

## 시장 선도의 가치

자신의 브랜드가 보통 명사로 사용될 정도까지는 아니더라도 시장을 선도하거나 개척했다면 경쟁에서 커다란 우위를 점할 수 있다. 시장에 먼저 진입한 선도자는 후발 업체에 비해 여러 면에서 경쟁 우위를 갖기 때문에 시장 점유율에서 큰 차이를 보인다.

미국의 경우 각 산업을 개척한 선도 기업의 시장 점유율을 100이라고 가정하면 두 번째로 시장에 진입한 기업은 선도 기업의 75퍼센트, 세 번째로 진입한 기업은 60퍼센트로, 시장 진입 순서가 늦을수록 시장 점유율이 낮다는 조사 결과가 있다.

시장 선도 기업이 후발 업체에 비해 경쟁 우위를 갖는 데는 여러 이유가 있다. 첫째, 선도 기업은 희소 자원을 선점할 수 있다. 여기서 희소 자원이란 사업을 영위하는 데 필요한 자원으로, 특히 공급량이 제한적인 경우를 말한다. 니켈 광산이 대표적인 예다. 품질이 좋은 니켈은 제한된 지역에 집중적으로 매장되어 있기 때문에 처음으로 니켈 채굴에 성공한 선도 광산업자는 거대한 자원을 선점한 독점 기업이 될 가능성이 높다.

산업의 성격에 따라 원자재나 부품뿐만 아니라 유통망도 희소 자원이 될 수 있다. 특히 매력적인 세분 시장 또한 희소 자원이 될 수 있다는 사실이 흥미롭다. 예를 들어, 치약 시장에서 가장 많은 소비자가 원하는 효과가 충치 예방이라면, 치약 산업에 처음으로 진출한 기업은 충치 예방 효과를 원하는 세분 시장의 고객을 표적으로 제품을 개발할 것이다. 그리고 후발 업체는 선도 기업이 이미 점유하고 있는 충치 예방 세분 시장을 피해 미백 효과와 같은 2차적인 요구 집단을 목표로 삼아 치약을 개발하고 판매할 것이다.

한편 특정한 지리적 공간도 희소 자원이 될 수 있다. 이를테면 신도시에 처음 할인점을 개점한 소매업체는 가장 매력적인 위치를 선점할 수 있다.

둘째, 전환 비용switching cost이 높은 산업일수록 선도 기업이 후발 업체에 비해 좀 더 강력한 경쟁 우위를 누릴 수 있다. 전환 비용이란 고객이 기존에 즐겨 사용하던 브랜드의 제품을 더 이상 사용하지 않고 새로운 브랜드 제품을 사용하고자 할 때 지불하는 비용이다.

전환 비용이 존재하는 데는 이유가 있다. 우리의 본성이 여러 종류의 불확실성이 존재하는 대안을 선택하지 않으려 하기 때문이다. 우리는 특별히 불만스러운 점을 새롭게 발견하지 않는 한 자신이 오래 사용해 온 익숙한 브랜드의 제품을 계속 사용하려 한다. 아직 사용한 적이 없는 후발 브랜드의 품질이 만족스러울지 불확실하기 때문이다.

대다수 고객이 한 은행과 오랜 기간 거래하는 것도 주거래 은행을 바꿀 경우 감수할 여러 가지 불편함, 즉 전환 비용 지불을 피하기 위함이다. 주거래 은행을 바꾸면 급여 이체 변경 건으로 회사 총무부 직원에게 바뀐 계좌 번호를 알려 줘야 하고, 신용 카드, 전화 요금, 보험료, 인터넷 사용료 등의 자동 이체 변경을 위해 여러 기관에 이 사실을 알려야 한다. 그래서 현재 거래하는 은행의 서비스가 조금 마음에 들지 않아도 전환 비용이 크기 때문에 참고 이용하는 사람이 많을 수밖에 없다.

전환 비용이 드는 또 다른 예로 문서 작성, 통계 프로그램 등 컴퓨터 소프트웨어의 경우를 들 수 있다. 하나의 프로그램을 능숙하게 사용하기까지 상당 시간을 투자해야 하기 때문에 다른 소프트웨어로 옮겨 갈 가능성이 낮다.

셋째, 선도 기업은 기술 주도권을 쥐고 있기 때문에 후발 업체보다 강력한 경쟁 우위를 갖는다. 선도 기업은 오랜 연구 개발을 통해 혁신적인 제품을 시장에 처음 출시했기 때문에 기술적 주도권을 갖는 경우가 많다. 혁신적 제품을 생산함으로써 새로운 산업의 문을 연

경우는 더욱 그렇다. 특허권을 취득해 자신이 개발한 창의적 기술을 20년 동안 독점적으로 사용하거나, 누적 생산량이 증가할수록 단위 제품 생산 비용이 떨어지는 현상, 즉 '경험의 경제'를 누릴 수도 있다.

### 선도자의 약점이 후발 주자에겐 기회다

선도 기업이라고 해서 장점만 있는 것은 아니다. 선도 기업의 취약점이 후발 업체에는 장점이 된다. 선도 기업의 치명적 단점은 새로운 시장을 창조하는 데 위험이 따른다는 점이다. 각고의 노력 끝에 혁신적 제품을 개발해 출시해도 이를 구매할 충분한 수의 소비자가 존재하지 않으면 아무런 의미가 없다. 기술적으로 훌륭한 신제품들이 시장에서 처참히 실패한 사례는 수없이 많다.

새롭고 혁신적일수록 실패 위험은 더 높아지는 경향이 있다. 자판기로 책을 판매하겠다는 것보다 자판기로 냉장고를 판매하겠다는 아이디어가 더 황당하고 혁신적이지만 실패 확률은 더 높다. 혁신적인 생각을 떠올리는 것은 어렵지 않다. 성공적인 생각을 하기가 어려운 것이다. 선도 기업이 되기가 어려운 것이 아니라 성공적인 선도 기업이 되기가 어렵다.

반면 후발 업체는 산업 또는 시장이 존재하는가 하는 문제를 놓고 고민할 필요가 없다. 후발 업체는 수많은 선도 기업이 새로운 시장을 개척하는 모습을 지켜보고 그중 어느 정도 수요가 확인된 산업으로만 진출하면 된다. 또 후발 업체는 선도 기업의 기술과 전략을 모방하는 무임승차freeride 전략을 채택할 수도 있다. 선도 기업의 혁신

비용에 비해 후발 업체의 모방 비용은 턱없이 낮다. 이는 반대로 후발 모방 업체 때문에 선도 기업이 원하는 만큼 충분한 기간 경쟁 우위를 유지하기가 쉽지 않음을 의미한다.

선도 기업이 이룬 혁신이 후발 업체에 확산되는 경로는 다양하다. 때로는 선도 기업의 연구 개발 인력이 후발 업체로 이직하면서 혁신이 확산되고, 선도 기업의 기술 혁신과 관련된 연구 논문을 학습하거나 연구자 간에 일상적인 대화를 나누는 과정을 통해서도 혁신이 확산될 수 있다.

종종 후발 업체는 선도 기업의 완제품을 해체해 제품에 적용된 핵심 기술과 설계 개념을 파악하는 분해 공학reverse engineering을 적용하기도 하고, 선도 기업의 공장을 견학하면서 많은 것을 배우기도 한다.

## 창조적 모방가가 되라

선도 기업과 후발 업체, 또는 혁신과 모방 중에서 어떤 전략을 선택해야 좋을까? 우리는 애플의 아이폰이나 닌텐도Nintendo의 위Wii 같은 혁신 제품에 열광한다. 반면 아이폰이나 삼성 갤럭시 휴대 전화를 모방한 중국 샤오미Xiaomi 휴대 전화에 대해서는 '짝퉁'이니 '미투me too' 제품이니 하며 폄하하는 경향이 있다.

혁신과 모방 가운데 하나를 선택하는 문제는 비단 신제품 출시 전략에만 국한된 것이 아니다. 예술계에서는 이 문제의 해답을 찾아 오랫동안 고심해 왔다. 예컨대 이탈리아 르네상스 시대를 대표하는 3대 화가 라파엘로 산치오Raffaello Sanzio, 부오나로티 미켈란젤로Buonarroti Michelangelo, 레오나르도 다빈치Leonardo da Vinci의 경우를 살펴보자. 미켈란젤로와 다빈치는 천부적인 재능의 소유자로 수많은 혁신적 창작품을 남긴 스타 화가인 반면, 라파엘로는 선배 화가들의 아이디어와 기법을 자신의 것으로 만드는 데 탁월한 재능을 가진 모방형 화가였다. 후대 미술사학자들은 미켈란젤로와 다빈치의 천재성을 인정하면서도 르네상스 미술을 완성한 화가로는 라파엘로를 꼽는다. 예술의 발전을 위해서는 미켈란젤로와 다빈치 같은 혁신가도 필요하지만 라파엘로 같은 모방가도 필요하다는 것이다.

선도 기업과 후발 업체는 저마다 장단점을 갖고 있다. 2010년 오데드 센카Oded Shenkar는 『카피캣Copycat』에서 혁신과 모방을 흑백 논리로 보지 말고 서로 보완해 시너지 효과를 낼 수 있도록 하라고 권했다. 다시 말해, 선도자와 모방가의 장점만 취한 '창조적 모방가imovator'가 되라는 것이다. 이는 1966년 시어도어 레빗이 주장한 '혁신적 모방innovative imitation' 전략을 보다 구체화한 것이라고 할 수 있다.

레빗은 시장을 선도하는 많은 혁신 기업이 사실은 모방 기업이라고 주장했다. 예를 들어, 패스트푸드 체인 산업을 선도한 기업은 화이트캐슬White Castle이었고, 맥도날드McDonald's는 화이트캐슬의 모방 기업이라는 것이다. 또한 신용 카드를 처음 선보인 기업은 다이너스 클럽Diners Club이지만, 대부분의 사람은 모방 기업인 비자VISA나 마스터 카드Master Card를 더 많이 기억한다.

피카소는 "좋은 예술가는 복제하지만, 위대한 예술가는 도용한다Good artists copy, but great artists steal."라고 말했다. 위대한 예술가는 다른 예술가의 작품을 그대로 베끼지 않고 완전히 소화해 나만의 것을 창조한다는 의미일 것이다.

결국 최상의 전략은 경쟁 제품의 장점을 나의 것으로 소화한 다음 이를 훌쩍 뛰어넘는 신제품을 출시하는 창조적 모방가가 되는 것이다. 이런 점에서 애플의 아이폰이나 삼성전자의 반도체는 기존의 기술과 재료를 조합해 기존 제품보다 월등한 제품을 만들어 낸 창조적 모방에 해당한다고 볼 수 있다.

## 품질을 알기 어려우면 가격을 보라

경제학자 필립 넬슨Philip Nelson은 제품 및 서비스를 그와 관련한 정보의 양과 질에 따라 탐색재search goods, 경험재experience goods, 신용재credence goods의 세 가지로 분류했다.

먼저 탐색재는 소비자가 제품을 구매하고 사용하기 전에 관찰을 통해 해당 제품의 품질을 정확히 평가할 수 있다. 예를 들어, 소파는 눈으로 보기만 해도 재질, 디자인, 색상, 크기 등에 대해 비교적 쉽게 평가할 수 있는 탐색재다.

반면에 경험재는 일정 기간 사용해 보기 전에는 제품의 품질을 알 수 없다. 식당 음식이 대표적인 경험재다. 처음 가보는 중국집 짜장면이 맛있는지 맛없는지는 직접 먹어 보기 전에는 알 수 없다. 낯

선 브랜드의 냉장고 역시 한동안 사용해 보지 않고는 품질에 대해 평가하기 어렵다.

한편 신용재 또는 후경험재post-experience goods는 소비자가 제품을 사용하고 난 후에도 해당 제품의 품질을 정확히 평가하기 어렵다. 건강식품, 의료 서비스, 법률 서비스, 자동차 정비 서비스 등 고도의 전문성을 갖추지 않으면 평가하기 곤란한 제품이 이에 속한다.

넬슨이 정보의 양과 질을 기준으로 제품 및 서비스를 분류한 것은 판매자와 구매자의 정보 비대칭information asymmetry 문제가 중요하기 때문이다. 탐색재는 제품에 대해 알고 있는 정보의 양과 질 면에서 판매자와 구매자 간에 별 차이가 없다. 하지만 경험재나 신용재의 경우, 판매자는 제품의 품질에 대해 잘 알지만 구매자는 제품을 사용하기 전까지(경험재) 또는 사용한 후에도(신용재) 제품의 품질을 잘 알지 못하는 정보 비대칭이 존재한다.

## 잘 모르는데 선택해야 할 때

구매자가 제품을 구매하려 할 때 알고 있는 정보의 양과 질이 판매자보다 부족하다는 사실은 많은 마케팅 문제를 불러일으킨다. 처음 가본 관광지에서 식사할 식당을 결정해야 하는 상황을 예로 들어 보자. 막상 음식을 먹어 보기 전에는 품질을 알 수 없기 때문에 우리는 다른 방법으로 음식의 품질을 추정해야 한다.

보통 이럴 때 자주 사용하는 방법은 가격으로 품질을 판단하는 것이다. 우리는 평소 여러 제품을 구매하며 가격이 비쌀수록 품질이 좋은 경우가 많다는 사실을 경험했다. 제품의 질을 높이기 위해서는 비싼 원자재를 사용해야 하고, 그 결과 가격이 상승하기 때문에 가격과 품질 사이에 양의 상관관계가 존재한다고 여기는 것이다. 다시 말해, 소비자는 가격과 품질이 서로 연관되어 있다는 경험적 지식을 바탕으로 음식과 같은 경험재의 가격을 품질을 판단하는 일종의 신호signal로 이용한다.

물론 가격 이외 신호를 사용해 품질을 유추하는 경우도 있다. 관광지에서 식당을 고르는 경우 위험을 최소화하는 방법 중 하나는 유명 식당 체인점을 선택하는 것이다. 해당 관광지의 맥도날드는 처음 방문하는 셈이지만 다른 곳의 맥도날드에서 음식을 먹어 본 적이 있고, 맥도날드 본사는 전 세계 모든 체인점의 햄버거 품질을 동일하게 유지하도록 철저히 관리한다는 사실을 알기에 안심할 수 있다. 다른 지역에 있는 맥도날드에서의 식사 경험을 해당 관광지 맥도날드 햄버거의 품질을 유추하는 신호로 활용하는 것이다.

처음 가본 관광지 식당의 음식 품질을 추정하는 또 다른 방법으로 관광 가이드북을 읽거나 여행 정보 사이트를 살펴볼 수도 있다. 해당 식당에 대한 전문가의 평가, 일반 방문객의 별점 등을 품질 판단의 신호로 사용해 경험재 구매자의 정보 부족 문제를 해결하는 것이다.

이 방법은 브랜드나 가격 신호를 이용해 품질을 추정할 때와 달리 꼼꼼히 책을 읽고 웹사이트를 찾아보는 등 시간과 노력을 들여야 한다는 특징이 있다. 하지만 타인의 평가는 아직 겪어 보지 못한 경험재의 품질을 가장 정확히 추정할 수 있는 효과적인 방법이다.

경험재의 정보 비대칭 문제를 해결하기 위해 전국적 체인망 구축이나 브랜드 광고 등 막대한 자본 투자에 의존할 수밖에 없던 시절에는 대기업이 경쟁에서 우위를 점하게 마련이었다. 그러나 인터넷과 모바일 통신 기술이 발달하고 단말기 보급이 확산되면서 소비자들은 보다 쉽고 편리하게 서로의 제품 및 서비스 사용 경험을 공유하게 되었다.

또한 정보 비대칭을 해소하는 데 필요한 비용이 눈에 띄게 줄어들었다. 널리 알려진 체인망에 가입하거나 브랜드를 구축하기 위한 광고를 할 여력이 없는 중소 기업도 좋은 품질의 제품 및 서비스를 제공할 수만 있다면 대기업과 경쟁할 여건이 마련된 것이다. 반면 대기업 입장에서는 텔레비전, 신문 등 주류 광고를 줄이고 대신 인터넷 포털, 파워 블로거 등 입소문을 유발할 수 있는 채널을 통한 광고 비중을 늘릴 필요가 생겼다.

## 애플의 이름값이 200조 원이라고?

1989년 미국 기업 GM과 일본 기업 토요타Toyota는 미국 캘리포니아 프리몬트에 '누미NUMMI'라는 자동차 공장을 설립해 디자인과 생산만 공동으로 하고 마케팅은 개별적으로 하기로 약속했다. 토요타는 누미에서 생산한 자동차를 '코롤라Corolla'라는 브랜드로, GM은 '지오프리즘GeoPrizm'이라는 브랜드로 각각 미국에서 판매하기 시작했다. 코롤라와 지오프리즘은 알맹이만 보면 동일하지만 판매 가격, 딜러 서비스, 브랜드 등 마케팅은 각자 수행하기로 했기에, 이에 대한 소비자 반응에 많은 이의 이목이 쏠렸다.

결과는 코롤라의 완승이었다. 코롤라의 소비자 판매 가격은 지오프리즘보다 300달러나 높게 책정되었지만 코롤라가 훨씬 많이 팔렸다. 토요타가 판매하는 자동차라는 점이 코롤라가 경쟁에서 승리하는 데 큰 역할을 했다고 한다. 당시 미국인에게 토요타는 신뢰와 정직을 상징하는 회사였다. 미국 소비자들이 지오프리즘이 아닌 코롤라를 구매한 것은 코롤라의 성능이 더 우월했기 때문이 아니라 코롤라의 배후에 있는 토요타라는 무형의 브랜드 가치 때문이었다.

스탠더드앤드푸어스Standard & Poor's, S&P가 선정하는 500대 기업을 살펴보면 전체 시장 가치 또는 기업 가치에서 브랜드, 영업권, 고객 정보, 종업원의 질 등과 같은 무형 자산intangible asset의 비중이 꾸준히 늘어나는 추세다.

오션토모Ocean Tomo의 조사에 따르면 1975년 S&P 500대 기업 전체 시장 가치에서 토지, 제품 재고, 자본 등 유형 자산tangible asset의 비중은 83퍼센트에 이르렀으나, 2015년에는 16퍼센트 미만으로 떨어졌다. 이는 기업의 경쟁력을 결정짓는 자산이 유형 자산에서 무형 자산으로 바뀌고 있음을 보여 준다.

한편 2015년 『포춘』 선정 글로벌 500대 기업 순위에 따르면 토요타와 GM의 매출액은 각각 2,480억 달러(세계 9위)와 1,560억 달러(세계 21위)다. 그러나 같은 해 『포브스』가 발표한 시장 가치 순위에서는 토요타가 2,390억 달러(세계 8위), GM이 590억 달러(세계 64위)를 기록했다. 토요타는 자신의 매출액 규모와 대등한 수준의 무형 자산 가치를 지니지만 GM은 매출액 대비 무형 자산 가치가 매우 낮게 평가되었다.

무형 자산이란 대차 대조표와 손익 계산서에 드러나지 않는 자산이다. 여기에는 브랜드, 특허권, 고객 정보, 종업원과 경영의 품질, 연구 개발, 영업권, 기업의 평판 등 다양한 종류의 자산이 포함된다. 특히 브랜드 자산은 지난 반세기 동안 가장 많은 연구가 이뤄진 무형 자산이다. 브랜드 자산의 중요성은 점차 강조되는 반면 브랜드 관리는 복잡해짐에 따라, 많은 기업이 보다 과학적이고 체계적인 브랜드 관리 필요성을 느끼게 되었다. 이에 대한 자문을 도맡는 컨설팅 회사들은 '브랜드 과학brand science의 등장'이라는 슬로건을 사용하기도 한다.

## 브랜드 자산의 과학적 관리

브랜드 자산을 과학적으로 관리하려면 자사 브랜드의 가치를 정확히 평가할 수 있어야 한다. 전 세계적으로 다양한 매체가 매년 글로벌 브랜드의 자산 가치 순위를 발표하지만, 가장 오랜 역사를 자랑하며 공신력 있는 보고서는 옴니콤 그룹Omnicom Group 계열사인 인터브랜드Interbrand의 평가 보고서다.

2024년 인터브랜드 보고서에 따르면 브랜드 자산 가치 순위 세계 1위는 4,889억 달러의 애플이다. 다음은 마이크로소프트, 아마존, 구글, 삼성, 토요타 순으로, 우리나라 기업 중에는 삼성이 1,008억 달

**[표 6-1] 인터브랜드의 글로벌 브랜드 자산 가치 순위(2024년)**

| 순위 | 브랜드 | 국가 | 브랜드 가치(억 달러) |
|---|---|---|---|
| 1 | 애플 | 미국 | 4,889 |
| 2 | 마이크로소프트 | 미국 | 3,525 |
| 3 | 아마존 | 미국 | 2,981 |
| 4 | 구글 | 미국 | 2,913 |
| 5 | 삼성 | 한국 | 1,008 |
| 6 | 토요타 | 일본 | 728 |
| 7 | 코카콜라 | 미국 | 612 |
| 8 | 벤츠 | 독일 | 589 |
| 9 | 맥도날드 | 미국 | 530 |
| 10 | BMW | 독일 | 520 |
| 30 | 현대자동차 | 한국 | 230 |
| 86 | 기아 | 한국 | 81 |
| 97 | LG | 한국 | 65 |

러로 5위를 차지했다. 브랜드 자산 가치 세계 100위 안에 든 한국 기업은 삼성과 현대자동차(30위), 기아(86위), LG(97위)뿐이기에 아직 갈 길이 멀다는 생각이 든다.

브랜드 자산의 가치를 측정하는 데는 크게 두 가지 이유가 있다. 첫째는 기업 외부 사용자를 위해 브랜드 자산 가치를 측정하는 경우다. 외부 보고용으로 브랜드 자산 가치를 측정할 때는 누가 측정하더라도 그 값이 크게 변하지 않아야 하기 때문에 매출액, 순이익 등 비교적 객관적인 회계 데이터를 기초로 한다.

예를 들어, 기업을 인수 합병할 경우 기업 가치에서 가장 큰 비중을 차지하는 브랜드 자산 가치를 정확히 측정하는 일은 매우 중요하다. 또한 영국과 같이 브랜드 자산 가치를 회계 계정 과목의 하나로 인정하는 국가에서는 객관적인 브랜드 자산 가치 측정이 꼭 필요하다. 인터브랜드의 접근법은 외부 사용자를 위해 브랜드 자산 가치를 측정하는 가장 대표적인 방법이다.

둘째는 기업 내부의 사용자가 마케팅 전략을 수립하거나 브랜드 자산을 증진할 목적으로 브랜드 자산 가치를 측정하는 경우가 있다. 이때는 측정 목적이 내부적으로 브랜드 자산을 관리하는 것이기 때문에, 측정 방법의 객관성보다 목표 달성에 부합하는 척도를 개발하는 것이 더 중요하다. 기업 내부 사용자를 위해 브랜드 가치를 측정하는 대표적인 방법으로는 영앤드루비캠Young & Rubicam이 개발한 '브랜드 자산 평가 지표Brand Asset Valuator, BAV 모형'을 들 수 있다. 브랜드 자산 평가 지표 모형은 인터브랜드 모형과 달리 전략적으로 브랜드를 관리하는 데 필요한 변수를 소비자 조사를 통해 측정하고 이들 변수로 브랜드 가치를 측정한다.

브랜드 자산 평가 지표 모형과 같이 내부 사용자를 위해 고안된 브랜드 자산 가치 측정 방법에는 주관성이 개입된다. 그러나 측정값을 내부 목적으로 사용할 것이기 때문에 측정 모형의 구체적인 형태는 크게 중요하지 않다. 그보다 회사 내부에서 합의를 통해 평가 방법을 정하고 이를 지속적으로 사용하는 것이 중요하다. 모든 직원이 납득할 수 있는 표준 평가 척도가 있다면 브랜드를 체계적으로 관리하는 데 도움이 될뿐더러 기업의 각 구성원이 일관된 브랜드 이미지를 구축하는 데 전념할 수 있다.

### 브랜드 자산의 네 가지 구성 요소

학자들 간에 이견이 있지만, 브랜드 자산을 구성하는 핵심 요소로 흔히 브랜드 충성도brand loyalty, 브랜드 인지도brand name awareness, 품질에 대한 소비자들의 인식perceived quality, 브랜드 연상brand association의 네 가지를 든다. 고객 충성도가 높을수록, 브랜드 이름을 인지하는 고객의 수가 많을수록, 브랜드의 품질이 높다고 인식할수록, 브랜드와 함께 고객이 떠올리는 연관 이미지가 강력하고 긍정적일수록 해당 브랜드의 가치가 높다고 할 수 있다.

오늘날 브랜드 과학자들은 이러한 브랜드 자산의 네 가지 구성 요소를 더욱 구체화하기 위해 노력하고 있다. 브랜드 충성도를 높이기 위해 고객별로 차별화된 제품이나 서비스를 제공하는 것이 그 예다. 이는 브랜드 자산이라는 추상적인 개념을 더욱 구체적인 구성 요소로 해석해 마케팅 관리자가 통제할 수 있도록 하는 것이다. 예를 들어, 어떤 신문에 실린 5단 광고를 통해 브랜드 자산이 얼마나 증진되는지 측정할 날도 얼마 남지 않았다고 브랜드 과학자들은 자신한다.

## 사나이는 러닝셔츠를 입지 않는다

여러분은 아마 멋쟁이 남성은 와이셔츠를 입을 때 러닝셔츠를 입지 않는다는 말을 들어 본 적이 있을 것이다. 반면 어떤 여성들은 맨몸에 와이셔츠를 입으면 보기에 민망하니 제발 러닝셔츠를 입어 달라고 부탁하기도 한다. 남성 여러분, 정답이 무엇인지 알고 싶지 않은가?

남성이 언제부터 속옷 상의를 입기 시작했는지 정확한 역사적 기록은 없다. 하지만 남성 속옷 상의가 대중화되기 시작한 것은 19세기 말, 산업 혁명 이후 면방직 공업이 기계화되어 전 세계적으로 의복 혁명이 불어닥치면서부터다. 당시 서양에서 처음 생산한 현대적인 남성 속옷 '유니언 슈트union suit'의 인기는 그야말로 대단했다. 위아래가 하나로 이어진 데다가 가운데 단추가 줄지어 있는 모습이 우스꽝스러운 유니언 슈트는 이제 옛날 영화에서나 볼 수 있다. 적어도 내 주위에는 유니언 슈트를 입는 사람이 없다. 검색해 보니 몇몇 해외 인터넷 쇼핑몰에서는 지금도 판매하는 것으로 미뤄 일부 서양 남성은 여전히 입는 모양이다.

20세기 초 미국 해군은 병사들에게 백색 티셔츠 내의를 지급했다. 활동 강도가 높은 해군 병사들에게 기존 유니언 슈트는 적합하지 않았을 것이다. 당시 해군 측에서 지급한 내의는 갑판이나 잠수함 내부에서 고된 일과 때문에 땀으로 제복이 얼룩지는 것을 방지하기 위해 땀을 잘 흡수하는 면으로 만들어졌다. 이것이 점차 일반 대중에게로 퍼져 오늘날까지 전 세계 남성들이 즐겨 입는 러닝셔츠의 원형이 되었다.

미국 전역에서 인기리에 팔려 나가던 이 러닝셔츠를 시장 퇴출 위기로까지 몰고 간 사건이 있다. 1934년 개봉된 영화 〈어느 날 밤에 생긴 일It Happened One Night〉을 보면 주연 배우 클라크 게이블Clark Gable이 아름다운 여성 앞에서 옷을 하나씩 벗는 유명한 장면이 나온다. 스웨터, 넥타이, 와이셔츠……. 그런데 게이블은 당시 모든 남성이 당연히 입어야 한다고 생각한 러닝셔츠를 입고 있지 않았다. 그는 대중, 특히 여성의 마음을 어떻게 사로잡는지 감각적으로 알았던 것 같다.

남성미를 돋보이게 하려고 러닝셔츠를 입지 않은 클라크 게이블의 이 행동 때문에 미국 시장에서 러닝셔츠 판매량이 40~80퍼센트 급감했고, '사나이는 러닝셔츠를 입지 않는다'라는 관습이 전 세계로 퍼져 나가기 시작했다. 제2차 세계 대전이 일어나 남자 군인들에게 내의를 입도록 상당 기간 강제로 훈련시키고 나서야 러닝셔츠 판매량이 예전 수준으로 회복되었다. 그러나 아직도 많은 남성이 게이블의 도발에 영향을 받아 러닝셔츠 입기를 거부하고 있다.

'제품 수명 주기product life cycle'는 우리가 사용하는 제품도 생물처럼 도입introduction, 성장growth, 성숙maturity, 쇠퇴decline 과정을 겪는다는 마케팅 이론이다. 19세기 말 유행했던 유니언 슈트도 러닝셔츠의 등장과 함께 쇠퇴기로 접어들어 지금은 거의 시장에서 퇴출된 것이나 다름없다. 러닝셔츠 역시 클라크 게이블의 해프닝을 계기로 진작에 쇠퇴기로 접어든 듯하다.

제품 수명 주기의 정확한 형태와 진행 속도는 제품에 따라 다르지만, 모든 제품은 결국 도입·성장·성숙·쇠퇴의 네 단계 과정을 거친다는 공통적 특징을 갖는다. 마케팅 연구자들은 오랫동안 각각의 단계에 해당하는 시장 특성과 적절한 마케팅 전략에 대해 연구해 왔다. 기업의 마케팅 관리자는 자신이 담당하는 제품이 직면한 시장 특성을 면밀히 관찰해 제품이 수명 주기 중 어느 단계에 있는지 알아내

[그림 6-2] 제품 수명 주기에 따른 매출액과 이익의 변화 추이

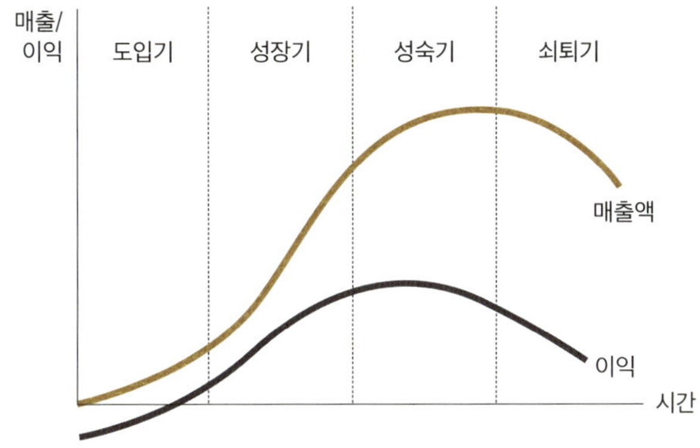


고 해당 단계에 적합한 마케팅 전략을 수립하는 데 이 연구를 활용할 수 있다.

## 제품 수명 주기의 단계별 마케팅 전략

어떤 제품이나 매출액은 도입기, 성장기, 성숙기에 이르기까지 지속적으로 증가하다가 쇠퇴기에 접어들면 감소한다. 도입기에는 투자가 많이 이뤄지지만 시장이 아직 개발되지 않은 상태이기 때문에 이익을 내기 어렵다. 시간이 지날수록 지속적으로 이익 규모가 커지다가 성숙기를 정점으로 다시 이익이 줄어든다. 제품 수명 주기를 거치며 생산 경험이 축적되고 규모의 경제가 작용함에 따라 제품 생산 원가는 감소하지만 가격 역시 내려가는 경향을 보이기 때문이다.

먼저 도입기에는 제품이 출시된 지 얼마 지나지 않아 경쟁자가 거의 없지만 판매량과 이익 역시 낮은 수준이다. 특히 새로운 산업을 개척하는 첨단 기술 제품의 경우에는 소비자가 신제품의 특성, 편익, 사용법 등에 대해 잘 모르기 때문에 정보 제공형 광고나 소비자 교육에 주력해야 한다.

첨단 기술 제품을 출시할 때는 제품 도입 초기에 신제품을 구매하는 혁신가innovator와 얼리 어댑터early adopter를 끌어들이는 일이 중요하다. 이들은 보통 자신의 경험을 미래의 잠재적 구매자에게 구전word-of-mouth으로 전파하는 역할을 한다. 대부분의 경우 혁신가와 얼리 어댑터는 일반 구매자와 다른 인구 통계적 특성을 보이는데, 제품 도입기에 이들을 발굴해 신제품을 사용해 보도록 유도하는 것이 성공의 열쇠다. 또한 가격이 저렴하고 반복 구매가 이뤄지는 제품의 경우에는 무료 샘플을 배포하는 것도 고려해 볼 만하다.

성장기의 가장 큰 시장 특성은 급속한 판매 신장과 경쟁자의 시장 진입이다. 제품의 특성과 경제적 가치가 광고 또는 구전을 통해 시장에 널리 알려지면서 제품 판매량이 변곡점을 넘어 급격히 신장되는 모습을 보인다. 한편 판매 신장으로 이익이 증가하고 산업의 매력도 또한 높아져 많은 경쟁자가 시장에 진입하기 시작한다. 그러나 성장기에는 전체 시장의 크기가 큰 폭으로 성장하기 때문에 경쟁자 진입이 기존 기업의 매출을 감소시키지 않고, 가격 경쟁 역시 아직은 별로 치열하지 않다.

성장기 마케팅 전략의 핵심은 시장 점유율을 확대하고 성숙기 시장에 대비해 진입 장벽을 구축하는 것이다. 정보 제공형 광고를 줄이고 자사 제품의 경쟁력을 강조하는 설득형 광고의 비중을 늘려 높은 시장 점유율을 확보하고 고객 충성도를 끌어올리는 편이 좋다. 성숙기 시장에서의 치열한 경쟁에 대비해 광범위한 유통망을 구축하는 것도 바람직한 전략이다.

성숙기 시장의 가장 큰 특징은 치열한 경쟁이고, 마케팅 전략의 핵심은 차별화다. 오늘날에는 대부분 산업이 성숙기에 접어들었기 때문에 치열한 경쟁, 모방 제품의 범람, 가격 파괴 등 성숙기 시장을 특징짓는 표현들이 낯설지 않을 것이다.

경쟁업체들 간에 제품 디자인과 기술을 서로 모방함에 따라 제품 간 차별화가 점점 어려워진다. 소비자 눈에는 모든 제품이 엇비슷해 보이므로 브랜드 충성도는 감소하고 가격 경쟁이 치열해진다. 그러나 단기적인 이익 증대를 위해 가격 인하나 판매 촉진sales promotion에 주력하면 가격 파괴라는 공멸의 길로 갈 수밖에 없다. 경쟁이 치열해질수록 광고나 연구 개발 등 장기적 전략을 통한 차별화에 주력할 필요가 있다.

제품 수명 주기 최종 단계인 쇠퇴기의 가장 큰 특징은 시장의 축소다. 기술 개발로 HDTV 산업이 성장하면서 기존의 컬러텔레비전 산업은 수요가 급감해 쇠퇴기에 접어들고 있다. 또 다른 예로 건강에 대한 소비자의 선호 변화 때문에 맥도날드와 같은 패스트푸드 제품은 쇠퇴기 산업의 특징을 보이고 있다.

쇠퇴기에 접어들면 산업 매력도가 감소하기 때문에 경쟁자들이 하나둘 시장을 떠난다. 쇠퇴기에 적합한 최상의 전략은 산업을 리모델링하거나 활성화해서 제품의 수명을 연장하는 것이다. 제품의 새로운 사용 용도를 개발하는 것이 한 가지 방법이다. 예를 들어, 크래프트Kraft의 크리스탈Crystal 소비자는 크리스탈은 더운 날 마시는 음료라고 인식했기 때문에 4~8월에 판매의 65퍼센트가 집중되어 있었다. 크래프트는 크리스탈 라이트를 개발해 계획의 달인 1월에 다이어트 음료로 광고를 시작했다. 소비자들이 크리스탈을 다이어트 음료로 인식하기 시작하면서 전체 크리스탈 매출이 6퍼센트 이상 증가했다고 한다. 제품 수명을 연장하는 또 다른 방법은 해외 시장 진출과 같은 시장 개발 전략을 통해서다.

수명 연장이 어렵다면 광고 등의 장기적 투자를 최대한 줄이고, 시장에서 철수하기 전까지 다른 사업에 투자할 현금을 마련하기 위한 캐시카우cash cow로 활용하는 것도 바람직하다.

## 신제품 출시와 신시장 개척, 어느 편이 더 쉬울까?

서울대입구역 근처에서 작은 독립 커피 전문점을 경영하는 김원두 대표는 사업을 확장할 아이디어를 고심 중이다. 바로 옆 치킨 가게를 인수해 매장 규모를 키우는 방법부터 전국적인 커피 프랜차이즈 가맹점에 가입하는 방법까지 각 대안의 장단점을 따져 보며 김원두 대표는 커피 전문점의 다양한 성장 전략에 대해 고민한다.

반세기 전 이고르 앤소프Igor Ansoff는 성장 전략에는 크게 네 가지 대안이 있다고 주장했다. 이를 '앤소프의 제품-시장 매트릭스' 또는 '앤소프 매트릭스'라고 부른다. 그에 따르면 기업은 제품과 시장이라는 두 가지 차원의 확장 방향을 통해 성장할 수 있다. 기존 제품을 계속 판매할지 아니면 신제품을 출시할지, 기존 시장에 계속 판매할지 아니면 새로운 시장을 개척할지에 따라 네 종류의 성장 전략이 존재한다.

첫째, 시장 침투market penetration는 기존 시장에서 기존 제품 및 서비스를 더 많이 판매해 성장을 꾀하는 전략이다. 김원두 대표의 경우에는 커피 가격을 인하하거나 주변 행인들에게 전단지를 돌리는 등 적극적으로 광고해 매출과 시장 점유율을 높일 수 있다. 시장 침투 전략은 보통 공격적인 마케팅 활동을 통해 신규 고객을 창출하거나, 경쟁사로부터 고객을 뺏어 오거나, 아니면 기존 고객의 구매량을 늘

[그림 6-3] 엔소프의 제품 - 시장 매트릭스

림으로써 목적을 달성할 수 있다.

둘째, 시장 개척market development은 기존 판매 제품은 그대로 유지하면서 새로운 시장으로 진출하는 전략이다. 서울대입구역 커피 전문점이 강남역에 분점을 낸다면 이는 시장 개척에 해당한다. 내수 시장이 포화 상태에 이른 기업이 해외 시장에서 활로를 찾으려는 경우 또한 전형적인 시장 개척 전략에 속한다. 새롭게 진출하는 시장의 고객이 기존 고객과 유사하다면 성공 가능성이 높겠지만, 그렇지 않다면 고객 특성의 차이를 극복할 만한 강력한 제품 속성을 보유해야 한다.

시장 개척에는 새로운 지역으로 진출하는 것뿐만 아니라 새로운 고객 집단에 제품을 판매하기 시작하는 것도 포함된다. 가정용 냉장고 제조업체가 디자인을 약간 변경해 아파트 건설업체에 빌트인 냉장고를 판매하는 경우가 그 예다.

셋째, 제품 개발product development은 동일한 고객 또는 동일한 시장에서 새로운 제품 및 서비스를 판매하는 전략이다. 커피와 음료만 판매하던 커피 전문점에서 샌드위치 등 가벼운 요깃거리를 판매하는 경우가 여기에 해당한다.

제품 개발 전략의 또 다른 예로는 앞서 언급한 USAA를 들 수 있다. USAA는 원래 현역 및 퇴역 군인과 그들의 가족에게 자동차 보험을 판매하기 위해 설립된 회사다. 자동차 보험 판매업에서 성공을 거둔 USAA는 기존의 고객 데이터베이스를 활용해 연금 보험, 예금 서비스 등 다른 종류의 금융 상품을 판매하기 시작해 큰 성공을 거뒀다.

마지막으로, 신제품을 새로운 시장에 판매하는 다각화diversification

전략이 있다. 서울대입구역에서 커피 전문점을 하던 김원두 대표가 동대문에서 옷가게 사업을 새로이 시작하는 경우가 그 예다. 판매 제품에 대한 지식이나 판매 경험도 없고 고객에 대한 이해도 부족하기 때문에 실패 위험이 가장 큰 전략이라고 할 수 있다.

## 관련 다각화와 비관련 다각화

다각화는 크게 관련related 다각화와 비관련unrelated 다각화로 나뉜다. 관련 다각화는 기업이 현재 수행하는 사업 영역과 기술, 고객, 유통망 등과 관련 있는 분야로 확장하는 경우이고, 비관련 다각화는 그런 관련성이 전혀 없는 분야로 확장하는 경우다.

관련 다각화는 기업이 보유한 핵심 역량을 확장 가능한 여러 사업에 활용함으로써 시너지를 창출하려는 전략이다. 1953년 설탕(백설) 판매로 시작한 CJ제일제당은 밀가루(백설), 조미료(다시다), 즉석밥(햇반), 햄(프레시안), 고추장(해찬들), 올리브유(백설), 푸딩(쁘띠첼), 김치(하선정) 등 다양한 제품 분야에 진출하며 국내 최대 규모의 식품 기업으로 성장했다.

CJ제일제당의 다각화 전략은 기존 제품의 생산 및 판매를 통해 축적한 원료 구매, 제조, 마케팅, 유통, 연구 개발, 상표 부문의 역량을 신규 제품과 공유함으로써 '범위의 경제'를 활용할 수 있었기에 성공 가능성이 높았다. 또한 다양한 제품을 판매함으로써 매출 성장 가능성을 높였고, 제품 간 매출이 서로 보완 관계에 있으므로 매출 안정 효과를 동시에 꾀할 수 있었다.

관련 다각화와 달리 비관련 다각화는 특별한 경우가 아니면 추천하기 어렵다. 이익을 낼 수만 있다면 기존 사업 분야와 아무런 관련 없더라도 무조건 진출하고 보는 전략은 기업이 현재 보유하고 있는 핵심 역량을 활용할 수 없기 때문에 실패 위험이 매우 높다.

1960년대 미국에서 비관련 다각화가 유행했던 적이 있다. 이자율이 낮고 호경기와 불경기가 반복되는 상황 속에서 ITT 코퍼레이션ITT Corporation, 텍스트론Textron, 리턴 인더스트리스Litton Industries 등과 같은 대기업은 금융 기관에서 자금을 차입해 다양한 산업의 기업들을 인수했다. 인수 기업의 이익이 이자 비용보다 크기만 하면 투자 가치가 있다고 생각했기 때문이다.

그러나 이후 찾아온 인플레이션과 함께 이자율이 상승하고 경기 불황으로 인수 기업의 주가가 하락하자, 비관련 다각화에 몰두했던 많은 기업이 도산했다. 오늘날 대부분 미국 기업은 비관련 다각화를 좋은 성장 전략으로 여기지 않는다.

1970년대 이후에도 꾸준히 비관련 다각화를 추진한 기업은 대부분 아시아 국가 기업들이다. 적극적으로 비관련 다각화 정책을 펼친 결과 거대한 기업 집단으로 성장한 기업을 우리는 '재벌conglomerate' 이라고 부른다. 이들이 비관련 다각화로 기업 집단을 확장하는 것은 다양한 산업에 진출함으로써 경영 위험을 분산시켜 사업의 안정성을 높일 수 있기 때문이다.

또한 정부 정책이 기업의 발전에 큰 영향을 미치는 국가의 경우, 기업은 외형을 키우는 편이 바람직하다고 여기는 경향이 있다.

1960~1980년대 계획 경제 정책 아래 국내 기업들이 '대마불사大馬不死'를 믿고 문어발 식으로 확장한 것이 대표적 예다.

## 세계 최고 마케팅 전문가가 되려면 P&G로 가라

세계 마케팅 실무 및 학계에 가장 큰 영향을 미친 글로벌 기업을 하나만 들라면 나는 망설임 없이 P&G를 꼽을 것이다.

P&G는 마케팅의 살아 있는 역사다. 대부분의 마케팅 교과서는 P&G를 모범적인 마케팅 사례로 자주 언급한다. 1837년 윌리엄 프록터William Proctor와 제임스 갬블James Gamble이 설립한 P&G는 양초 및 비누 제조업체로 출발했다. 하지만 현재는 아이보리Ivory 비누, 타이드 세탁 세제, 크레스트Crest 치약, 팸퍼스Pampers 일회용 기저귀, 바운티Bounty 종이 수건, 차민Charmin 화장지 등 수많은 글로벌 톱 브랜드를 보유하고 있다.

GE와 함께 P&G는 최고 경영자 사관 학교로도 유명하다. 마이크로소프트의 스티브 발머Steve Ballmer, 리바이 스트라우스Levi Strauss의 칩 버그Chip Bergh, 허쉬Hershey의 존 빌브레이John Bilbrey, 코카콜라의 존 브록John Brock, 존슨앤드존슨의 짐 버크Jim Burke, 제너럴일렉트릭의 제프리 이멜트Jeffrey Immelt, 보잉Boeing의 제임스 맥너니James McNerney, 월트 디즈니Walt Disney의 존 페퍼John Pepper, 유니레버Unilever의 폴 폴먼Paul Polman, GM의 존 스메일John Smale, 휴렛팩커드Hewlett-Packard, HP의 멕 휘

트먼Meg Whitman 등 셀 수 없이 많은 미국 대기업 최고 경영자가 P&G 출신이다.

약 190년간 P&G는 수많은 마케팅 혁신을 통해 현대 마케팅 발전에 크나큰 공헌을 했다. 그중에서도 최고의 업적은 세계 최초로 브랜드를 체계적으로 관리할 수 있는 조직 구조를 제시한 것이다. 1931년 P&G는 사업부제 조직의 특별한 형태인 브랜드 관리 시스템brand management system을 처음으로 도입해 비약적인 성장의 발판을 마련했다. 그 배후에는 닐 매컬로이Neil McElroy라는 그리 잘 알려지지 않은 뛰어난 경영자가 있었다.

## 마케팅의 역사를 바꾼 세 장짜리 메모

매컬로이는 하버드대학교에서 경제학 전공한 후 P&G 광고 부서에 신입 사원으로 입사했다. 그는 아이젠하워가 대통령으로 재임할 당시 국방장관직을 맡았던 기간을 빼고 총 47년을 P&G와 함께 보낸 그야말로 P&G 사람이다.

타고난 마케팅 감각을 지닌 매컬로이는 44세에 P&G 사장에 취임한 후 9년간 P&G 매출을 3억 달러에서 12억 달러로 4배나 성장시켰다. 국방장관직에서 물러난 후에도 P&G 회장으로 복귀해 P&G가 다국적 기업으로 탈바꿈하는 데 결정적 역할을 했다.

1931년 5월 매컬로이는 P&G에서 카메이Camay라는 비누의 광고 집행을 담당하고 있었다. 당시 P&G 경영진은 아이보리라는 히트 브랜드에 대부분의 시간과 자원을 투자하면서 나머지 브랜드에 대해서는 거의 신경 쓰지 않았다. 그 때문에 카메이 비누와 같은 소규모 브랜드의 광고 예산을 확보하기란 어려운 일이었다. 좀 더 체계적인 브랜드 관리의 필요성을 절감한 매컬로이는 A4 용지 세 장에 걸쳐 정리한 해결 방안을 경영진에게 제시한다. 바로 이 메모가 P&G 브랜드 관리 시스템의 역사적인 시작이다.

그는 먼저 마케팅 조직과 판매 조직의 분리를 주장했다. 마케팅 조직의 핵심은 각 브랜드의 제반 마케팅 권한 및 책임을 갖는 중간 관리자에 해당하는 '브랜드 관리자brand manager'다. 이들은 자신이 담당하는 브랜드의 시장 점유율과 이익을 극대화하기 위해 연구 개발 부서, 구매 부서, 제조 부서, 판매 부서 등 다른 부서와 긴밀히 협조해야 한다. 또한 브랜드 관리자는 브랜드의 판매 추이를 주시하고 문제가 발생하면 시장 조사를 실시해 가격 인하, 특별 진열, 광고 등 구체적인 문제 해결 방안을 모색해야 한다.

매컬로이가 제안한 내용의 핵심은 사내 경쟁 유도였다. 바로 이 점 때문에 대다수 P&G 관리자는 그의 제안을 받아들이려 하지 않았다. 그들은 아이보리 비누와 카메이 비누의 마케팅을 각각의 브랜드 관리자가 독립적으로 진행하면 결국 제 살 깎아먹기가 될 거라며 비판했다. 하지만 매컬로이는 하나의 브랜드가 산업 전체를 100퍼센트 장악하는 것은 어차피 불가능하고 경쟁업체에 시장을 내주는 것보다는 사내 브랜드끼리 경쟁하는 편이 바람직하다면서 주장을 굽히려 들지 않았다. 결국 P&G 경영진은 그의 주장을 받아들였고, 이는 이후 P&G가 글로벌 대기업으로 성장하는 밑바탕이 되었다.

소비재를 판매하는 수많은 기업이 점차 P&G의 브랜드 관리 시스템을 도입해 나갔다. CJ제일제당, 농심, 오뚜기, 롯데 등 국내 식품업체들 또한 P&G의 브랜드 관리 시스템을 도입해 운영하고 있다.

## 백화점이 무료 셔틀버스를 운영하고 싶어 하는 이유

2001년 6월 30일을 기해 백화점 등 대형 유통업체의 셔틀버스 운행을 법으로 금지해, 이를 어길 경우 형사 처벌을 받는다. 유통업체는 이 법률 조항이 헌법에 명시된 영업의 자유 등 기본권을 침해한다고 헌법 소원을 청구했지만 헌법재판소는 관련 법률 조항이 위헌이 아니라고 청구를 기각했다.

정부가 나서서 셔틀버스 운행을 금지한 것은 재래시장의 영세 상인과 지역 운수업체를 활성화한다는 취지에서였다. 대형 유통업체의 셔틀버스 운행에 대한 논쟁은 어제 오늘 일이 아니다. 서울시의 경우 지난 1986년부터 대형 유통업체의 셔틀버스 운행이 중소 상인들의 생존권을 위협할 우려가 크고, 과소비를 부추기며, 주부들의 충동구매를 조장한다는 등의 이유를 들어 이를 행정 규제 형식으로 금지하고 있었다.

그러나 많은 소비자는 셔틀버스 중단으로 불편을 느끼고 유통업체는 매상을 올릴 기회를 박탈당했다며 불만이다. 그리고 일부 유통업체는 부설 스포츠 센터 회원 운송 등을 내세워 셔틀버스를 편법 운행하면서 실제로는 쇼핑을 유도하고 있다.

여기서 해묵은 유통업체 셔틀버스 논쟁을 다시 거론하려는 것이 아니다. 단지 우리나라 유통업체가 편법을 감수하면서까지 무료 셔틀버스에 집착하는 이유를 한번 생각해 볼 필요가 있다는 것이다. 더불어 현대 마케팅 이론을 통해 헌법재판소의 결정이 과연 올바른지 다시 한번 생각해 봐야 한다.

백화점은 다양한 제품을 진열, 판매하는 곳이라고 정의한다면 백화점의 셔틀버스 운행은 백화점의 주요 영업 활동이 아닐 수 있다. 그러나 오늘날의 백화점은 단순히 제품을 판매하기만 하는 것이 아니라 고객에게 만족스러운 구매 경험을 제공한다. 주차 공간, 라이브 음악, 친절한 주차 요원의 미소, 백화점 카드를 통한 할부 금융, 무료 배달 서비스, 화려한 휴식 공간, 용이한 반품 등을 통해 소비자는 백화점을 체험하고 평가한다. 백화점 소비자의 구매 경험은 핵심 제품 및 서비스 구매뿐 아니라 여러 부가적 서비스로 구성되어 있다. 즉, 현대 마케팅 이론에 따르면 백화점은 제품 및 서비스를 판매하는 장소가 아니라 고객에게 제품 및 서비스와 관련된 모든 경험을 판매하는 장소다.

유통업체 관계자에 따르면 셔틀버스 한 대를 운행하는 데 연간 약 5,000~6,000만 원이 필요하고, 각 점포는 평균 15대의 차량을 보유하고 있었다. 연간 7억~8억 원의 비용을 지불하면서 무료 셔틀버스를 고객에게 경쟁적으로 제공하는 이유는 자명하다. 무료 셔틀버스는 우리나라 백화점 소비자의 구매 경험 만족도를 증진시키는 데 매우 중요한 요소다. 무료 셔틀버스를 제공하면 매출이 눈에 띄게 증가하기 때문이다.

우리나라 백화점 무료 셔틀버스는 백화점 고객의 구매 경험을 총체적으로 이해한 우수한 마케팅 전략이다. 도로 교통 여건과 백화점 주차 시설이 우리보다 월등히 좋은 미국 같은 나라에서는 백화점 무료 셔틀버스를 거의 볼 수 없다. 그러나 우리는 백화점까지 가는 것도 불편하고 주차하는 것도 쉽지 않다. 이런 소비자의 니즈를 파악해 무료 셔틀버스를 차별화 전략의 일환으로 이용한 것은 모범적인 마케팅 사례다.

백화점이 무료 셔틀버스를 제공하지 못하게 한 법률은 분명 헌법에 명시된 영업의 자유를 침해한 것이기 때문에 위헌의 소지가 있다. 제품 및 서비스 구매를 총체적 고객 경험으로 이해하는 현대 마케팅 이론의 틀로 보면 셔틀버스는 백화점의 주요 영업 활동이다. 몇몇 백화점이 왜 편법을 감수하면서까지 무료 셔틀버스에 집착하겠는가? 우리나라와 같이 교통 및 주차 여건이 열악한 나라에서는 셔틀버스가 백화점이 제공하는 그 어떤 서비스보다 중요하기 때문이다.

설사 셔틀버스가 백화점의 주요 영업 활동이 아니라고 하더라도 어떤 부가 서비스는 규제하고 어떤 부가 서비스는 규제하지 않는 것도 정책적 일관성이 없는 일이다. 예를 들어, 넓은 주차 공간을 차별화 포인트로 내세운 유통업체가 있을 경우 많은 고객은 편리한 주차 시설 때문에 이 유통업체를 찾는다. 고객을 많이 뺏긴 재래시장의 영세 상인들이 불평하기 시작할 것이다. 또한 인근에서 유료 주차장을 운영하는 사람은 많은 사람이 자신의 주차장을 이용하지 않고 이 유통업체 주차장을 무료로 이용해 심각한 피해를 입었다고 불평할 수 있다. 이 경우 영세 상인과 유료 주차장 주인을 위해 정부가 백화점 주차 시설을 불법으로 규정할 수 있는가?

고객이나 백화점 입장에서 보면 셔틀버스나 주차장도 고객의 구매 경험을 구성하는 하나의 요소다. 그리고 현대 마케팅에서는 이 요소들을 어떻게 창의적으로 포장하느냐가 기업의 성패를 좌우한다.

## 브랜드 이미지를 이용한 공동 마케팅, 뉴트라스위트

맛있는 음식치고 몸에 좋은 것이 없다는 말이 있다. 설탕은 기원전부터 우리의 미각을 자극해 온 중요한 음식이지만 많이 섭취하면 이가 썩고 건강을 해친다는 문제를 가지고 있다. 이런 설탕의 부정적인 면을 극복하기 위해 실험실에서 개발한 것이 인공 감미료다. 아스파르템aspartame은 현재 가장 널리 사용되고 있는 인공 감미료 중 하나다.

아스파르템은 1965년 설G. D. Searle이라는 미국 제약 회사의 연구원 제임스 슐래터James Schlatter가 실험하던 중 우연히 발견한 화학 물질이다. 제약 회사였던 설은 이 화학 물질에 별로 관심 없다가, 후에 몬샌토Monsanto가 설을 인수하면서 제품화했다. 몬샌토는 몇 년간 안전 테스트를 거쳐 1982년 미국 식품의약국FDA으로부터 아스파르템을 소비자에게 판매할 수 있는 허가와 함께 10년간의 특허권을 획득

했다. 그 후 몬샌토는 시장 진입 방법에 대해 고민에 빠졌다.

당시 인공 감미료는 안전성 문제 때문에 시장 규모가 미미했다. 인공 감미료 중 하나인 시클라메이트cyclamate는 미국에서 암 유발 가능성이 있다고 하여 판매가 금지되었고, 사카린saccharin은 판매가 금지된 것은 아니지만 '암 유발 가능성이 있다'는 주의 문구를 명기해야 했다. 또한 이들 인공 감미료는 먹고 난 뒤 쓴맛이 남는다는 단점까지 있었기 때문에 미국 다이어트 시장이 빠르게 성장할 수 없었다.

아스파르템은 설탕에 비해 200배 이상 단맛을 낼 수 있고 이전 인공 감미료와 달리 설탕 맛과 거의 차이가 없다는 강점을 가지고 있었다. 그러나 당시 제조 비용이 사카린의 30배에 달하고 인공 감미료에 대한 소비자들의 부정적 인식이 문제였다. 원래 다이어트 제품을 선호하는 소비자는 건강에 많이 신경 쓰기 때문에 시장에 잘 알려지지도 않은 아스파르템이라는 화학 물질을 신뢰할 수 없었다. 더욱이 시클라메이트와 사카린의 안전성 문제에 대한 기억이 아직 남아 있었다.

몬샌토는 우선 다른 인공 감미료 제조업체와 달리 자체 개발한 아스파르템에 '뉴트라스위트NutraSweet'라는 브랜드를 붙이기로 결정했다. 뉴트라스위트는 영양 또는 건강을 뜻하는 '뉴트라'와 단맛을 뜻하는 '스위트'의 합성어로, 몬샌토의 마케팅 전략을 함축한 브랜드 명이었다. 인공 감미료는 그 자체로는 소비자에게 거의 팔리지 않고 대부분 설탕 맛이 필요한 식품에 투입된다. 그런 제품에 브랜드를 붙인다는 것은 당시로선 분명 발상의 전환이었다. 뉴트라스위트란 브랜드를 소비자의 뇌리에 각인시키기 위해서는 엄청난 마케팅 비용을 투자해야 했다. 그러나 브랜드가 없다면 소비자는 뉴트라스위트를 다른 인공 감미료와 동일하게 생각할 것이고, 아스파르템이라는 이름만으로는 소비자에게 그 장점을 설명하기 어렵다고 생각했다. 또한 설탕, 소금 등 음식의 원료는 제품 차별화가 어렵기 때문에 10년 후 특허 기간이 끝나면 치열한 가격 경쟁이 야기될 위험이 있었다. 몬샌토는 '뉴트라스위트 = 안전 + 맛'이라는 이미지를 소비자에게 심어 10년 후 경쟁업체에 대한 진입 장벽을 쌓겠다는 장기적인 계산을 한 것이다.

뉴트라스위트의 맛이 설탕 맛과 똑같다는 메시지는 비교적 쉽게 알릴 수 있었다. 소비자가 직접 맛볼 수 있도록 시험 구매trial purchase라는 전형적인 마케팅 전략을 사용했다. 몬샌토는 시험 구매를 유도하기 위해 뉴트라스위트를 첨가한 껌을 대량으로 만들어 무료 배포했다. 껌의 겉 포장지에는 '뉴트라스위트 인사이드NutraSweet Inside'란 문구를 눈에 띄게 인쇄하고 안에는 뉴트라스위트의 안전도와 다이어트 효과에 대한 정보를 소개했다. 이 프로모션의 성과는 기대 이상이었다. 또한 이때까지 식품 원료에 브랜드를 붙인 사례가 없었기 때문에 신문, 잡지의 많은 홍보 효과까지 덤으로 얻을 수 있었다.

그러나 소비자에게 뉴트라스위트는 다른 인공 감미료와 다르게 안전하다는 메시지를 알리기란 매우 어려웠다. FDA에서 승인을 받았고 여러 채널을 통해 안전성을 알렸지만, 소비자는 쉽사리 믿으려 하지 않았다. 많은 소비자는 사카린의 경우와 같이 10년이 지난 후 '뉴트라스위트도 암 유발 가능성이 있다'는 진단이 나올 수 있다고 생각했다. 몬샌토는 매우 독특한 방법으로 이 난제를 해결했다. 소비자가 몬샌토란 회사나 뉴트라스위트란 브랜드를 안전하다고 믿지 않으니 소비자가 신뢰하는 브랜드의 도움을 받자는 아이디어였다.

코카콜라와 펩시는 소비자의 신뢰도가 높고 인공 감미료를 가장 많이 사용하는 기업이었다. 이들이 뉴트라스위트를 사용한다면 다른 식품업체도 따를 것이고, 이들은 세계적으로 잘 알려진 다국적 기업이기 때문에 세계 시장 개척도 용이할 것이라고 생각했다. 그러나 두 기업은 뉴트라스위트의 가격이 너무 비싸고, 소비자가 뉴트라스위트의 사용을 꼭 원하지는 않는다고 주장하며 주저했다. 몬샌토는 뉴트라스위트를 사용하면 인공 감미료에 대한 안전 문제가 없어지고, 다이어트 시장이 폭발적으로 성장할 것이라며 두 콜라 회사를 설득했다. 몬샌토는 미국보다 1년 일찍 캐나다 정부의 승인을 받아 캐나다 시장에서 뉴트라스위트가 함유된 콜라를 테스트했는데, 그 결과 기존 콜라 시장을 유지하면서 다이어트 시장의 규모가 4년 만에 2퍼센트에서 21퍼센트로 수직 상승했다. 이 사실이 두 콜라 회사를 설득하는 데 도움이 되었다.

결국 1983년 코카콜라가 먼저 뉴트라스위트를 첨가한 다이어트 콜라를 시판하기로 결정하고 뉴트라스위트의 요구대로 코카콜라 캔에 뉴트라스위트 로고를 부착하기로 했다. 이것은 획기적인 결정이었다. 코카콜라 역사상 코카콜라 제품 패키지에 다른 회사의 로고를 붙인 것은 뉴트라스위트가 처음이었다. 몬샌토의 주장대로 다이어트 콜라의 매출은 뉴트라스위트와 손잡은 후 불과 2년 만에 6배로 뛰었다. 물론 기존 콜라 매출은 그대로 유지하면서 나타난 결과다. 곧 펩시콜라를 포함한 많은 식품업체도 뉴트라스위트와 공동 마케팅을 하기로 결정하면서 뉴트라스위트는 고속 성장했다.

뉴트라스위트는 특허 기간이 끝난 1992년 이후에도 미국 인공감미료 시장의 80~90퍼센트를 점유하고 있다. 미국 아스파르템 시장의 75퍼센트를 점유하는 코카콜라, 펩시와는 이미 장기 계약이 체결되어 있다. 뉴트라스위트는 일용품commodity으로 취급되던 식품 원료도 브랜드 구축이 가능함을 보여 주었다. 또한 이미 구축된 타사 브랜드 이미지를 자사 브랜드 구축에 어떻게 이용할 수 있는지도 보여주었다. 뉴트라스위트는 '인텔 인사이드' 사례에 기본이 되는 아이디어를 제공한 브랜드이기도 하다.

# 7 | 유통 관리

MAR
KET
ING

Channel
Management

## 사회주의 국가에도 시장은 필요하다

대부분의 제조업체는 일부 판매 기능을 중간상intermediary에 위양한다. 중간상에 판매 기능을 맡기면 제조업체는 제품 판매 방식이나 판매 고객 선정과 관련된 일부 의사 결정 권한을 포기해야 한다. 이런 단점에도 불구하고 제조업체가 중간상에 판매 기능을 위탁하는 데는 여러 이유가 있을 수 있다.

어떤 제조업체는 자체 유통망을 통해 직접 제품을 소비자에게 판매할 수 있는 자금 여력이 부족하기 때문이다. GM과 같은 거대 기업조차 세계 전역에 자체 자동차 딜러를 설립하는 것이 불가능하다.

설사 자금 여력이 있는 경우라 해도 제조업에 자본 투자를 집중하고 판매를 위탁함으로써 보다 높은 수익률을 유지할 수 있다. 반면 중간상은 규모의 경제 및 판매 기능 특화를 통해 제조업체보다 훨씬 효율적으로 판매 기능을 수행할 수 있다.

[그림 7-1] 중간상의 역할

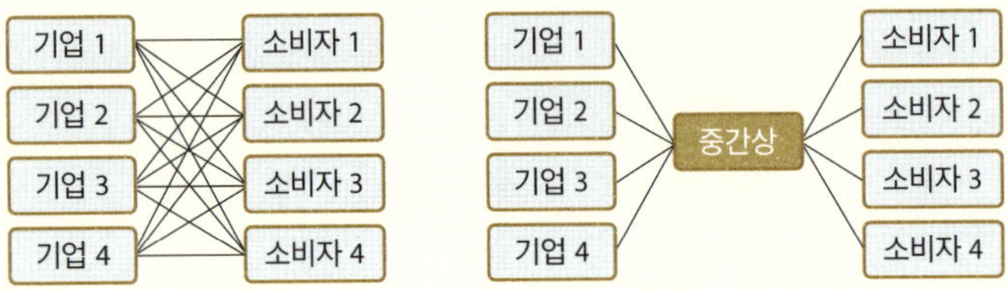


[중간상이 존재하지 않는 경우]
총거래 수 = 4×4 = 16

[중간상이 존재하는 경우]
총거래 수 = 4 + 4 = 8

그러나 중간상이 존재하는 보다 중요한 이유는 중간상을 통해 거래 비용을 줄일 수 있기 때문이다. 예컨대 [그림 7-1]에서 왼쪽의 경우, 즉 4개의 제조업체가 4명의 소비자를 대상으로 직접 마케팅을 하는 경우를 생각해 보자. 각 제조업체가 모든 소비자에게 접근하기 위해 필요한 총거래 수는 4×4 = 16회다. 반면 오른쪽의 경우처럼 중간상이 존재할 때 필요한 총거래 수는 4 + 4 = 8회다. 즉, 중간상을 통해 거래 수를 16회에서 8회로 줄이면 총거래 비용을 줄일 수 있다.

중간상, 즉 유통 채널을 통해 거래 비용을 줄이면 사회 전체적으로도 이득이다. 거래 비용이 줄면 제조 원가가 줄고 제품 가격이 낮아진다. 사유 재산의 소유를 인정하지 않는 사회주의 국가에서도 시장이나 유통 채널은 필요하다는 말이다.

## 자동판매기로 계란을 팔 수 있을까?

2006년 3월 1일 자 『조선일보』에 자판기와 관련된 흥미로운 기사가 실렸다. 한국 내 출판 컨설팅 회사가 세계 최초로 서적 자판기를 자체 기술로 개발해 조만간 병원, 터미널 등 200여 곳에 설치할 예정이라는 내용이었다. 책을 자판기로 판매한다는 발상이 새로웠기에 기삿거리가 될 만했고, 성공 여부 역시 호기심을 불러일으켰다.

하지만 세계 최초라는 기사의 내용과 달리, 자판기를 이용한 서적 판매 기록은 1822년까지 거슬러 올라간다. 영국의 출판업자이자 정치 선동가였던 리처드 찰리Richard Charlie가 경찰의 체포를 피하면서 정치적으로 판매 금지된 서적을 배포할 목적으로 책 자판기를 발명했다.

좀 더 현대적인 형태의 서적 자판기를 발명한 사람은 영국 펭귄북스Penguin Books의 창업자 앨런 레인Allen Lane이다. 그는 대중 보급형 페이퍼백을 서양 사회에 유행시킨 혁신적인 출판인으로, 더 많은 사람이 편리하고 저렴하게 고전 문학 작품을 접할 수 있도록 1937년 '펭귄큐베이터Penguincubator'라는 책 자판기를 만들어 보급했다. 그 덕분에 영국인들은 기차역이나 소매점 등에 설치된 자판기에서 언제든 담배 한 갑 가격으로 서적을 구매할 수 있었다.

이후에도 자판기로 책을 팔려는 시도는 간헐적으로 이뤄졌지만 불행히도 큰 성공을 거두지 못했다. 서적은 자판기라는 유통 채널을 통해 판매하기에 적절하지 않은 제품이기 때문이다.

자판기가 인류 역사에 처음 등장한 것은 약 2,000년 전이다. 그리스의 한 수학자가 동전을 넣고 성수聖水를 구매할 수 있는 자판기를 처음 발명했다는 기록이 있다. 하지만 오늘날과 같은 유형의 현대적 자판기는 19세기 말 영국과 미국에서 등장했다.

지난 100여 년 동안 세계 각국의 자판기 운영 업체는 서적을 비롯해 항공 보험, 맥주, 감자, 계란, 위스키, 사과, 핫도그, 향수, 소고기, 비키니, 낚시용 미끼, 시계 등 우리가 상상할 수 있는 거의 모든 제품을 자판기로 판매하려고 시도했다.

오랜 시행착오 결과, 우리는 오늘날 자판기로 판매하기에 적합한 제품과 그렇지 않은 제품을 구분할 수 있게 되었다. 담배, 음료수, 껌, 과자 등과 같이 가격이 저렴하고 구매 주기가 짧으며 유통 기한이 길고 반복 구매가 가능하다는 것이 자판기 판매에 적합한 제품의 대표적 특성이다. 또한 내용물을 확인하지 않고도 품질을 확신할 수 있는 브랜드 제품이라면 금상첨화일 것이다. 한때 자판기로 판매를 시도했던 감자, 계란, 사과, 소고기, 비키니 등은 이 조건에 들어맞지 않아 더 이상 자판기로 판매되지 않는다.

인터넷 서점이 등장하기 전까지만 해도 나는 책을 사러 광화문에 위치한 교보문고를 자주 찾곤 했다. 서적을 구입하려 할 때 고객이 가장 중요하게 생각하는 점은 얼마나 다양한 도서를 갖추고 있느냐인데, 당시 광화문 교보문고는 국내 최대 규모의 오프라인 서점이었다.

1995년 아마존을 창립한 제프 베이조스Jeff Bezos가 인터넷 채널을 통해 판매하기에 가장 적합한 제품으로 책을 고른 것은 탁월한 선택이었다. 인터넷상에서는 오프라인 서점을 차릴 때보다 훨씬 저렴한 비용으로 손쉽게 큰 규모의 서점을 세울 수 있다. 반면에 자판기는 많은 종류의 서적을 진열할 수 없기에 판매하는 데 적합하지 않다.

## 여기서도 팔고 저기서도 팔고

과거 기업의 발전 역사를 보면 각 산업을 대표하는 기업은 보통 하나의 유통 채널에서 월등한 경쟁력을 가진 경우가 많다. 즉, 하나의 채널에 모든 자원을 집중하거나 새로운 채널을 창조해 마케팅 채널 자체를 핵심 기업 경쟁력으로 키운 경우가 많다. 서적 판매에서 온라인 채널을 개척한 아마존이나 PC 판매에서 전화 판매 채널을 개척한 델이 대표적인 예다.

그런데 요즘에는 이런 채널 집중화 전략 대신 다채널multichannel 전략이 많이 주목받는 것 같다. 다채널 대신 복합 채널hybrid channel 또는 만능 채널omni-channel이란 용어를 쓰는 사람들도 있다. 이들은 기업 환경이 변했기 때문에 더 이상 단일 채널을 고집해서는 안 된다고 주장한다. 이러한 주장에는 몇 가지 이유가 있다.

첫째, 그동안 기업이 소비자에게 경쟁적으로 대체 채널을 제시하면서 소비자의 기대 수준이 현저히 높아졌다. 은행 등 금융 산업에서 24시간 영업은 이미 표준이 되었다. 오늘날 금융사는 전통적인 지점 네트워크 외에 인터넷, ATM, 전화 등의 대체 거래 채널을 제공하는 것이 필수적이다.

둘째, 기업 경영자들이 채널 간 시너지 효과를 인식하기 시작했다. 사실 마케팅 연구자들은 오래전부터 커뮤니케이션 채널 간 시너지를 연구해 왔다. 이를 통합 마케팅 커뮤니케이션integrated marketing communication, IMC이라고 부른다. 예를 들면, 소비자가 신제품 TV 광고를 처음 본 시점에 시험 구매를 유도하기 위한 샘플을 보내면 광고 효과가 배가된다는 연구가 있다. 또한 소비자가 처음 제품을 구매한 뒤 바로 쿠폰 등 프로모션 인센티브를 제공하면 재구매 가능성이 높아진다. 현업 마케팅 실무자들은 유통 채널 간에도 유사한 시너지가 존재한다고 주장한다. DM을 먼저 발송하고 TM을 실시하면 판매 효과가 배가된다는 경우나 판매원이 방문하기 전에 DM을 발송해 획기적인 판매 증진 효과를 본 경우가 그 예다.

셋째, 채널을 통합하고 조정할 수 있는 기술이 획기적으로 발전했다. 기업의 다채널 전략이 시너지 효과를 내기 위해서는 각 채널의 운영이 통합되어야 한다. 최근 온라인으로 진출한 일부 소매점은 소비자들로 하여금 인터넷에서 제품을 구매하고 오프라인 점포에서 제품을 수령할 수 있는 서비스를 제공한다. 그런데 만약 인터넷으로 제품을 구매한 고객이 오프라인 점포에 갔는데 재고가 없다면 문제가 될 것이다. 채널이 통합되지 않은 채 채널 수만 늘리는 것은 혼란과 갈등을 야기할 따름이다.

이제 채널 다변화는 선택 사항이 아니다. 채널별로 시장 소비자를 세분화하여 서로 채널을 침범하지 않던 시대는 끝났다. 채널 통합 능력을 가진 강력한 경쟁자는 산업을 지배하기 위해 가능한 한 모든 채널을 동원할 것이기 때문이다. 소비자 역시 기업이 다양한 채널 옵션을 제공하기를 원한다. 인터넷으로 편리하게 책을 구매하던 고객도 시간 여유가 있는 날은 서점에 가서 천천히 책을 고르고 싶어 하지 않는가? 각 채널은 장단점을 가지고 있기 때문에 소비자 구매 각 과정에 미치는 효과가 다르다. 예를 들어, 보험 판매의 경우 보험 니즈를 인식하는 단계에서는 DM이 효율적인 방법이고 최종 구매 의사결정 시점에서는 대인 판매가 효율적이다. 다른 예로 요즘 많은 소비자는 인터넷에서 제품 정보를 검색하고 오프라인 점포에서 최종 구매 결정을 내린다. 그리고 다채널 거래를 하는 소비자가 하나의 채널만 고집하는 소비자보다 이익이나 구매액도 2배 이상 높고 이탈률도 낮다. 가치가 높은 소비자를 내 고객으로 만들기 위해서는 다채널로 갈 수밖에 없다는 얘기다.

### 채널 간 갈등 최소화

하지만 여러 유통 채널을 통해 제품을 팔 때 주의해야 할 점이 있다. 채널 간 갈등 문제다. 예를 들어, 고객에게 카탈로그를 발송해 우편, 전화, 인터넷을 통해 제품 주문을 받는 회사가 있다. 채널별 제품 주문 처리 비용을 계산해 보니 인터넷이 우편이나 전화보다 훨씬 유리해 카탈로그에 인터넷으로 주문할 경우 5퍼센트 할인해 준다는 프로모션을 실시한다. 유사한 제품을 동일한 방법으로 판매하는 또 다른 회사는 채널별로 제품 주문 처리 비용이 상이하다는 사실을 알고 있지만, 채널별로 제품 가격이나 프로모션 행사를 차별화하지 않는다. 인터넷 주문에 5퍼센트 할인해 주는 프로모션 행사를 실시하면 우편이나 전화 주문의 경우도 동일하게 할인해 준다.

두 회사 중 어떤 회사의 채널 전략이 올바른 방법일까? 어떤 사람들은 채널별 맞춤 프로모션이 올바른 방법이라고 주장한다. 인터넷이 회사에 유리하니 소비자들로 하여금 인터넷을 더 많이 이용하도록 하라는 것이다. 반면 나를 포함해 채널별 전략의 일관성을 중요시하는 사람들은 두 번째 회사의 전략이 올바른 방법이라고 주장한다. 채널별로 프로모션을 차별화하면 많은 고객의 불만을 야기할 가능성이 많기 때문이다. 전화나 우편주문을 선호하는 소비자는 자신이 인터넷을 이용하는 사람에 비해 비싸게 제품을 구매한다는 사실에 기분이 좋지 않을 것이다. 극단적인 경우 차별하지 않은 다른 회사로 가버릴 수도 있다. 즉, 인터넷 거래 소비자에게 인센티브를 제공하는 회사에는 인터넷 거래를 선호하는 소비자만 남을 가능성이 높다. 때에 따라 채널을 바꿔 가며 거래하는 다채널 소비자는 보통 일생 가치가 높은 고객이다. 그런데 이들은 두 번째 회사를 선호한다.

또한 채널별 마케팅 차별화를 하면 채널별 갈등을 야기할 수 있다. 채널별 갈등은 각 채널을 담당하는 조직의 독립성이 강할수록 심각하다. 딜러를 통해 자동차를 판매하던 자동차 회사가 인터넷을 통해 직접 자동차를 판매하겠다면 딜러가 가만히 있겠는가? 성공적인 다채널 전략을 수행하는 데 가장 큰 장애물이 채널 간 갈등 문제다. 그러므로 갈등을 최소화하기 위해서는 일관성 있는 채널별 마케팅 전략을 유지해야 할 것이다.

## 최초로 방문 판매를 시작한 회사

2000년 7월 라스베이거스에서 열린 연차 에이본Avon 총회에는 자신들의 불안한 미래에 대해 걱정하는 수천 명의 에이본 판매원이 참석했다. 피상적으로 이 회의의 중요 안건은 곧 개설될 에이본 인터넷 판매 채널 '에이본닷컴avon.com'에 대한 개괄적인 설명과 토의였지만, 이것은 사실 에이본 경영혁신의 신호탄에 불과했다. 1999년 에이본 최고 경영자로 취임한 앤드리아 정Andrea Jung은 취임 이후 계속 에이본의 '신중한 변혁thoughtful transformation'을 주장해 왔다. 그녀가 생각하는 에이본 변혁의 핵심은 채널 다변화였다. 현재 에이본은 세계에서 가장 강력한 직접 판매 조직을 가진 기업이고, 매출의 대부분을 방문 판매에 의존하고 있다. 그러나 앤드리아 정을 비롯한 몇몇 핵심 경영진은 방문 판매 산업의 미래가 매우 불투명하다고 판단해 다른 판매 채널 진출을 심각히 모색하고 있다.

에이본 프로덕츠Avon Products는 1886년 당시 서적 판매원이던 데이비드 매코널David McConnell이 설립한 캘리포니아 향수 회사California Perfume Company가 그 전신이다. 가가호호 방문하며 서적을 판매하던 매코널은 어느 날 재미있는 판촉 아이디어를 생각해 냈다. 자신의 책 설명을 잘 경청해 준 주부들에게 장미 향이 나는 작은 향수를 선물로 주는 것이었다. 얼마 지나지 않아 매코널은 주부들이 책보다 판촉용 향수에 더 관심을 보인다는 사실을 알고 책 장사를 접고 아예 캘리포니아 향수 회사를 설립했다.

방문 판매의 잠재력을 일찍이 경험으로 체득한 매코널은 방문 판매로 향수를 판매하기로 결정했다. 그리고 인건비가 저렴한 가정주부를 판매 사원으로 활용했다. 미국에서 여성에게 처음으로 선거권이 주어진 것이 1920년이라는 점을 고려하면, 여성을 판매원으로 채용한 것은 당시 획기적인 인사 정책이었음을 짐작할 수 있다. 에이본은 이 주부 방문 판매원 덕택에 날로 번창했다. 주부 방문 판매원은 1886년 알비Albee라는 주부를 처음 '에이본 레이디Avon Lady'로 고용한 이래, 12년 동안 5,000명을 넘어섰다. 이후 1930년대 말까지 기하급수적으로 늘어나 판매원 채용, 교육, 커미션 등 판매원 조직을 체계적으로 정비했다. 판매 제품도 100가지를 넘어섰다. 1939년 회사 이름을 오늘날의 '에이본'으로 바꿨는데, 이는 매코널이 평소 존경했던 윌리엄 셰익스피어William Shakespeare의 고향을 가로질러 흐르는 강에서 따온 것이다.

1950년대는 에이본에 매우 중요한 시기였다. 에이본은 이때부터 본격적인 매스 광고를 시작해 브랜드 인지도를 구축했고 해외 시장 개척에 매진하기 시작했다. 2001년 『비즈니스 위크』와 인터브랜드의 공동 평가 자료에 따르면 에이본의 브랜드 자산 가치는 44억 달러로 세계 60위다. 놀라운 일이지만, 에이본의 브랜드 자산 가치는 화장품 회사 중 샤넬, 랑콤Lancôme, 크리니크Clinique, 에스티로더Estée Lauder, 로레알L'Oréal 등을 제치고 1위를 기록했다. 방문 판매 사원의 수가 전 세계적으로 약 400만 명, 미국에만 50만 명이나 된다. 거의 대부분 여성이다. 2002년에는 매출액이 60억 달러를 넘어섰는데, 이 중 해외 시장 매출 비중이 60퍼센트가 넘는다.

에이본의 핵심 경쟁력은 거의 여성으로 구성된 막강한 방문 판매 조직이다. 그래서 방문 판매 조직이 흔들릴 때 에이본의 위기가 찾아왔다. 첫 번째 위기는 1970년대 미국 여성들이 노동 시장에 대거 진출하면서 찾아왔다. 이는 에이본 레이디가 방문해서 만날 가정주부가 더 이상 집에 머물러 있지 않는다는 것을 의미했다. 또한 여성에게 고임금의 취업 기회가 열렸기 때문에 저임금의 에이본 레이디로 채용할 주부의 수가 현저히 줄어들었다는 의미이기도 했다. 에이본을 포함한 대부분의 방문 판매 회사들은 노동 시장 변화로 인해 방문 판매 산업 전체가 종말을 고할 것이라고 생각했다. 에이본 역시 방문 판매 사업에서 점차 손을 떼기로 하고 방문 판매로 벌어들인 자금으로 사업 다각화를 추진했다.

그러나 사업 다각화 전략은 에이본을 창사 이래 최대 위기로 내몰았고, 에이본은 결국 인수한 모든 기업을 다시 매각하고 미용 제품 방문 판매 비즈니스에 전력을 다하는 것으로 전략을 대폭 수정했다. 단, 판매 방식에 약간의 변화가 있었다. 과거에는 에이본 레이디가 전업으로 에이본 제품을 판매했는데, 이제는 다른 직장을 가진 여성을 파트타임 에이본 레이디로 고용해 자신의 직장에서 에이본을 판매하게 했다. 즉, 노동 시장의 변화로 가가호호 방문하는 것이 어려워지자 직장에서의 판매로 장소만 바꾼 것이다. 미국 시장의 경우 오늘날은 전체 에이본 레이디 중 80퍼센트가 파트타임 판매원이고, 이들의 판매 점유율이 거의 절반을 차지한다.

## 에이본의 위기 극복

1970년대 위기를 어렵게 넘긴 에이본은 이후 주로 해외 시장의 성장 덕분에 매출이 꾸준히 신장되었다. 그러나 에이본 경영진은 주로 여성으로 구성된 방문 또한 직접 판매 조직에 전적으로 에이본의 미래를 맡길 수 없다고 생각하고 있다.

직접 판매의 가장 큰 문제점은 판매원의 연간 이직률이 거의 100퍼센트에 달한다는 점이다. 이는 미국 내에서만 매년 50만 명의 신규 에이본 레이디를 채용해야 한다는 의미다. 특히 파트타임 판매원은 판매 전문성과 노력이 떨어지기 때문에 이직률이 더 높을 수밖에 없다. 문제는 현재 80퍼센트에 달하는 파트타임 판매원 비율이 점점 더 높아지고 있다는 사실이다.

그리고 에이본 판매원은 에이본 직원이 아니라 독립 계약자이기 때문에 판매원 개개인이 고객 명단을 관리하고 에이본은 고객 정보를 거의 갖고 있지 않다. 그래서 에이본 판매원이 그만두면 그 판매원이 관리하던 고객은 에이본을 구매하고 싶어도 그럴 수 없다. 에이본이 추정하기로 이런 고객이 약 500만 명에 이른다. 또한 에이본 내부 조사에 따르면 에이본 제품은 좋은데 에이본 레이디로부터 구매하기를 원하지 않는 고객이 많다는 점도 직접 판매의 단점으로 지적할 수 있다.

1999년 에이본의 CEO로 취임한 앤드리아 정의 가장 중요한 임무는 에이본이 나아갈 방향을 명확히 제시하는 것이었다. 문제의 핵심은 판매 채널 전략이었다. 앤드리아 정은 일단 에이본 레이디와의 갈등을 최소화하면서 점차 판매 채널을 다변화한다는 생각을 가졌다. 앞서 언급한 직접 판매의 여러 단점과 독일, 중국 등 해외에서 판매 채널을 다변화하는 데 성공한 사례가 있어 이런 생각을 하게 되었다.

그러나 지금까지 에이본 채널 다변화 노력은 실패에 가깝다. 1990년대 중반부터 현재까지 에이본이 시도한 채널 다변화 전략을 간단히 살펴보자.

첫째, 1990년 중반 에이본은 우편판매를 시도해 소비자가 에이본 레이디를 통하지 않고 직접 에이본 제품을 구매하도록 했다. 그러나 에이본 레이디의 반발이 심해 우편판매의 경우도 판매원에게 커미션을 나눠 주도록 했다. 즉, 어떤 소비자가 우편으로 에이본을 주문할 경우 그 고객이 신규 고객이라 할지라도 그 지역을 책임지는 에이본 판매원은 제품 판매가의 20퍼센트에 해당하는 커미션을 받았다. 결국 우편판매는 에이본 레이디의 반발과 단위 주문 액수가 너무 적어 테스트로 끝났다.

둘째, 최근 인터넷 채널로의 진출도 처음에는 미디어의 주목을 받으며 에이본에 커다란 변화를 일으키는 것 같았지만 결과는 기대 이하였다. 에이본 제품 카탈로그에 에이본닷컴 인터넷 주소를 넣자 에이본 판매원들은 카탈로그에서 인터넷 주소를 스티커로 지우고 소비자에게 전달하는 등 노골적으로 악감정을 표현했다. 에이본은 판매원과의 갈등을 무마하기 위해 에이본닷컴을 방문한 고객에게 직접 구매와 에이본 레이디를 통한 구매라는 두 가지 옵션을 제공하고 있다.

셋째, 1998년 에이본 구매 경험이 없는 젊은 층을 표적으로 미국 대형 몰에 50개의 에이본 판매대를 실험적으로 마련했다. 처음에는 에이본 본사가 직접 운영하다 최근에는 에이본 판매원들에게 프랜차이즈를 주고 있다.

넷째, 새로운 제품 라인을 개발해 월마트나 제이시페니JC Penny 같은 백화점을 통한 판매도 실험적으로 시도하고 있다.

앤드리아 정은 중국계 이민 2세로 아메리칸드림을 실현한 여성이다. 그녀는 어려운 시기에 에이본의 최고 경영자가 되었다. 다채널로 가야 한다는 그녀의 비전을 실현하기 위해 어려운 시기에 에이본의 최고 경영자 직을 수락했다. 하지만 2011년 앤드리아 정은 에이본 CEO에서 물러났다. 그녀의 실험은 실패로 끝났지만, 다채널로 가야 에이본이 살 수 있다는 그녀의 비전은 여전히 유효해 보인다.

## 도살장과 자동차 조립 공장의 공통점

20세기 중반까지 시카고는 미국 정육 산업의 중심지였다. 한때 미국 전역에서 사육된 가축들은 모두 시카고 인근 교외까지 열차로 수송되어 도살당했는데, 1년간 시카고에서 도살되는 가축의 수가 무려 1,500만 마리에 이르렀다고 한다. 이후 정육 산업이 각 지역으로 분산되면서 가축 도살과 관련된 시카고의 유명세도 수그러들었다. 하지만 시카고 정육 산업의 발전사는 오늘날 경영인들에게 많은 교훈을 준다.

19세기 말 시카고를 세계 정육 산업의 중심지로 만든 사람은 구스타부스 스위프트Gustavus Swift라는 탁월한 사업가였다. 당시 미국 인구는 동부 지방에 집중해 있었던 반면 가축은 대부분 중부 대평원에서 서부에 걸쳐 사육되었기 때문에 축산물 유통이 큰 골칫거리였다. 돼지고기는 운송에 별로 어려움이 없었다. 베이컨, 소시지, 훈제 햄 등 가공식품이 미국인들의 입맛에 잘 맞았기 때문에 생산지에서 돼지를 도살한 뒤 고기를 소금에 절이거나 가공해서 기차로 운반했다.

그러나 소고기는 달랐다. 사람들은 신선한 소고기를 원했고, 이런 소비자의 욕구를 충족하기 위해서는 살아 있는 소를 동부 지방까지 기차로 실어 와 소비지 근처에서 도살하는 방식의 유통 시스템이 필요했다. 그러나 이 방식은 북미 대륙을 횡단하는 긴 여정 동안 소가 심하게 야위고 죽는 일이 잦아 효율이 떨어졌다.

스위프트는 수직적 통합vertical integration을 이룸으로써 이와 같은 전근대적 소고기 유통 방식에 일대 혁신을 일으켰다. 1881년 그는 냉장 기술 전문가의 도움을 받아 냉장 시설을 갖춘 기차를 개발했다. 서부에서 사육된 소를 산 채로 시카고까지 운송해 도축한 뒤 냉장 기차로 살코기를 동부까지 운송하는 새로운 유통 시스템을 도입한 것이다. 이와 같은 방식의 도입으로 운송 과정에서 소가 죽는 일이 거의 없어졌고, 시카고는 가축 도살 및 정육의 중심지로 자리매김했다.

## 공급에서 운송, 판매까지 하나로

스위프트가 처음부터 축산물 유통 사업의 수직적 통합을 염두에 두었던 것은 아니다. 처음에는 철도 회사 측에 냉장 기차를 만들어 달라고 요청했지만, 냉장 기차를 도입하면 가축 운반 사업이 축소될지 모른다고 우려한 철도 회사 측은 그의 제안을 거부했다. 이에 스위프트가 직접 냉장 기차를 개발하자, 이번에는 철도 회사들이 담합해 냉장 기차가 운행되지 못하도록 철도 노선 제공을 거부했다.

철도 노선을 확보하기 위해 스위프트는 직접 철도 회사를 인수해 운영에 나섰다. 그뿐 아니라 냉장 기차로 운송한 고기의 신선도를 유지하기 위해 동부 지방 곳곳에 대형 냉장 보관 창고를 건설하고, 동네 정육점에 고기를 공급하기 위한 유통 센터를 세워 거대한 판매 조직을 구축했다. 또한 가축의 안정적인 공급을 위해 구매 부서를 설립하고, 축산업자와 대량 구매 계약을 정기적으로 체결했다. 게다가 수많은 가축을 효율적으로 도살하고 부위별로 해체할 수 있는 정육 라인까지 설치해 훗날 헨리 포드의 자동차 조립 공장 설립에 아이디어를 제공하기도 했다.

스위프트의 가축 정육 라인은 자동차 조립 라인의 정반대 공정이라고 할 수 있다. 당시 스위프트가 관리하던 도축장에서 가축 한 마리를 도살해 부위별로 완전히 해체할 때까지 걸린 시간은 10분도 채 되지 않았다고 하니, 매우 효율적인 시스템이었던 듯하다. 이후 그는 가축 도살 및 정육 과정에서 파생된 부산물을 활용해 비료, 아교, 가죽, 비누 등의 사업 분야에도 진출했다.

스위프트는 앤드루 카네기와 함께 세계 최초로 수직 계열화한 현대적 기업을 탄생시킨 인물이다. 그는 수직적 통합으로 얻은 원가 경쟁력을 바탕으로 저렴한 가격에 고품질 고기를 공급함으로써 시장을 지배했고, 혼란에 빠져 있던 미국 정육 산업에 새로운 가능성을 제시했다.

## 수직적 통합 전략의 장점과 단점

수직적 통합 전략은 통합 방향에 따라 후방 수직 통합backward vertical integration과 전방 수직 통합forward vertical integration으로 나뉜다. 현대자동차가 완성 차 생산에 필요한 모듈 및 부품을 생산하는 현대모비스와 현대위아를 계열사로 통합하거나 자동차 강판을 생산하는 현대하이스코와 현대제철을 계열사로 거느린 것은 후방 통합의 예이고, 자동차 전문 수송 업체인 현대글로비스를 계열사로 통합한 것은 전방 통합의 예다.

후방 통합의 이점으로는 원재료 및 부품 공급업자를 통합함으로써 원가를 절감하고 일관된 품질의 원재료를 안정적으로 공급받는다는 점 등이 있다. 반면 전방 통합을 하면 안정적인 판매처 및 배송 인프라를 확보할 수 있고, 이를 통해 적정 생산 규모를 유지하기가 용이해 원가 절감 효과를 얻을 수 있다.

수직적 통합은 오늘날 대기업이 기업의 규모를 키우고 이를 통해 원가 경쟁력과 시장 지배력을 확보하기 위한 대표적인 전략이다. 하지만 이는 기업 환경 변화에 탄력적으로 대응하기 어렵다는 결정적 단점을 갖고 있다. 예컨대 자동차 구매자의 취향이 갑자기 바뀌어 대형차를 더 많이 생산해야 한다면, 수직적으로 통합된 자동차 회사의 경우 계열 부품 회사의 생산 시설을 변경해야 하기 때문에 변화 대응에 시간이 걸릴 수 있다. 하지만 부품을 외부에서 구매하는 경우에는 소비자의 수요 변화에 보다 신속히 대응할 수 있다. 특히 시장 환경이 빠르게 변화하는 산업에서는 수직적 통합으로 얻는 이익보다 유연성 결핍에서 오는 폐해가 더 클 수도 있다.

## 아마존의 유통 혁명

1994년 창립 이후 아마존은 수많은 마케팅 혁명과 함께 인터넷 판매의 표준을 제시하며 전체 소매 산업을 새롭게 정의해 왔다. 아마존의 창립자 제프 베이조스는 창립 5년 만에 『타임』의 표지를 장식하며 1999년 '올해의 인물'로 선정되는 영광을 안기도 했다.

베이조스는 명문 프린스턴대학교를 최우등으로 졸업한 뒤 뉴욕 월 스트리트에 위치한 헤지 펀드 회사의 매니저로 입사해 비교적 안정적인 직장 생활을 시작했다. 1990년대 초반 인터넷의 등장에 매료된 베이조스는 앞으로 인터넷을 통한 판매가 급증하리라 예상되는 20여 개 제품군을 선정해서 평가했다. 1994년 최종적으로 서적이 인터넷 판매에 가장 적당한 제품이라고 판단한 베이조스는 미련 없이 헤지 펀드 매니저의 자리를 버리고 인터넷 서점 아마존닷컴Amazon.com을 창업했다.

소매 판매 경험이 전혀 없는 베이조스가 서적을 제품으로 택한 것은 현명한 결정이었다. 서적은 종류가 엄청나게 많아 아무리 큰 서점이라도 모두 진열할 수 없을 뿐 아니라 대형 서점을 방문한 고객이 자신이 원하는 책을 빨리 찾기도 어렵다. 아마존은 전통적인 서점이 안고 있는 공간적 제약이 없기 때문에 진열 서적의 수를 무한대로 늘릴 수 있고, 고객은 검색 기능을 이용해 원하는 서적을 쉽게 찾을 수 있다. 또한 서적은 표준화된 제품이기 때문에 인터넷 서점에서 구매하든 서점에서 구매하든 최종적으로 고객의 손에 닿는 제품이 동일하다. 즉, 제품의 질을 눈으로 확인해야 하는 제품이 아니기 때문에 인터넷 구매가 특별히 불리하지 않다.

1995년 7월 아마존은 본격적으로 사업을 시작했다. 처음에는 100만 종으로 출발했지만 얼마 되지 않아 310만 종으로 책 종류를 늘렸다. 이는 세계에서 가장 큰 서점의 15배 규모였다. 많은 사람의 우려에도 불구하고 고객의 반응은 폭발적이었다. 3개월 주기로 판매가 2배로 뛰었고, 1997년 1분기 매출액은 1,600만 달러를 넘어섰다. 아마존은 그해 5월 나스닥에 상장되었고, 첫날 거래가 끝난 뒤 아마존의 시장 가치는 5억 6,000만 달러에 이르렀다. 당시 아마존의 지분 42퍼센트를 소유한 베이조스의 재산은 약 2억 4,000만 달러로, 창업 당시 투자액 8,400달러의 약 3,000배에 달했다.

아마존이 이처럼 빠르게 성장한 것은 고객에게 최상의 서비스를 제공하겠다는 베이조스의 신념과 이를 가능하게 한 탁월한 인터넷 기술 덕분이었다. 베이조스는 아마존 고객에게 전통적 서점에서는 누릴 수 없는 가치와 경험을 주기 위해 웹사이트 시스템, 고객 서비스 조직, 지불 처리 시스템, 창고 및 주문 처리 등 인프라 구축에 8억 달러를 투자했다. 고객은 하루 24시간 1년 365일 휴일이 없는 서점 아마존에 들어가 310만 종의 책 중에서 자신이 원하는 책을 눈 깜짝할 사이에 찾을 수 있다. 주문과 결제도 아마존이 특허를 낸 '원클릭one-click' 서비스를 이용해 마우스 클릭 한 번으로 가능하다.

고객 맞춤형 웹사이트 개념을 처음 창안한 것도 아마존이다. 이것은 웹의 모든 내용을 고객별로 차별화해 보여 준다는 개념이다. 고객이 접속하면 아마존은 고객의 컴퓨터 IP 주소를 인식하고 고객의 이름을 부르며 친절하게 맞는다. 또한 접속한 고객의 구매 이력을 분석해 그 고객이 구매할 가능성이 높은 몇 권의 책을 추천하기도 한다. 고객이 어떤 책을 클릭하면 과거 그 책을 구매한 사람들이 많이 구매한 다른 책을 친절하게 가르쳐 준다. 책을 평가할 수 있는 방법도 다양하다. 책의 간략한 내용뿐만 아니라 전문가의 서평과 다른 아마존 고객의 서평도 볼 수 있다. 물론 자신의 서평을 남길 수도 있고 남의 서평이 도움이 되었는지 평가할 수도 있다.

1998년 6월 아마존은 세계에서 가장 큰 서점에 만족하지 않고 온라인 음반 시장으로 비즈니스를 확장했다. 서적 판매에서 쌓은 기술과 노하우를 음반 시장에 그대로 적용해 3개월 만에 1,440만 달러의 판매고를 올려 2년 동안 온라인 음반 시장 1위를 지켜 온 시디나우CDNow의 판매고를 넘어섰다. 음반에서의 성공에 고무된 아마존은 곧 비디오 및 DVD, 장난감, 전자 제품, 소프트웨어, 주방용품, 핸드폰, 무선 서비스 등으로 영역을 확대했다.

아마존은 바야흐로 소매 점포 경영 방식을 바꾸었다. 오프라인 점포는 매출을 늘리려면 엄청난 비용을 들여 새로운 점포를 열어야 한다. 그러나 아마존은 매출 증대를 위해 새 점포를 열 필요가 없다. 이미 컴퓨터 시스템 구축, 소프트웨어 등 상대적으로 높은 초기 투자 비용을 지불했기 때문에 아마존이라는 기존 점포에 판매할 제품을 추가하고 보다 많은 사람이 아마존을 방문하도록 유도하기만 하면 된다. 수십 년 전 월마트가 컴퓨터를 활용해 오프라인 소매 점포의 운영 혁신을 주도했다면 베이조스는 인터넷 기술을 활용해 다시 한번 소매 점포의 운영 혁신을 주도한 것이다.

베이조스는 아마존을 고객이 원하는 모든 제품을 쉽게 살 수 있는 세계에서 가장 큰 온라인 점포이자 세계 최고의 고객 중심 기업으로 만들고자 했다. 베이조스는 수천만 명의 고객을 상대하면서도 고객 개개인의 니즈에 따라 차별화된 최상의 맞춤 서비스를 제공했다. 베이조스가 세계에서 가장 많은 물이 흐르는 강인 '아마존'이라는 고유 명사를 사명으로 정한 데는 이런 뜻이 숨겨져 있다.

아직은 아무도 아마존의 미래를 예측할 수 없다. 그러나 한 가지 분명한 것은 아마존의 미래는 고객이 결정한다는 사실이다. 아마존 전체 매출에서 반복 구매가 차지하는 비중이 약 80퍼센트이고, 이 비율이 점차 증가하는 추세라고 한다. 아마존에서 구매한 경험이 있는 대부분의 고객이 다시 아마존을 찾는다는 얘기다. 고객의 눈으로 볼 때 아마존의 미래는 밝다.

# 8 | 촉진 관리

MAR
KET
ING

# Promotion Management

## 아무리 좋은 제품도 알려지지 않으면 무용지물

이 장에서는 세 번째 마케팅 도구인 촉진promotion에 대해 공부하려 한다. 촉진은 소비자에게 자사 제품을 알리고 구매하도록 설득하는 기능을 수행한다. 예를 들어, 신제품을 출시한 기업은 신문이나 텔레비전 광고를 통해 제품의 존재를 알리고 품질을 미심쩍어하는 소비자에게 무료 샘플을 제작해 배포한다. 소매점에 신제품의 특별 진열을 요청하기도 하고 소비자에게 쿠폰을 살포하기도 한다. 즉, 촉진은 다양한 촉진 매체를 사용해 소비자가 자사 제품을 구매하도록 설득함을 목표로 한다. 모든 촉진 정책은 자사 제품의 구매를 설득한다는 최종 목표를 갖고 있지만, 상황에 따라 단기적 목표가 다를 수 있다.

첫째, 자사 제품·서비스의 존재를 소비자에게 알리는 것이다. 소비자는 보통 어떤 한 가지 제품을 구매하기 전에 고려 대상consideration set에 있는 여러 제품을 비교 분석한다. 즉, 구매를 위한 최소한의 필요조건으로 자사 제품이 소비자의 고려 대상에 속해야 한다는 것이다. 그리고 고려 대상 제품에 속하기 위한 최소한의 조건은 그 소비자가 자사 제품의 존재 사실을 인지하고 있어야 한다. 즉, 제품 존재 정보가 촉진 목표 중에서 가장 선행되어야 한다. 예를 들어, 크리스마스 세일을 단행한다고 신문에 전면 광고를 낸 백화점은 세일 정보 제공이 최우선 과제다. 신제품을 출시한 음료업체가 여러 매체를 통해 광범위한 소비자에게 신제품 출시 사실을 알리는 것도 유사한 촉진 목표를 갖는 경우다.

촉진의 두 번째 목표는 자사 제품·서비스의 독특한 특성을 강조함으로써 제품 차별화를 하는 것이다. 소비자가 자사 제품과 타사 제품을 동일한 제품으로 취급하는 경우 두 회사는 판매 증진을 위해 치열한 가격 경쟁을 치르는 방법밖에 없다. 자신만의 독특한 제품 속성이 무엇인지 설명하고 그 속성이 제품 구매 의사 결정에 왜 중요한지 강조하는 촉진 전략이다. 냉장실과 냉동실 각각에 냉각기가 있다는 점을 강조한 삼성전자 냉장고의 촉진이나 150미터 지하에서 끌어올린 천연수로 만든 맥주라는 점을 강조한 하이트 맥주의 촉진 전략이 그 예다.

셋째, 촉진을 수행하는 최종 목표는 제품 수요의 증진이다. 제품의 존재를 알리거나 제품의 독특한 특성을 알리는 것도 결국 제품 판매를 늘린다는 최종 목표를 달성하기 위한 중간 단계로 볼 수 있다. 경품, 샘플링, 쿠폰, 사은품 제공 등 대부분의 판매 촉진 수단은 제품 수요를 단기간에 증진시킬 목적으로 사용된다. 서비스 산업에서 흔히 볼 수 있는 비수기의 가격 인하 정책도 그 목적은 일시적인 수요 증진에 있다.

### 커뮤니케이션 프로세스

촉진은 자사 제품을 알리고 구매하도록 설득하는 기능을 수행하기 때문에 일반적인 커뮤니케이션 프로세스communication process의 일부로 이해할 수 있다. 커뮤니케이션은 발신자sender가 수신자receiver에게 메시지를 전송하는 것으로 정의한다. 그러므로 마케팅 커뮤니케이션의 경우 메시지 종류는 마케팅 관련이고 정보 수신은 판매자와 구매자 또는 판매자 간에 발생한다. 마케팅 커뮤니케이션에는 촉진뿐 아니라 구전word-of-mouth 효과 등 기업이 체계적으로 계획하지 않은 커뮤니케이션도 포함된다.

[그림 8-1]은 커뮤니케이션 프로세스의 구성 요소를 보여 준다. 먼저, 발신자는 전달하고자 하는 메시지를 문자나 그림을 이용해 암호화encoding한다. 메시지를 암호화된 심벌 형태로 전달하는 이유는 수신자의 흥미를 유발해 발신자가 보내는 메시지에 주목하도록 하기 위함이다. 암호화된 메시지는 발신자가 선택한 매체media를 통해 수신자에게 전달되고 수신자는 암호화된 메시지를 나름대로 해석decoding하는 과정을 거친다. 수신자는 메시지 해석 후 제품 구매, 제품 인지, 제품에 대한 긍정적인 태도 형성 등 다양한 반응response을 보일 수 있다. 이런 다양한 반응 중 일부는 발신자에게 다시 전

[그림 8-1] 커뮤니케이션의 구성 요소

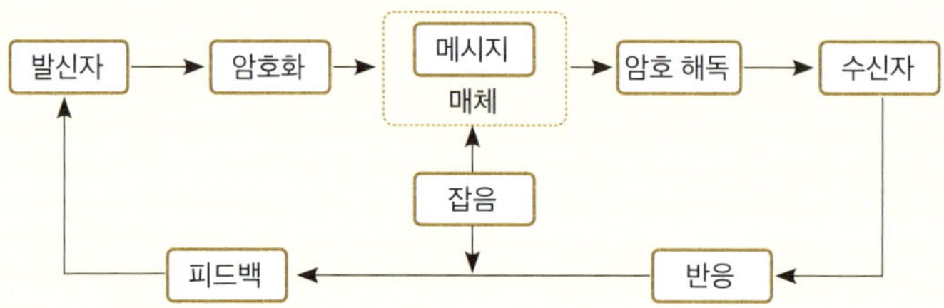


달feedback되면서 커뮤니케이션 과정의 한 사이클이 마무리된다. 전체 커뮤니케이션 과정에서 잡음noise은 메시지 전송을 방해하고 왜곡해 전달의 효율성을 떨어뜨린다.

[그림 8-1]의 커뮤니케이션 프로세스 모형은 촉진을 포함한 마케팅 메시지를 발신자가 뜻한 바대로 전달하기 위해서는 어떤 점을 유의해야 하는지 보여 준다. 발신자는 메시지를 전달하려는 표적 수신자가 누구인지, 그들로부터 원하는 반응이 무엇인지 알아야 한다. 즉, 표적 수신자의 사회문화적 배경에 따라 암호 해독 방식이 다르기 때문에 이들의 취향에 맞춰 암호화 작업을 수행해야 한다. 또한 표적 수신자가 접할 가능성이 높은 매체를 선택해야 하고, 이들의 반응을 추적할 수 있는 피드백 채널이 있어야 한다.

## 촉진의 종류

촉진에는 여러 도구가 있다. 우리는 촉진 목표를 달성하기 위해 여러 촉진 도구를 적절한 비율로 사용해 전체적인 촉진 효율성을 극대화한다. 촉진 도구를 섞어서 사용하는 것을 촉진 믹스promotional mix라고 하는데, 촉진 믹스를 구성하는 대표적인 촉진 도구에는 광고advertising, 판매 촉진sales promotion, 홍보public relations, PR, 인적 판매personal selling, 직접 마케팅direct marketing의 다섯 가지가 있다.

첫째, 광고는 전통적으로 여러 촉진 도구 중 가장 중요하게 취급되던 도구로, 주로 신문, 잡지, 라디오, TV 등 매스 미디어를 통한 커뮤니케이션 형태를 띤다. 광고는 지역적으로 광범위하게 분산되어 있는 많은 고객에게 신속하고 저렴하게 접근하는 데 적절한 촉진 수단이다. 그러나 광고의 판매 증진 효과를 정확히 측정하기 어렵다는 점이 가장 큰 단점이다. 표적 시장 고객에게만 제한적으로 광고하는 것 자체가 어렵고, 광고 내용의 기억을 통한 장기적 광고 효과를 측정하기 어렵기 때문이다.

둘째, 판매 촉진은 오늘날 촉진 예산 중 가장 큰 비중을 차지하는 촉진 수단으로, 보통 소비자 구매 또는 판매원 효율성을 단기적으로 증진할 목적으로 제공하는 추가 인센티브 형태를 띠는 마케팅 커뮤니케이션이다. 판매 촉진은 크게 소비자를 대상으로 하는 소비자 판촉consumer promotion과 중간상을 대상으로 하는 중간상 판촉trade promotion으로 나눌 수 있다. 쿠폰, 리베이트, 보너스 팩, 세일, 경품 행사, 사은품, 포인트 프로그램 등이 소비자 판촉의 대표적 수단이다. 중간상 판촉으로는 인센티브, 콘테스트, 중간상 공제trade allowance, 판매원 파견, 판촉물 제공 등이 있다.

셋째, PR은 광고와 달리 메시지 전달을 원하는 쪽이 돈을 지불하지 않는 커뮤니케이션 수단이다. PR은 신문이나 방송의 기사 형태를 띤다. 따라서 기업의 홍보실이나 PR 전문 회사의 역할은 기업의 긍정적인 내용이 이들 매체에서 원하는 방향으로 다뤄질 수 있도록 노력한다. PR 수신자는 메시지 발신자인 신문이나 방송을 보다 공평하다고 생각하기 때문에 광고보다 더 신뢰하는 경향이 있다.

넷째, 인적 판매는 앞서 언급한 세 가지 촉진 수단과 달리 직접 판매와 함께 메시지 발신자와 수신자가 상호 작용할 수 있는 쌍방형 커뮤니케이션 도구다. 인적 판매는 고객을 접촉하는 데 가장 고가의 수단이지만 고객별로 맞춤형 메시지를 전달할 수 있다는 점, 고객의 반응에 따라 후속 메시지를 전할 수 있다는 점 등 다른 커뮤니케이션 채널이 갖기 어려운 장점을 지니고 있다. 인적 판매는 기업 간 거래나 복잡하고 가격이 비싼 제품·서비스 판매에 주로 이용된다.

다섯째, 직접 마케팅은 표적 시장에 직접 메시지를 보내는 커뮤니케이션 수단으로 텔레마케팅TM, 우편주문판매direct mail, 이메일, 팩스, 무선전화 등을 통한 마케팅이 대표적인 예다. 직접 마케팅의 가장 큰 강점은 표적 시장을 정확히 선정하고, 메시지를 원하는 고객에게 전달하며, 그 결과 효과 측정이 용이하다는 점이다. 그러나 최근 타기팅이 제대로 이루어지지 않은 카탈로그나 (정크) 이메일로 소비자의 불만과 불평이 높아지면서 전체 직접 마케팅 시장의 이미지가 나빠지고 있다.

## 다양한 촉진 도구를 적절히 조합하는 능력

최근 등장한 다양한 커뮤니케이션 채널과 촉진 도구로 기업은 고객에게 보다 다양한 방법으로 메시지를 전달한다. 그러나 소비자는 기업이 구분하는 것같이 메시지 전달 매체를 구분하지 않는다. 광고, 판매 촉진, PR 등 여러 채널을 통해 전달된 다양한 메시지가 소비자에게는 기업 또는 브랜드에 대한 하나의 메시지일 뿐이다. 그러므로 서로 다른 채널로부터 모순된 메시지를 전해 듣는 경우 일관된 기업·브랜드 이미지를 형성하기 어렵다. 통일된 메시지를 전하지 못하는 가장 보편적인 이유는 커뮤니케이션 채널을 통합하는 조직이 없기 때문이다. 즉, 기업의 광고 부서나 외주 광고 회사가 광고 메시지 기획과 전달 실무를 담당하고, 판매 부서는 독립적으로 인적 판매 관련 커뮤니케이션을 담당하는 경우가 비일비재하다.

오늘날 기업들은 촉진 채널 간 조정과 통합을 목적으로 통합 마케팅 커뮤니케이션IMC이라는 개념을 점차 도입하고 있다. IMC란 광고, 판매 촉진, PR, 직접 마케팅, 인적 판매 등 모든 촉진 활동을 조정, 통합해 고객에게 일관된 촉진 메시지를 전달할 수 있도록 하는 것이다. 즉, 정기적으로 집행하는 TV 광고에서 전달하고자 하는 메시지나 언론 기관에 보낸 홍보 부서의 PR 자료에 담긴 메시지가 차이 없음을 의미한다. 물론 IMC를 효과적으로 수행하기 위해 기업의 다양한 촉진 활동을 조정, 통합하는 마케팅 커뮤니케이션 책임자의 임명을 포함해 촉진 관련 부서를 보다 중앙 집권적으로 개편할 필요성이 있다. 즉, (외부로) 소비자에게 전하는 메시지를 통합하기 위해서는 먼저 메시지를 보내는 내부 조직의 통합이 필요하다.

### 통합된 마케팅 커뮤니케이션으로 성공한 아큐브

시력이 나쁜 사람이 시력 교정을 위해 선택할 수 있는 방법에는 크게 세 가지가 있다. 안경, 콘택트렌즈, 그리고 라식 수술이 그것이다. 그러나 레이저를 이용한 라식 수술은 가격이 다소 비싸고 안전성을 100퍼센트 신뢰하지 않는 사람들이 있다. 콘택트렌즈는 안경에 비해 가격이 비싸지만 외모를 신경 쓰거나 격렬한 스포츠를 즐기는 젊은 층에게 특히 인기가 많다. 콘택트렌즈의 가장 큰 단점은 렌즈의 세척, 소독, 단백질 제거 등 사용이 번거롭고 이를 소홀히 할 경우 눈병이 생길 수 있다는 점이다. 콘택트렌즈의 이런 불편을 해소할 목적으로 존슨앤드존슨이 개발한 제품이 일회용 콘택트렌즈 '아큐브Acuvue'다.

존슨앤드존슨은 우리나라에서도 2000년부터 '일회용 아큐브' 시험 착용 행사를 해오고 있다. 우리나라 아큐브 홈페이지(www.acuvue.co.kr)를 통해 일회용 아큐브 시험 착용을 신청하면 고객에게 가까운 안경점을 안내한다. 고객은 추천받은 안경점을 방문해 안경사와 상담하고 시력에 맞는 아큐브 콘택트렌즈 한 쌍을 무료로 받는다. 약 2년 동안 약 25만 명이 이 행사에 참여했는데, 이 중 8만여 명이 아큐브 충성 고객이 되었다고 한다. 결과적으로, 무료 콘택트렌즈 25만 개를 투자해 매년 1,920만 개의 일회용 아큐브를 추가로 판매하고 있는 것이다. 존슨앤드존슨의 이 행사는 언뜻 보면 흔한 프로모션 같지만 마케팅 커뮤니케이션의 조정과 통합이라는 쉽지 않은 노력이 필요하다.

아큐브 콘택트렌즈가 출시되기 전 세계 콘택트렌즈 시장의 절대강자는 미국의 바슈롬Bausch & Lomb이었다. 선글라스의 대명사가 되어 버린 '레이밴Ray-Ban'으로 유명한 회사다. 레이밴 선글라스에 이어 1971년 바슈롬이 내놓은 두 번째 히트 상품이 콘택트렌즈다. 바슈롬 콘택트렌즈는 아큐브가 등장하기 전까지 약 20년 동안 세계 콘택트렌즈 시장에서 부동의 1위였다. 바슈롬에 콘택트렌즈는 정말 매력적인 제품이었다. 바슈롬은 렌즈 판매뿐 아니라 콘택트렌즈 세척 및 소독 용액을 판매해 더 큰 이익을 보았다. 일반적으로 소비자는 1년에 콘택트렌즈의 2~3배에 해당하는 비용을 소독 용액 등 콘택트렌즈 유지 비용으로 지불한다. 더욱이 용액 마진이 콘택트렌즈 마진보다 더 높다. 즉, 바슈롬에는 세척과 소독이 불필요한 콘택트렌즈를 개발할 인센티브가 별로 없었다. 일회용 콘택트렌즈의 판매는 고마진의 세척 및 소독 용액 시장을 포기하는 것과 마찬가지였기 때문이다. 아큐브가 시장에 진입하기 전 바슈롬은 일정 기간 착용하고 버리는 콘택트렌즈의 기술을 이미 보유하고 있었으나 세척 및 소독 용액 시장을 포기할 수 없어 출시를 미뤘다고 한다.

1980년대 중반까지 존슨앤드존슨의 자회사 비스타콘Vistakon은 주로 난시를 위한 특수 콘택트렌즈를 판매하는 소규모 회사였다. 그러나 1983년 덴마크 코펜하겐에 사는 한 안과 의사가 콘택트렌즈를 저렴하게 제조할 수 있는 방법을 고안했다는 소식을 우연히 전해 들었다. 비스타콘은 이 안과 의사로부터 기초 기술을 확보해 4년간 연구한 끝에 아큐브 제조 기술을 완성했다. 기존 콘택트렌즈는 1년에 한 번 정도 교체하지만 아큐브는 일주일 정도 착용하고 버리는 콘택트렌즈였기 때문에 1년에 52쌍이 필요했다. 즉, 비스타콘은 콘택트렌즈를 대량으로 저렴하게 생산하면서 렌즈에 필요한 정확성을 유지할 수 있는 제조 기술이 필요했던 것이다.

1987년 비스타콘은 일주일 착용하고 버리는 콘택트렌즈 '아큐브'를 출시했다. 아큐브는 기존 콘택트렌즈 착용자가 가장 번거롭게 생각하는 세척, 소독 문제를 해결한 제품이었다. 가격이 다소 비싸지만 편리함이라는 강력한 장점이 있었기 때문에 큰 문제는 아니었다. 아큐브를 도입하며 비스타콘이 가장 신경 쓴 점은 처방 의약품 시장과 유사한 콘택트렌즈 구매 과정의 특수성이었다. 콘택트렌즈를 구매하려면 소비자는 먼저 안과 의사나 검안사를 찾아가서 시력 검사를 받고 처방을 받아야 한다. 그리고 미국에서는 이 처방의 유효 기간이 1년이다. 안경을 착용할 것인지 콘택트렌즈를 착용할 것인지는 보통 소비자가 결정하지만, 어떤 종류의 콘택트렌즈를 구매할 것인가는 안과 의사의 의견이 많은 영향을 끼친다.

안과 의사나 검안사는 처방을 해주고 검안료를 받는 것 외에 안경이나 콘택트렌즈를 판매해서 추가 수익을 얻을 수 있다. 미국의 다른 의료 서비스의 경우, 의사는 치료와 처방만 하고 약사는 조제만 하기 때문에 의사는 어떤 제약 회사의 약을 조제하는가에 별 관심이 없다. 반면 안과 의사나 검안사는 처방하면서 자신이 직접 콘택트렌즈를 판매할 수 있기 때문에 콘택트렌즈 제조 회사의 신제품에 관심이 많았다.

비스타콘은 아큐브를 출시하면서 판매, 유통, 서비스, 마케팅을 조정, 통합하는 데 최선을 다했다. 비스타콘의 목표는 최종 소비자와 안과 의사에게 아큐브의 우수성을 알려, 안과 의사는 소비자에게 아큐브를 추천하고 소비자는 아큐브 콘택트렌즈를 착용하기 위해 안과 의사를 방문하도록 하는 것이었다. 비스타콘은 텔레비전 등 매스 미디어를 통해 아큐브의 이미지를 알리는 데 만족하지 않고 소비자와 안과 의사의 개인별 데이터베이스를 구축해 성과를 측정하고 커뮤니케이션 채널을 통합, 조정해 나갔다.

비스타콘은 텔레비전, 신문, 잡지를 통해 아큐브 광고를 하면서 안과 의사에게 아큐브 홍보 자료, 무료 샘플 아큐브 콘택트렌즈 등을 포함한 DM을 발송한다. 아큐브 광고에 관심을 가진 고객은 전화나 회신 엽서를 통해 비스타콘에 이를 알린다. 비스타콘은 고객이 방문하기 편리한 안과 의사에게 이 사실을 알린다. 안과 의사는 전화나 메일로 고객을 접촉해 검안 예약을 하고 이 사실을 다시 비스타콘에 알린다. 비스타콘은 고객에게 할인 쿠폰을 발송하고 고객은 이 할인 쿠폰을 가지고 안과 의사를 찾는다. 검안을 마친 고객은 할인 쿠폰으로 아큐브를 구입한다. 만약 고객이 구입 결정을 내리지 못하면 안과 의사가 샘플 아큐브 한 쌍을 준다. 비스타콘은 고객이 주문한 아큐브가 떨어질 때쯤 다시 한번 할인 쿠폰을 고객에게 발송한다.

이런 일련의 과정이 고객의 눈에는 전형적인 제품 구매 과정으로 보일 것이다. 그러나 비스타콘은 고객의 관심 유발부터 재구매까지의 전 과정을 매끄럽게 진행하기 위해 매스 미디어 광고, DM, TM, 세일즈맨 등 다양한 커뮤니케이션 매체를 통합, 조정하고 있다.

선도 기업으로서의 이점을 가지고 있던 바슈롬은 콘택트렌즈 시장 변화에 너무 소극적으로 대처했다. 반면 아큐브는 콘택트렌즈 사용자의 니즈를 정확히 파악하고 치밀한 출시 전략으로 출시 2년 만에 콘택트렌즈 일등 브랜드가 되었다. 아큐브는 이후에도 끊임없는 제품 개발로 일회용 아큐브 등 히트 신제품을 출시했고, 조직적인 고객 관리와 안과 의사 관리를 통해 콘택트렌즈 세계 최대 브랜드 자리를 굳게 지키고 있다.

## 타이거 우즈의 불륜 비용 1조 5,000억 원

타이거 우즈Tiger Woods는 역사상 가장 훌륭한 스포츠인 가운데 한 사람이다. 2009년 말 그의 불륜 행각이 만천하에 드러나기 전까지는 그랬다. 세 살이 되기도 전에 텔레비전에 출연해 탁월한 골프 재능을 선보인 이후 그는 세계 아마추어 및 프로 골프 역사에 존재하는 모든 기록을 새로 써 내려갔다.

현재 그가 보유한 기록은 최장 기간 연속 세계 1위 타이틀, 누적 최장 시간 세계 1위 타이틀, 미국프로골프협회PGA가 선정한 올해의 선수상 최다(11회) 수상, 연간 평균 최저 타수를 기록한 선수에게 주는 바이런넬슨상 최다(8회) 수상 등 셀 수 없이 많다.

100년이 넘는 프로 골프의 역사에서 우즈가 넘어야 할 기록은 단 두 개뿐이었다. 당시까지 우즈의 커리어 통산 메이저 경기 우승 횟수는 15회로 이는 역대 2위에 해당하는 기록이었다. 우즈가 잭 니클라우스Jack Nicklaus의 18회 우승을 넘어서려면 4회 더 우승해야 했다. 그리고 커리어 통산 PGA 경기 우승 횟수는 82회를 우승한 샘 스니드Sam Snead와 공동 1위를 기록 중이었다.

2009년 불륜 사건이 터지기 전까지만 해도 우리 모두는 몇 년 안에 우즈가 이 두 개의 기록마저 넘어설 것이라고 믿었다. 그러나 스캔들이 터지더니 얼마 지나지 않아 우즈는 이혼까지 했으며, 세계 랭킹도 곤두박질쳤다.

타이거 우즈 같은 유명인의 스캔들은 개인의 문제로 끝나지 않는다. 유명인과 연루된 부정적인 사건은 해당 인물이 광고하는 제품의 명성에도 악영향을 미치기 때문이다. 스타 마케팅은 유명인의 명성을 제품 이미지와 연관시키는 전략이기에 유명인과 브랜드가 한 배를 탈 수밖에 없다.

프로로 전향한 1996년부터 우즈는 나이키Nike, 타이틀리스트Titleist 등 대형 스포츠용품 회사와 거액의 광고 계약을 체결해 왔다. 2009년 말 불륜 스캔들이 터지자 그를 광고 모델로 쓰던 나이키와 게토레이Gatorade, 액센추어Accenture 등도 명성에 큰 타격을 입었다.

크리스토퍼 니텔Christopher Knittel과 빅터 스탠고Victor Stango는 타이거 우즈 스캔들로 관련 기업들의 주식 시장 가치가 약 4퍼센트 하락했다는 논문을 발표했다. 나이키는 매년 우즈에게 300억 원가량의 어마어마한 광고 출연료를 지불해 왔는데, 스캔들 때문에 약 1조 5,000억 원의 기업 가치 손실을 보았다고 한다. 우즈를 광고 모델로 내세운 다른 기업들도 처지는 비슷했다.

## 스타 마케팅의 빛과 그림자

우리나라에서도 배우와 가수, 스포츠 스타 등 유명인을 활용한 마케팅은 인기가 있다. 스타 마케팅 또는 셀럽 마케팅이 뜨니 스타의 몸값도 동반 상승 중이다. SBS 드라마 〈별에서 온 그대〉가 종영된 지 오랜 시간이 지났지만 주연배우 전지현과 김수현의 광고 출연료는 여전히 1년 기준 10억 원 수준이다. 이들은 중국에서도 최고의 한류 스타로 알려져 있기에, 한중 동시 광고를 진행하는 글로벌 기업은 연간 최소 20억 원 이상의 광고 출연료를 이들에게 지급한다고 한다.

국내외 기업들이 앞다퉈 유명인을 마케팅에 활용하는 가장 큰 이유는 자사 제품이나 서비스를 차별화하기 위함이다. 보통 산업화 초기에는 나만이 갖고 있는 기술과 제품 성능으로 차별화를 꾀하지만, 산업이 성숙기에 접어들고 경쟁사 간 연구 개발 능력이 평준화된 후에는 기술 기반의 차별화가 쉽지 않아 다른 대안을 찾는다. 유명인의 명성을 제품과 연결시키려는 시도는 그 한 가지 방법이다.

유명인이 등장하는 광고는 무엇보다 소비자의 관심을 끌 가능성이 크다. 하루 수천 개의 광고를 접하는 소비자의 주의를 잠깐이라도 끌어오고자 그들이 좋아하는 스타를 동원하는 것은 괜찮은 방법이다. 또한 소비자는 유명인이 등장하는 광고의 브랜드를 더 잘 기억하고 해당 제품의 품질이 더 좋다고 생각하며 구매 의사 역시 상승한다는 학술 연구도 있다.

그러나 모든 마케팅 전략이 그렇듯 셀럽 마케팅 또한 만능이 아니다. 천정부지로 치솟는 광고 출연료는 차치하더라도, 유명인을 마케팅에 활용하는 전략은 몇 가지 치명적인 단점을 갖고 있다.

첫째, 유명인과 연루된 부정적인 사건이 해당 제품의 명성에 악영향을 미칠 수 있다. 기업이 스타를 마케팅에 활용하는 것은 그들의 긍정적인 명성이 브랜드에 좋은 이미지를 제공해 주기를 바라기 때문이다. 그러나 타이거 우즈의 불륜 사례처럼 나쁜 영향을 미치는 사건이 발생할 수 있다는 점을 알아야 한다. 내 마음대로 긍정적인 것만 취하고 부정적인 것을 무시할 수는 없다. 때로는 유명인 자신조차 자기 행동의 파급 효과를 예상하기 어려운 경우도 있다.

영국의 유명 식료품 체인점 세인즈베리Sainsbury's는 거액의 광고료를 지불하고 세계적인 배우 캐서린 제타존스Catherine Zeta-Jones를 광고 모델로 내세웠다. 제타존스는 뛰어난 미모, 세계적 명성, 두 아이의 어머니라는 가정적인 이미지까지 세인즈베리가 원하던 완벽한 모델이었다. 그런데 제타존스가 세인즈베리의 경쟁업체인 테스코Tesco에서 쇼핑하는 모습이 사진에 찍혔다. 물론 그녀에게는 어디에서 식료품을 살지 선택할 자유가 있다. 하지만 경쟁업체에서 쇼핑하는 제타존스는 더 이상 세인즈베리가 신뢰할 수 있는 대변인이 아니었기 때문에 세인즈베리는 그녀와의 광고 계약을 연장하지 않았다.

둘째, 동일한 유명인이 출연하는 광고의 가짓수가 많으면 광고 효과가 떨어질 수 있다. 스캔들이 터지기 전까지 타이거 우즈는 나이키, 뷰익, 아메리칸익스프레스American Express, 액센추어, 일렉트로닉 아츠Electronic Arts 등 수많은 광고에 출연했다. 국내 광고업계의 최고 스타 중 한 사람인 가수 겸 배우 수지 역시 2012년 2월부터 2013년 4월까지 14개월 동안 비타500, 도미노피자, 갤럭시, 더페이스샵, 캐리비언 베이, 수미칩 등 총 22개의 광고에 출연해 100억 원 이상의 수입을 올렸다고 한다.

문제는 같은 사람이 동시에 여러 제품의 광고에 등장하면 광고에 대한 소비자의 신뢰가 떨어진다는 점이다. 이는 유명인이 실제로 해당 제품을 사용하고 있는지에 대해 소비자들이 의문을 품기 때문이다. 만약 김연아가 하우젠 에어컨 광고만 한다면 소비자들은 그녀가 진짜로 하우젠 에어컨을 사용할 것이라고 믿을 수도 있다. 그러나 김연아가 에어컨은 하우젠, 자동차는 현대자동차, 아파트는 래미안을 사용하리라고 믿을 가능성은 지극히 낮다. 각 기업 마케팅 담당자들은 캐서린 제타존스의 사례가 주는 교훈을 다시 한 번 되새겨 볼 필요가 있다.

셋째, 유명인이 너무 매력적일 경우 소비자의 주의가 산만해질 수 있다. 이런 현상을 마케팅 학자들은 '뱀파이어 효과vampire effect'라고 부른다. 이런 경우 소비자는 광고에서 유명인만 기억하고 제품은 기억하지 못한다. 광고의 목적은 제품 및 메시지를 전달하는 것이기 때문에 유명인이 지나치게 부각되지 않도록 유의해야 한다. 뱀파이어 효과를 최소화하려면 유명인과 제품 및 표적 시장이 일관성 있게 연결되어야 한다. 예를 들어, 고급 자동차의 우아함을 배가하기 위해 매력적인 여배우를 광고에 등장시킨다면 유명인과 제품 간에 일관성이 있다고 할 수 있다. 반면에 같은 여배우가 저렴한 개인용 컴퓨터 광고에 등장한다면 상대적으로 일관성이 없어 보일 것이다.

## 성공적인 스타 마케팅 전략

유명인을 전면에 내세운다는 것은 뒤집어 해석하면 제품에 자신 없다는 의미일 수도 있다. 스타 마케팅은 궁극적으로 제품이 스타의 이미지를 빌려 쓰는 형태다. 따라서 소비자에게 잘 알려지지 않은 신제품이나 2등 기업의 제품을 광고할 때 추천할 만한 마케팅 전략이다. 1등 기업은 타인의 이미지나 명성에 의존해 위험을 자초하기보다 자신의 실력과 명성을 믿는 편이 바람직하다.

유명인을 광고 모델로 내세운다고 해서 무조건 제품이 날개 돋친 듯 팔리지는 않는다. 스타 마케팅이 성공하려면 나름의 전략이 필요하다.

첫째, 전달하려는 핵심 메시지를 도출해야 한다. 기업이 광고를 하는 가장 중요한 목적은 소비자에게 자사 제품을 구매해야 하는 이유를 전달하기 위해서다. 즉, 광고의 핵심 메시지는 브랜드의 존재 이유인 동시에 경쟁사와 싸워 승리할 수 있는 최상의 무기다. 유명인은 이 핵심 메시지를 효과적으로 전달하기 위한 여러 도구 가운데 하나일 뿐이다. 따라서 핵심 메시지를 먼저 도출하고 이를 전달하는 데 유명인의 존재가 반드시 필요한지 평가해야 한다.

둘째, 광고에 유명인을 활용하기로 결정했다면 전달하고자 하는 메시지에 가장 잘 어울리는 유명인을 찾아내야 한다. 우리나라 기업 마케팅 담당자들은 어떤 연예인이 인기를 얻으면 우르르 그 사람에게 쏠리는 경향이 있다. 광고의 핵심 메시지가 다르다면 당연히 그에 적합한 유명인도 다를 수밖에 없다는 사실을 잊지 말아야 한다.

셋째, 광고에 활용한 유명인을 꾸준히 관리하고 평가해야 한다. 광고 모델을 선정할 때까지는 보통 기업이 갑甲이지만, 광고를 시작하고 나면 모델이 갑이다. 기업과 브랜드의 명운이 해당 유명인에게 달려 있는 것이다. 따라서 기업은 계약 후에도 꾸준히 유명인의 활동과 이미지를 관찰하고, 종종 그들의 일상사에까지 간섭할 준비가 되어 있어야 한다. 이와 같은 내용을 미리 계약서에 구체적으로 담을 수 있다면 더할 나위 없을 것이다.

## 광고와 판매 촉진 중 더 중요한 것은?

판매 촉진 또는 판촉은 제품·서비스 구매를 유도하기 위해 제공하는 인센티브다. 광고가 제품 구매 이유를 제공하기 위한 촉진 활동이라면 판매 촉진은 제품 구매를 지금 해야 하는 이유를 제공하기 위한 촉진 활동이라고 할 수 있다.

판매 촉진 규모가 어느 정도인지 정확한 자료는 없지만, 전체 촉진 예산에서 차지하는 중요성이 점차 커지고 있다는 점은 분명한 것

같다. 거의 대부분의 산업에서 광고보다 훨씬 비중이 큰 것으로 조사되었다. 이렇게 판매 촉진 규모가 상대적으로 커지는 데는 여러 이유가 있다.

첫째, 최근 광고 비용이 상승하기 시작했고, 매체가 난립하면서 광고의 효율성이 상대적으로 떨어졌다. 둘째, 많은 산업이 성숙기에 접어들면서 경쟁은 치열해지고 제품 차별화는 어려워져, 판매 촉진을 차별화 요소로 사용하는 기업이 점차 늘고 있다. 셋째, 종업원 업무 평가가 점차 단기적으로 바뀌면서 단기적이고 명확한 효과를 얻을 수 있는 판매 촉진을 선호하게 되었다. 그러나 광고는 그 효과가 장기적이고 모호하다.

## 판매 촉진의 종류

판매 촉진은 크게 소비자 판촉consumer promotion, 소매업자 판촉retailer promotion, 중간상 판촉trade promotion으로 분류할 수 있다. 소비자 판촉은 제조업체가 소비자에게 직접 판촉하는 경우로, 쿠폰, 샘플, 사은품, 리베이트, 보너스 팩, 보상 판매, 경품, 상용 고객 보상 제도, 콘

[그림 8-2] 판매 촉진의 종류

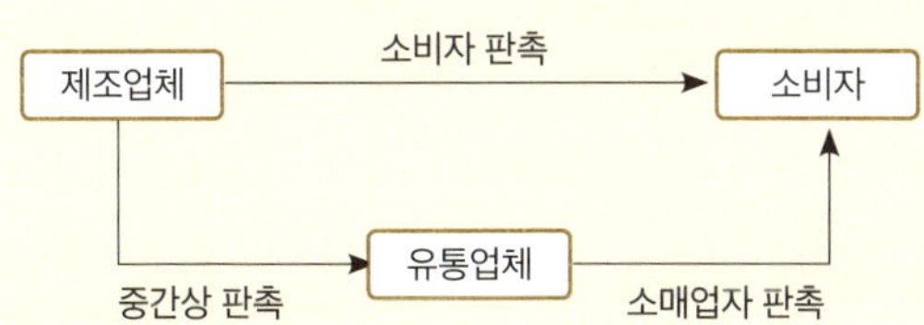

테스트 등 다양한 수단을 포함한다. 중간상 판촉은 보통 중간상이 특별 진열 등 자사 제품 판매에 각별한 관심을 갖도록 수행하는 판촉으로 진열 공제, 광고 공제, 구매 공제, 판매원 파견, 판매 보조 자료 제공 등이 대표적인 예다. 소매업자 판촉은 소매업자가 소비자에게 제공하는 판촉으로, 보통 제조업체의 지원을 통해 판촉 행사를 진행한다. 소매업자 판촉에는 일시적 가격 인하, 특별 진열, 소매업자 쿠폰 등이 있다.

### 판매 촉진 효과 평가

판매 촉진 효과를 측정하려면 먼저 판매 촉진 목표를 설정해야 한다. 광고와 달리 판매 촉진은 단기적인 판매 증진 효과를 노리는 경우가 많아 그 목표도 판매나 이익으로 표현된 경우가 흔하다.

판매 촉진 목표가 판매량 증진인 경우 판매 촉진 효과를 평가하는 예를 보자. 이때 흔히 사용하는 방법이 판매 촉진을 수행한 시점 전후 판매량의 추적 조사tracking다. [그림 8-3]을 보면 판매 촉진은 분명 판매량을 증가시킨다. 그러나 판촉을 전후한 판매량은 오히려 정상적인 수준보다 떨어지는 것을 알 수 있다. 이런 현상은 판촉 연구에서 흔히 볼 수 있다. 판촉 전에 판매가 떨어지는 이유는 소비자가 판촉 시행을 예상하고 구매를 지연하기 때문이고, 판촉 후에 판매가 감소하는 이유는 판촉 중에 소비자가 구매를 앞당겼기 때문이다. 즉, 판매 촉진으로 인해 증가한 순수 판매량은 구간 B에서 구간 A와 C를 차감한 값이다.

[그림 8-3] 판매 촉진 효과의 평가

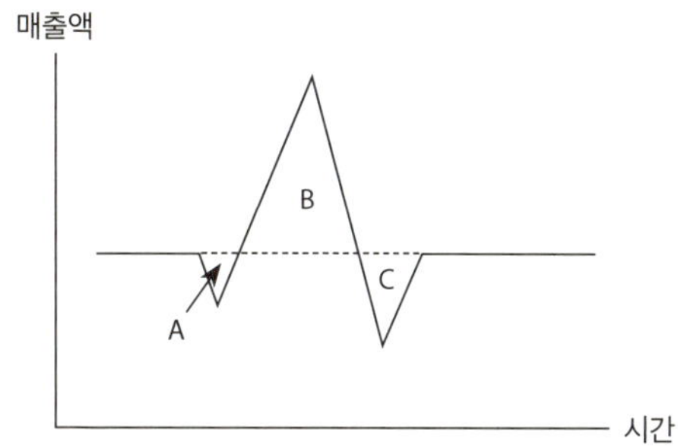


판촉으로 인한 판매 증진 효과를 정확히 측정하기 위해선 기준 판매baseline sales를 도출해야 한다. 기준 판매란 판촉을 수행하지 않았을 때 기대되는 판매량으로, [그림 8-3]에서는 기준 판매량을 점선이라고 가정했다. 기준 판매량은 경쟁사의 마케팅 활동 등 여러 요인에 의해 변한다. 따라서 판촉으로 인한 판매 증진incremental sales 효과의 정확한 측정은 기준 판매량을 얼마나 정확히 측정하느냐에 달려 있다고 해도 과언이 아니다.

## 마일리지 프로그램의 인기는 언제까지 지속될까?

이제 마일리지 프로그램은 기업의 대표적인 프로모션 도구로 자리

잡은 것 같다. 마일리지 프로그램은 적용 산업과 시행 기업에 따라 다양한 용어로 불린다. 우리나라에서는 상용 고객 우대 제도, 실적 누적 서비스, 포인트 제도 등의 용어를 사용하기도 한다.

마일리지 프로그램의 효시는 1920년대 미국에서 시작된 상품 교환권trading stamp으로 본다. 상품 교환권 행사는 주로 단기적인 촉진을 목적으로 행해졌는데, 여러 상인이 공동으로 행사를 진행하는 경우도 있고 한 업체가 독립적으로 행사를 추진하는 경우도 있었다. 소비자가 일정량의 상품 교환권을 모아 행사 스폰서에 제시하면 스폰서는 특별한 선물을 제공한다는 간단한 개념이다.

이후 상품 교환권은 주기적으로 시장에 등장해 1950년대부터 1960년대까지 전성기를 누렸다. 그러나 소비자는 상품 교환권을 일시적 이벤트로 인식하기 때문에 유행이 지나면 한동안 시장에서 사라졌다가 다시 등장하곤 했다. 상품 교환권의 결정적 단점은 스폰서가 상품 교환권을 발행할 때 고객의 이름이나 구매 이력을 기록하지 않았다는 점이다. 즉, 상품 교환권은 고객 간 거래 또는 증여가 얼마든지 가능했기 때문에 스폰서는 누가 진정한 충성 고객인지 알 방법이 없었다.

## 현대적 마일리지 프로그램의 시작

현대적 의미의 마일리지 프로그램은 1981년 5월 아메리칸항공American Airlines이 도입한 '에이어드밴티지AAdvantage'라는 상용 고객 우대 프로그램을 시초로 보는 것이 타당하다. 자사 항공기를 자주 이용하는 고객에게 무료 항공권을 지급한다는 전략을 골자로 하는 에이어드밴티지는 6개월 만에 100만 명 이상의 회원이 가입하는 예상외 성공을 거뒀다. 아메리칸항공이 에이어드밴티지를 도입한 원래 목적은 공무로 여행을 자주하는 고객과 사적인 일로 여행하는 고객을 세분화하려는 데 있었다.

어떤 사람이 대한항공 마일리지 카드를 가지고 있다고 가정하자. 이 사람은 공무로 여행하는 경우 대한항공의 항공료가 아시아나항공보다 다소 비싸더라도 자신이 비용을 지불하지 않기 때문에 마일리지를 나중에 개인적 용도로 사용하기 위해 대한항공 항공권을 구입한다. 그러므로 항공사는 공무로 여행하는 승객에게는 항공료를 비싸게 책정하고 대신 마일리지를 지급하는 반면, 사적으로 여행하는 고객에게는 항공료를 싸게 책정하는 차별화 또는 시장 세분화를 달성할 수 있으리라 믿었다.

그러나 자주 공무로 여행하는 고객이 주로 가입할 것으로 생각했던 아메리칸항공의 예상과 달리 에이어드밴티지는 여행 목적에 상관없이 폭넓은 고객의 지지를 받았다. 에이어드밴티지의 획기적인 성공을 목격한 유나이티드항공United Airlines은 일주일도 안 되어 '마일리지 플러스Mileage Plus'라는 마일리지 프로그램을 도입했고, 얼마 되지 않아 거의 모든 미국 항공사가 유사한 프로그램을 적용했다. 1992년 미국의 주요 항공사 마일리지 프로그램 회원 수는 평균 1,500만 이상으로 증가했고, 이후에도 매달 20만 명씩 늘어났다. 미국의 한 항공사 사장이 '마일리지 제도는 항공 산업에 있어 항공기 개발 이후 가장 위대한 발견'이라고 표현할 정도로 고객의 반응은 획기적이었다.

항공사의 마일리지 프로그램이 이렇게 큰 성공을 거둔 이유는 뭘까? 사실 대부분의 항공사는 에이어드밴티지 이전부터 이미 유사 프로그램을 시행하고 있었다. 예를 들어, 아메리칸항공은 항공사 간 차별화가 점차 어려워지자 'VITVery Important Traveler'라는 일종의 우수 고객 프로그램을 도입했다. 아메리칸항공은 개인 예약 번호를 제공하고 특별한 음식을 주문할 수 있는 권한을 주는 등 우수 고객을 대우하고 관심을 보여 주었다. 그러나 이 프로그램은 고객에게 돌아가는 혜택이 약했고, 고객이 VIT 자격을 얻기 위해 항공 여행 영수증을 일일이 모아야 하는 번거로움이 있었다.

반면 새로운 보상 프로그램 에이어드밴티지는 무료 항공권 또는 좌석 승급 등 고객이 느끼는 혜택이 매우 매력적이었다. 또한 모든 거래 기록이 자동화되어 고객이 상품 교환권이나 영수증을 모을 필요가 없어 무척 편리했다. 회원 카드를 소지하거나 카드 번호를 기억하면 나머지 일은 항공사가 알아서 처리해 주었다. 항공사는 이미 자동 예약 시스템 등 정보 통신 기술을 갖추고 있었기 때문에 마일리지 프로그램 운영에 따르는 추가 IT 비용이 미미하다는 점 역시 항공 산업에서 현대적 마일리지 프로그램이 등장한 계기가 되었다.

## 마일리지 프로그램의 확산

항공사에서 시작된 마일리지 프로그램은 점차 호텔, 자동차 대여 등 여행 산업 전반으로 확산되었다. 1983년 매리어트Marriott는 호텔 처음으로 '아너드 게스트Honored Guest'라는 상용 고객 우대 제도를 도입해(지금은 '매리어트 리워즈Marriott Rewards'로 이름이 바뀌었다) 숙박 산업의 마케팅 방법론을 바꿔 놓았다. 같은 해 허츠는 자동차 대여 산업 최초로 마일리지 프로그램을 도입했다.

이후 마일리지 프로그램은 신용 카드, 통신, 소매점으로 확산되었다. 1984년 신용 카드에서는 아메리칸익스프레스가, 통신 시장에서는 AT&T가 최초로 마일리지 프로그램을 도입해 우수 고객에게 혜택을 제공하자 경쟁사들도 앞다퉈 유사 제도를 도입했다. 소매점의 경우에는 체계적인 우수 고객 관리로 유명한 니만마커스Neiman Marcus가 1984년 '인서클InCircle'이라는 마일리지 프로그램을 도입했다. 니만마커스는 회원 카드를 발급하고 고객이 회원 카드로 결제한 금액에 대해 포인트를 적립해 영화표, 여행권 등을 상품으로 제공했다. 그러나 다른 산업과 달리 삭스피프스애비뉴Saks Fifth Avenue, 시어스Sears 등 주요 소매점들이 마일리지 프로그램을 도입한 것은 인서클이 등장한 지 8년 뒤인 1992년부터다.

1990년대 초에 이르자 마일리지 프로그램이 거의 전 산업으로 확산되어 소비자는 기업들이 내놓는 마일리지 프로그램에 식상해하기 시작했다. 프로그램의 차별화를 위해 프로그램의 룰이나 혜택으로 제공하는 상품들을 다양하게 만들었지만, 이는 오히려 소비자의 선택을 혼란스럽게 했다. 소비자는 각 프로그램이 제공하는 혜택이 너무 미미하다고 불평하기 시작했고, 포인트를 적립하기 위해 여러 회원 카드를 가지고 다녀야 하는 것도 불편하게 생각했다.

프로그램 차별화를 위해 매리어트는 항공 마일리지를 혜택으로 제공하기 시작했다. 이는 '소비자는 혜택으로 항공 마일리지를 가장 선호한다'는 광범위한 소비자 연구 조사 결과에 따른 것이었다. 이것이 제휴 마일리지 프로그램의 시작이다. 소비자의 반응은 기대 이상이었고, 다른 마일리지 프로그램도 바로 모방해 항공 마일리지는 제2의 화폐가 되기 시작했다. 1994년 항공사는 호텔, 자동차, 신용 카드, 전화, 식당 등에 마일리지를 판매해 소비자가 누적한 항공 마일리지의 40퍼센트 이상이 항공 여행 이외 방법으로 누적될 정도였다.

마일리지 프로그램은 창시자를 포함한 많은 실무자의 예상을 깨고 중요한 마케팅 도구로 자리 잡았다. 마일리지 프로그램을 전체 고객 유지 프로그램의 핵심 구성 요소로 삼는 회사도 있고, 마일리지 프로그램만 담당하는 부서나 인력이 있는 경우도 있다. 고객의 거래를 자동으로 기록해 고객의 우수도에 따라 적절한 혜택을 제공하는 마일리지 프로그램은 분명 다른 단기적 프로모션 전략과 다르다. 마일리지 프로그램은 기업과 소비자 모두에게 이득을 제공할 수 있는 전략이라는 연구도 있고 실증적 증거도 많다. 그러나 다른 모든 전략의 경우와 같이 마일리지 프로그램을 성공적으로 수행하기 위해서는 실행의 묘가 필요하다는 것을 잊지 말아야 한다.

## 마일리지 화폐의 필요성

1988년 키스 밀스Keith Mills는 영국 런던에 위치한 한 광고 회사에 근무하던 중 재치 넘치는 창업 아이디어를 생각해 냈다. 당시 밀스의 클라이언트였던 브리티시칼레도니아항공British Caledonian은 자사의 런던발 항공편 좌석 중 수백 석이 매일 공석으로 운행되는 것을 걱정하고 있었다. 브리티시칼레도니아항공은 가격 인하와 같은 극단적인 방법을 쓰지 않으면서 승객 수를 늘릴 수 있는 프로모션 방안을 찾고 있었다. 한편 주유소와 같은 밀스의 또 다른 클라이언트들은 급속히 성숙화되는 시장 환경에서 경쟁사와 차별화할 수 있는 방법을 찾고 있었다. 이들 클라이언트의 문제를 한꺼번에 해결할 방안을 고민하던 밀스는 리버풀에서 런던으로 돌아가는 기차 여행 중 통합 마일리지 프로그램multi-sector reward program이라는 참신한 아이디어를 떠올렸다. 밀스는 이 아이디어를 실현하기 위해 '에어마일스Air Miles'라는 회사를 창립하고 브리티시칼레도니아항공을 인수한 영국항공British Airways을 설득해 지분 51퍼센트 보유 파트너로 참여하도록 했다.

에어마일스의 비즈니스 모델은 한마디로 개개 기업이 독립적으로 수행하던 마일리지 프로그램을 통합한 거대한 마일리지 프로그램이었다. 우리나라의 오케이캐시백OK Cashbag은 에어마일스의 아이디어를 거의 그대로 모방한 것이라고 이해하면 된다. 즉, 소비자가 에어마일스 스폰서 업체로부터 제품 서비스를 구매하면 에어마일스 포인트를 적립해 주고, 일정액의 포인트가 적립되면 이 포인트를 영국항공의 항공권으로 교환해 주는 것이었다.

밀스는 에어마일스를 스폰서 업체의 브랜드 충성도를 강화하기 위한 보상 프로그램으로 홍보했다. 이를 위해 한 산업에서 오직 하나의 스폰서와만 계약해 각 스폰서에 산업 내 독점적 지위를 보장해 주었다. 에어마일스 스폰서는 충성 고객에게 보상도 해주고 산업에서 자신만이 에어마일스를 지급할 수 있기 때문에 에어마일스에 가입하지 않은 경쟁자와 차별화된다는 장점이 있었다. 또한 영국항공은 빈 좌석을 에어마일스에 판매해 추가 수익을 올릴 수 있었다. 소비자는 어차피 매일 사는 제품과 서비스를 스폰서 업체로부터 구매하면 무료 항공권을 받을 수 있고, 에어마일스는 스폰서 업체에 에어마일스 포인트를 판매함으로써 수익을 얻을 수 있었다. 에어마일스는 프로그램에 참여하는 모든 이에게 이익이 되는 그야말로 윈윈 마케팅 프로그램이었다.

## 통합 마일리지 프로그램의 정당성

밀스가 창안한 통합 마일리지 프로그램을 기존 마일리지 제도와 비교해 보면 장점을 쉽게 이해할 수 있다. 1981년 아메리칸항공으로 출발한 현대적 마일리지 프로그램은 예상외 성과를 거두면서 순식간에 전 항공사가 유사 프로그램을 도입했고 다른 산업으로 빠르게 확산되었다. 그러나 마일리지 제도는 두 가지 결정적인 문제를 가지고 있었기 때문에 소비자들은 점차 이를 외면했다. 첫째, 단일 기업이 제각기 주도한 마일리지 프로그램은 소비자에게 돌아가는 보상이 미미했다. 비교적 정기적으로 구매하는 휘발유의 경우도 주유소로부터 매력적인 보상을 받으려면 몇 년 기다려야 한다는 문제가 있었다. 둘째, 소비자는 개개 기업이 제공하는 마일리지 프로그램의 혜택을 누리기 위해 지갑에 수십 장의 마일리지 카드를 가지고 다녀야 했다.

밀스의 통합 마일리지 프로그램은 기존 마일리지 프로그램이 가지고 있는 이 두 가지 결정적 단점을 해결한 신선한 비즈니스 모델이었다. 에어마일스라는 단일 화폐를 만들어 개별 기업이 가지고 있던 마일리지를 통합한 결과 소비자는 불편하게 여러 장의 마일리지 카드를 들고 다닐 필요가 없었고, 다수의 스폰서로부터 마일리지를 적립할 수 있기 때문에 오래 기다리지 않고 원하는 항공권을 보상으로 받을 수 있게 된 것이다.

밀스의 예상은 그대로 적중했다. 에어마일스는 창업 2년 만에 셸Shell, 허츠, 도시바Toshiba 등 다국적 기업을 포함한 120개 사의 막강한 스폰서를 확보했다. 400만 명에 이르는 소비자가 에어마일스 회원으로 가입하고, 이 중 100만 명이 무료 항공권을 받을 정도의 마일리지를 축적했다. 어떤 스폰서는 에어마일스 후원사가 된 후 브랜드 충성도가 30퍼센트 이상 증대되었다고 한다. 에어마일스 프로그램이 밀스의 주장대로 스폰서 업체의 브랜드 충성도를 강화한 것이다.

에어마일스는 영국에서 성공을 거둔 뒤 미국, 캐나다, 네덜란드 등 해외 진출을 시도했다. 특히 캐나다에서 성공해 캐나다 성인의 절반 이상이 에어마일스 회원으로 가입할 정도였다.

1994년 영국항공은 창업자 밀스가 가지고 있던 에어마일스 지분을 모두 인수해 에어마일스를 자회사로 편입시켰다. 밀스와 영국항공 사이에 경영 주도권 문제로 갈등이 있었다는 후문도 있다. 2000년까지 에어마일스는 영국항공이 보유한 자회사 중 가장 많은 이익을 냈다. 영국 성인 사이에서 90퍼센트 브랜드 인지도를 확보했다. 그러나 영국항공은 자체적으로 가지고 있는 마일리지 프로그램과 에어마일스 프로그램의 갈등을 해결하기 위해 두 프로그램을 하나의 조직에서 운영하는 결정적인 실수를 저질렀다. 에어마일스에서 일하던 많은 유능한 직원이 에어마일스를 떠나기 시작했고, 이어서 주요 스폰서 역시 에어마일스를 떠났다고 전해진다.

2002년 에어마일스 창업자 밀스는 세계적 정유 회사 BPBritish Petroleum, 영국 최대 슈퍼 체인점 세인즈베리, 영국 최초 신용 카드 회사 바클리카드Barclaycard 등 막강한 스폰서와 손잡고 '넥타Nectar'라는 새로운 통합 마일리지 프로그램을 도입했다. 현재까지 넥타는 보상을 다양화했다는 점을 제외하고는 에어마일스의 개념과 거의 비슷하다. 향후 에어마일스와 넥타의 경쟁, 그리고 통합 마일리지 프로그램이라는 비즈니스 모델의 미래를 진지하게 지켜볼 필요가 있다.

# 9 | 가격 관리

Price
Management

## 얼마에 팔아야 이익을 가장 많이 볼까?

가격 관리의 목표는 기업의 이익을 극대화하는 최적 가격optimal price을 찾는 일이다. 언뜻 생각하면 하나의 최적 가격을 결정하는 문제라서 쉬울 것 같지만 무수한 요소가 최적 가격에 영향을 미치기 때문에 모두 고려한 최적 가격을 도출한다는 것은 현실적으로 불가능하다. 예컨대 원가가 현재보다 10퍼센트 올랐다면 적정 가격을 몇 퍼센트 올려야 할까? 새로운 경쟁자가 등장한다면 적정 가격을 어떻게 조정해야 할까?

가격 관리의 학습 목표는 최적 가격과 최적 가격에 영향을 미치는 요인들의 관계를 규명하는 일이다. 예컨대 원가와 최적 가격은 어떤 관계를 지니는가? 경쟁사의 가격과 자사 최적 가격의 관계는 어떠한가?

경제학, 마케팅, 통계학, 심리학, 전략 등 여러 학문 분야에서 최적 가격과 원가나 경쟁 요인의 관계를 설명하고자 노력했다. 특히 미시경제학은 '가격 이론price theory'이라 불릴 정도로 수백 년에 걸쳐 가격 관련 연구를 해오고 있다. 물론 미시경제학 이론을 실무 가격 결정에 직접 활용하는 데는 문제가 있다. 그러나 미시경제학은 복잡한 가격 결정 문제를 단순화하고 과학적으로 접근하는 데 필요한 이론적 틀을 제공한다. 최소한 치명적인 실수를 저지르지 않도록 방지한다는 것이다.

실무 경영자에게 가격 결정을 어떻게 하느냐고 물으면 아마 대부분 제품 원가에 적정 마진을 붙여 정한다고 대답할 것이다. 그만큼 원가는 최적 가격 결정에 중요한 요소다.

그런데 모든 원가 요소가 최적 가격에 영향을 미치는 것은 아니다. 기업이 처한 상황에 따라 최적 가격 결정에 영향을 미치는 원가 요소가 변하기 때문에 이를 일반화하기는 어렵다. 물론 최소한의 지침은 존재한다. 예를 들어, 학자들은 미래 지향적 원가를 고려하라고 주문한다. 즉, 가격을 결정할 때 고려해야 할 원가는 과거 구입 원가가 아니라 현재의 재고 가치라는 말이다. 과거에 지불한 금액은 중요하지 않다. 가격을 결정하는 현재 시점에서 평가한 요소 가치를 원가로 사용해야 한다. 예를 들어, 오렌지주스를 제조 판매하는 우리나라 업체는 미국 플로리다주에서 오렌지를 수입한다. 현재 이 업체는 산지에서 1킬로그램당 30센트에 구입한 오렌지 원료 약 3개월분을 비축하고 있다. 그런데 급작스레 찾아온 악천후로 플로리다주의 오렌지 가격이 킬로그램당 50센트로 인상되었다. 오렌지주스 판매업체는 지금 가격 인상을 해야 할까, 아니면 3개월 비축 오렌지를 소진할 때까지 인상하지 말아야 할까? 정답은 가격 인상을 해야 한다는 것이다. 현재 비축하고 있는 오렌지 구입 가격은 가격 결정에서 아무런 의미가 없다. 비축 오렌지의 가치는 원산지 오렌지 가격 상승과 함께 가치가 1킬로그램당 50센트로 증가했기 때문에 주스 가격을 바로 인상해야 한다. 즉, 비축 오렌지의 실질 가치는 구입 가격 30센트가 아니라 현재 구입할 경우의 가치 50센트라는 것이다. 물론 오렌지 가격이 인하된다면 가격을 내려야 한다.

가격을 책정하는 이유는 아직 실현되지 않은 미래 이익을 극대화하기 위함이다. 그러므로 현재 시점에서 요소 가치를 원가로 사용해야 한다. 반면 재무 회계의 목표는 과거 영업 실적을 평가하는 것이므로 오렌지 구입 가격 30센트를 원가로 반영하는 것이 타당하다. 미래 지향적 원가는 제품 원료 가격이 판매 가격에서 차지하는 비중이 큰 제품에 특히 중요한 개념이다.

## 본전이라도 건지려면 몇 개를 팔아야 할까?

2012년 서울시 조사에 따르면 서울 시민의 평균 은퇴 연령은 남성이 53세, 여성이 48세다. 40~50대에 정년을 맞이한다는 뜻의 '사오정'이 우리 사회의 현실을 정확히 짚어 낸 말인가 보다. 퇴사는 점점 빨라지는데 수명은 오히려 늘어나는 추세라서 중년들은 제2의 직장을 찾아 동분서주한다. 재취업이 결코 쉽지 않음을 깨달은 사람들은 결국 창업을 결심하기도 한다. 하지만 막상 창업하려니 경험이 부족해 두렵고 실패 위험도 높아 좀처럼 용기를 내기 어렵다.

프랜차이즈 치킨집은 중년 창업으로 가장 인기 있는 아이템이다. 프랜차이즈 본사가 점포 운영 교육에서 마케팅까지 경영 전반을 관리해 주기 때문에 경험이 부족한 사람에게 적격이라고 말한다. 그러나 2016년 2월 공정 거래조정원이 펴낸 「프랜차이즈 비교 정보」를 꼼꼼히 들여다보면 치킨 프랜차이즈도 결코 만만치 않음을 알 수 있다.

현재 국내에서 운영 중인 치킨집은 3만 6,000개로, 세계 최대 패스트푸드 프랜차이즈 기업인 맥도날드의 전 세계 점포 수를 합친 것만큼 많다. 그러나 더 중요한 문제는 매년 7,000여 개의 치킨집이 새로 문을 열고, 신규 점포의 약 40퍼센트가 3년 내에 폐업한다는 사실이다.

치킨집 폐업과 더불어 떠안아야 할 손실도 생각보다 크다. BHC, BBQ, 교촌치킨, 굽네치킨 등 상위 15개 프랜차이즈 치킨 전문 업체의 가맹점이 되려면 영업을 시작하기 전부터 가맹금, 교육비, 보증금, 인테리어비, 설비 및 집기 등의 비용으로 본사에 1~3억 원을 납부해야 한다. 사업을 개시한 후 문 닫을 때까지 발생하는 영업 손실까지 고려하면, 퇴직자에게는 한 번의 사업 실패도 치명적이라고 할 수 있다.

## 장사의 기본

퇴직 후 자영업을 고려하는 사람들이 꼭 염두에 둬야 할 장사의 기본 원리로 손익 분기점breakeven point, BP이라는 개념이 있다. 손익 분기점은 본전을 건지기 위해 달성해야 하는 최소 매출액이다. 이를 도출하기 위해서는 고정비fixed cost와 변동비variable cost의 차이를 이해해야 한다.

고정비는 제품의 판매 수량과 관계없이 일정하게 발생하는 비용이고, 변동비는 판매 수량에 비례해서 발생하는 비용이다. 프랜차이즈 치킨집의 예를 들면, 영업 개시 전에 본사에 지급하는 임대료, 종업원 보수 등은 각종 비용이나 매출의 많고 적음과 무관하게 매달 나가는 고정비이고, 재료 구입비 등은 치킨 판매량에 비례해서 지불해야 하는 변동비에 해당한다.

만약 치킨 한 마리 판매 가격이 1만 원이고 재료비를 포함한 치킨 한 마리당 변동비가 5,000원이라면, 점주는 치킨 한 마리를 팔 때마다 5,000원의 이익을 얻는다. 이때 치킨 한 마리 판매 가격(1만 원)에서 마리당 변동비(5,000원)를 차감한 5,000원의 이익을 마리당 마진margin 또는 공헌 이익contribution margin이라고 부른다. 한 달에 1,000마리 판매하면 500만 원(5,000원×1,000마리)의 이익이 발생하는 셈이다.

만약 이 치킨집이 매달 임대료와 인건비 등의 고정비로 500만 원을 지출한다면, 점주는 한 달에 치킨 1,000마리를 판매해야 이익 500만 원 전액을 매달 발생하는 고정비에 지출해 정확히 본전을 건질 수 있다. 즉, 해당 치킨집의 손익 분기점은 1,000마리로, 최소 매달 1,000마리의 치킨을 팔아야 손해를 보지 않고 장사를 지속할 수 있다는 말이다.

사업에서 고정 비용 요소가 없다면 손익 계산은 실로 간단하다. 모든 비용이 변동비일 경우에는 개당 제품 가격이 변동비보다 크면 이익, 작으면 손해에 해당한다. 하지만 고정 비용이 존재하면 손익 계산이 좀 더 복잡해진다.

치킨집의 경우 매달 고정비가 500만 원이고 손익 분기점이 치킨 1,000마리였다. 즉, 치킨 1,000마리를 판매할 경우 총매출액은 1,000만 원(1마리당 가격 1만 원×1,000마리)이고 변동비가 500만 원(5,000원×1,000마리)에 고정비가 500만 원이므로, 치킨집의 총이익은 매출액(1,000만 원)에서 총비용(1,000만 원)을 뺀 0원이다.

## 사막의 여름 햇볕을 두려워하지 마라

팜스프링스는 로스앤젤레스에서 자동차로 약 두 시간 걸리는 최고급 휴양지다. 사막 한가운데 위치해 처음에는 주거지로 큰 주목을 받지 못했으나, 1950년대부터 영화배우를 비롯한 많은 유명인이 이주해 오면서 고급 휴양지 및 관광지로 개발되었다. 연간 300일 이상 맑은 날이고 습도가 매우 낮은 사막성 기후라서 부유한 은퇴자들에게 최적의 도시로 알려져 있기도 하다. 하지만 여름철에는 기온이 40도를 웃도는 날이 많아 다른 곳으로 피서를 떠나는 주민도 많다.

1980년대 내가 미국에서 유학하던 무렵 팜스프링스는 한국 유학생들 사이에서 꼭 가봐야 할 곳으로 통했다. 문제는 호텔비였다. 팜스프링스는 당시 미국에서 가장 인기 있는 휴양지였고, 이곳의 부유한 거주자들은 어중이떠중이가 팜스프링스로 몰려드는 것을 반기지 않았다. 팜스프링스의 성수기는 기온이 온화한 겨울철인데, 5성급 호텔의 크리스마스 시즌 하룻밤 숙박비가 100만 원에 육박할 정도였다.

하지만 팜스프링스에서 하룻밤을 지낸다는 꿈을 실현시켜 줄지도 모르는 흐름이 감지되었다. 팜스프링스의 부자들은 여름이 되면 사막의 열사를 견디지 못하고 몇 달 동안 도시를 비우기 일쑤였는데, 이들 덕분에 먹고살던 식당, 호텔, 나이트클럽 등은 기존의 고객을 대신할 방문객이 절실히 필요했다. 그래서 팜스프링스 호텔들은 매년 여름이면 파격적인 가격 할인을 단행하곤 했다. 크리스마스 시즌에 100만 원 하던 5성급 호텔의 하루 숙박료가 여름철에는 동네 모텔 수준이나 다름없는 5~10만 원으로 낮아진 것이다. 이렇게 해서 팜스프링스는 겨울에는 부자들의 도시, 여름에는 부자들의 생활을 동경하는 보통 사람들의 도시가 되었다.

## 증분 비용 차이로 인한 가격 차별화

팜스프링스의 5성급 호텔이 동일한 객실에 대해 겨울에는 하루 숙박료를 100만 원으로 책정하고 여름에는 5만 원으로 책정한 근거는 무엇일까? 경영학에서는 계절에 따른 호텔의 가격 차별화를 증분 비용incremental costs의 차이로 설명한다. 이때 증분 비용이란 호텔 측이 한 손님에게 추가적으로 객실을 제공하기 위해 지불해야 하는 비용을 말한다.

호텔 객실의 증분 비용은 비수기와 성수기의 수요 변화에 따라 판이하다. 만약 비수기에도 정상 가격을 받으면 전체 객실의 절반도 채우기 어려울 것이다. 객실의 50퍼센트가 찼다고 가정할 경우 하나의 객실을 손님에게 추가로 제공하는 데 드는 증분 비용은 객실 청소비, 난방비, 전기 요금 등을 포함해도 매우 낮다. 팜스프링스의 5성급 호텔이라 해도 여름 비수기의 증분 비용은 몇만 원밖에 되지 않는다는 말이다. 비수기에 사람이 들지 않은 객실을 보관했다가 성수기에 팔 수도 없기 때문에, 증분 비용 이상만 받을 수 있다면 평소보다 낮은 가격에도 객실을 제공해야 한다.

반면 성수기에는 정상 가격을 청구해도 객실이 만원이다. 객실이 꽉 찬 상태에서 손님을 추가로 더 받기 위해서는 호텔 건물을 신축해야 하기 때문에 증분 비용이 매우 높다. 따라서 팜스프링스 호텔의 경우 비수기에는 증분 비용이 매우 낮기 때문에 숙박료를 5만 원으로 정하고, 성수기에는 증분 비용이 매우 높기 때문에 100만 원으로 책정하는 것이 합리적이다.

증분 비용의 개념을 보다 정확히 이해하기 위해 다른 산업의 예를 살펴보자. 한 패스트푸드 체인점의 영업 시간은 오전 11시부터 오후 10시까지다. 최근 외식 시장 분석 보고서에 따르면 맞벌이 부부의 수가 빠르게 증가하면서 아침 외식 시장의 전망이 밝다. 이런 소비자 생활 방식의 변화를 고려해 해당 패스트푸드 체인점은 조식 산업에 진출하기로 결정했다. 영업 시작 시간을 11시에서 7시로 바꾸고, 조식으로 먹기에 적절한 메뉴 세 가지를 본사에서 개발하기로 했다.

그렇다면 아침 식사로 제공할 신제품 메뉴의 가격은 어떻게 결정해야 할까? 음식 재료비, 점포 임대료, 조식 메뉴를 조리하기 위해 구입한 비품, 종업원 인건비, 전기 및 수도 요금, 광고비 가운데 아침 메뉴 원가에 반영해야 할 비용은 무엇일까?

새로 선보일 아침 식사 메뉴의 가격을 정할 때 고려해야 할 요소는 신제품 출시 때문에 추가적으로 지불해야 하는 비용, 즉 증분 비용 요소들이다. 음식 재료비, 주방 비품 등은 조식을 제공함에 따라 추가로 발생한 비용이기 때문에 가격 책정에 반영되어야 하지만, 점포 임대료와 같이 조식 제공 여부와 무관하게 나가는 비용은 조식 가격을 책정할 때 고려할 필요가 없다.

또한 조식을 제공하기 전부터 지불해 온 종업원 인건비는 고려하지 않아도 되지만, 영업 시작 시간을 11시에서 7시로 앞당기면서 새로 충원한 아르바이트 인력에 대한 비용은 가격 책정에 반영해야 한다. 전기 및 수도 요금이나 광고비 역시 조식 제공 때문에 추가로 발생한 비용만큼만 가격에 반영해야 한다.

증분과 비非증분의 차이는 변동비와 고정비의 차이와 유사한 점이 많지만 다른 점도 있다. 모든 변동비는 증분 비용이다. 그러나 모든 고정비가 비증분 비용인 것은 아니다. 패스트푸드 체인점의 예에서 조식 제공을 위해 새로 구입한 주방 기구나 비품은 고정비의 성격이 강하지만, 조식을 제공하기로 함에 따라 추가로 지불해야 하는 증분 비용이다.

### 성수가와 비수기에 서비스 가격이 천차만별인 이유

증분 비용의 개념은 호텔 객실과 같은 서비스 품목의 가격을 책정할 때 특히 중요하다. 서비스는 제품과 달리 보관이 불가능한 변질성perishable 품목이다. 콜라는 오늘 팔지 못해도 보관했다가 내일 팔 수 있다. 그러나 비행기 좌석이나 호텔 객실은 그렇게 할 수 없다. 성수기와 비수기의 수요 변화에 따라 항공권이나 호텔 객실과 같은 서비스 품목의 가격이 요동치는 것은 바로 재고 보관이 불가능하기 때문이다.

항공은 호텔과 마찬가지로 변질성 품목의 성격을 띠기 때문에 수요 변화에 따라 증분 비용이 크게 변하는 산업이다. 비수기에는 정상 가격에서 70~80퍼센트 이상 할인된 값에 항공권을 구매할 수도 있다. 빈 좌석을 보관할 수도 없고 승객 한 사람 더 탑승시키는 데 필요한 증분 비용이 매우 낮기 때문에 아무리 파격적인 할인이라도 할 필요가 있다. 반면 성수기의 수요는 항공사가 기본적으로 제공하는 좌석 수를 초과하기 때문에 추가로 고객을 받으려면 비행기를 더 띄울 수밖에 없다. 이처럼 성수기 항공권의 증분 비용은 매우 높기 때문에 항공권 가격이 높게 책정되는 것이 당연하다.

통신 산업도 항공 산업이나 호텔과 같은 특성을 지닌다. 밤 시간대나 주말 등 비수기에 남는 통신 회선 용량capacity을 보관할 수도 없고, 한 사람이 추가적으로 회선을 사용하는 데 드는 증분 비용이 0에 가깝다. 그러나 통신 산업의 성수기에 해당하는 주중 업무 시간대에는 통신 회선 용량이 거의 최대한으로 사용된다. 그 이상의 통화를 수용하기 위해서는 추가 회선을 설치해야 하기 때문에 증분 비용이 매우 높다. 많은 통신 회사가 주중 업무 시간대에는 정상 가격, 밤 시간대나 주말 등에는 할인 가격으로 통신 요금을 책정하는 데는 이런 이유가 있다.

## 못된 남편이 아내에게 사랑받는 이유

오래전 라디오에서 들은 한 50대 여성 청취자의 사연이 생각난다. 최근 자신의 생일날 남편으로부터 생일 축하 꽃바구니와 케이크를 선물받고 감동해 펑펑 울었다는 내용이었다.

사실 이 여성의 남편은 지난 30년간 음주, 외도 등 온갖 악행으로 아내를 괴롭혀 왔기에, 많은 청취자는 사연을 보낸 여성이 남편에게 고마워하는 이유를 이해할 수 없었다. 매해 잊지 않고 아내에게 생일 선물을 하면서도 고맙다는 말 한 번 들어 보지 못한 많은 남편은 이 나쁜 남자가 몹시 부러웠을 것이다.

이 남자가 어떤 전략으로 아내를 감동시켰는지 잠시 분석해 보자. 아내에게 남편은 평소에 수시로 악행을 저지르는 나쁜 남자로 각인되었기 때문에, 아내는 남편의 따뜻한 애정 표현을 기대하지 않게 되었다. 남편에 대한 기대 수준이 낮춰진 지 오래되었는데 갑자기 눈앞에 나타난 생일 축하 꽃바구니와 케이크는 기대를 완전히 뛰어넘어 감동의 물결로 다가올 수밖에 없다. 행동 경제학behavioral economics의 용어를 빌리자면, 남편으로부터 기대하는 애정 표현의 '준거점reference point'이 낮아져 작은 생일 선물로도 엄청난 행복감을 느낀 셈이다.

### 준거 가격이 행동에 미치는 영향

영화관에서 2,000원을 내고 마시는 콜라는 그리 비싸다는 생각이 들지 않지만 같은 콜라를 동네 편의점에서 2,000원에 구매했다면 바가지를 썼다고 생각될 것이다. 경제학의 전통적 효용 이론에 따르면 구매한 장소에 관계없이 한 병의 콜라를 소비함으로써 얻는 효용은 동일하다. 그러므로 영화관에서 흔쾌히 2,000원을 지불하고 콜라를 사 마신 사람이라면 콜라 한 병에 2,000원을 받는 편의점의 정책에 대해서도 비난하지 말아야 한다.

행동경제학자 리처드 세일러Richard Thaler가 제시한 거래 효용 이론transaction utility theory은 이런 종류의 의문을 명쾌하게 해결해 준다. 제품을 구매하기 전 소비자의 머릿속에는 해당 제품에 대해 합당하다고 생각하는 준거 가격reference price 또는 공정 가격fair price이 형성되어 있고, 이 준거 가격이 소비자의 구매 행동에 영향을 미친다. 영화관에서 판매하는 콜라의 준거 가격은 2,000원이지만 편의점에서 파는 콜라의 준거 가격은 1,000원이기 때문에, 똑같이 2,000원을 받더라도 구매 장소에 따라 비싸거나 싸다고 느낄 수 있는 것이다.

세일러의 거래 효용 이론에 따르면 소비자가 제품을 소비함으로써 얻는 총효용은 획득 효용acquisition utility과 거래 효용transaction utility의 합이다. 반면 전통적 경제학자들의 효용 이론에는 거래 효용 요소가 빠져 있으므로 총효용이 곧 획득 효용이다. 획득 효용이란 소비자가 제품을 소비해 얻는 효용에서 구매할 때 지불한 가격을 차감한 값으로, '소비자 잉여'라고 불리기도 한다. 전통적 경제학자들은 소비자가 특정 제품을 구매하는 이유는 제품을 소비해서 얻는 효용이 지불 가격보다 크기 때문에, 즉 소비자 잉여가 0보다 크기 때문이라고 설명한다.

세일러는 소비자가 제품을 구매할 때 획득 효용 외에 거래 효용이 추가적으로 발생한다고 말한다. 거래 효용이란 우리가 구매할 제품에 대해 합당하다고 기대하는 준거 가격과 실제로 지불한 가격의 차이에서 발생하는 효용이다. 영화관에서 준거 가격이 2,000원인 콜라를 1,500원에 판매한다면 소비자의 획득 효용은 증가할 테고, 동시에 기대하지 않았던 할인으로 500원만큼의 거래 효용이 추가적으로 발생할 것이다.

## 권장 소비자 가격의 역할

준거 가격 효과를 노리는 마케팅 정책은 주위에서 흔히 볼 수 있다. 대표적인 예가 바로 권장 소비자 가격suggested retail price이다. 약국에서 판매하는 감기약과 같이 자주 구매하지 않는 제품의 경우에는 소비자의 머릿속에 준거 가격이 명확히 형성되어 있지 않다. 제약업체는 감기약 상자 겉면에 권장 소비자 가격 5,000원을 명시함으로써 소비자가 이를 준거 가격으로 사용하도록 유도한다. 그러나 실제로 약국에서는 이 약을 3,000원에 판매함으로써 소비자가 2,000원 할인받았다는 추가적 거래 효용을 발생시킨다. 이것이 바로 권장 소비자 가격의 역할이다.

권장 소비자 가격과 비슷한 효과를 노리는 광고도 있다. 어떤 소매점이 신문 광고를 내면서 여러 종류의 가격을 명시해 준거 가격 이론을 활용하는 경우가 이에 해당한다. 각 제품의 판매 가격만 명시하는 대신 할인 전의 정상 가격, 경쟁업체의 가격, 거품 가격 등 보다 높은 준거 가격을 동시에 제시함으로써 자기네 판매 가격이 이들에 비해 낮다는 사실을 부각시키는 전략이다.

할인 효과를 극대화하고 거래 효용을 늘리기 위해 권장 소비자 가격을 정상 가격보다 터무니없이 높게 책정하는 제조업체들도 있다. 이런 폐단을 막고자 우리 정부는 1999년 9월부터 텔레비전, VTR, 신사 숙녀 정장, 운동화 등 12개 품목에 대해 제조업체가 권장 소비자 가격을 표시하는 것을 금하는 오픈 가격제open price system를 시행하고 있다. 그러나 이후 정부는 오픈 가격제를 적용하는 품목의 수를 늘렸다가 다시 줄이는 등 일관성 없는 정책을 펼치고 있다.

대다수 선진국이 몇몇 부작용에도 불구하고 권장 소비자 가격 표시를 허용하는 데는 이유가 있다. 준거 가격이 전혀 형성되지 않는 것보다는 약간의 오류 가능성이 있더라도 권장 소비자 가격과 같은 준거 가격 정보가 존재하는 편이 바람직하기 때문이다.

정부가 우려하는 것처럼 제조업체가 무리해서 권장 소비자 가격을 높게 책정해 이득을 챙기기는 쉽지 않다. 심리적 할인 효과를 노려 무조건 권장 소비자 가격을 높게 매기는 식의 얄팍한 전략은 종종 역효과를 낸다.

요즘은 권장 소비자 가격 외에도 다양한 채널을 통해 소비자가 준거 가격 관련 정보를 얻을 수 있다. 어떤 제조업체가 권장 소비자 가격을 터무니없이 높게 책정했다는 정보가 인터넷에 올라오면 그 즉시 역효과가 일파만파로 퍼질 수도 있다. 소비자의 의구심을 살 만한 행동은 절대 금물이다.

## 공짜를 미끼로 알짜를 팔아라

2011년 3월 말 『뉴욕 타임스』는 자사 온라인 콘텐츠를 부분적으로 유료화하겠다고 발표했다. 한 달에 20개 기사까지는 이전처럼 무료로 볼 수 있지만, 그 이상은 차등화된 구독료를 내라는 내용이었다. 이는 종이 신문 구독자 수와 광고 수익이 지속적으로 감소하는 상황에서 짜낸 고육지책이었다.

『뉴욕 타임스』는 과거에도 몇 차례 온라인 유료화를 시도했지만 번번이 실패했다. 그러나 부분 유료화 실시 3개월 만에 유료 회원 수가 20만 명을 넘어섰고, 그 결과 2011년 3분기부터 경영 실적도 흑자로 돌아서기 시작했다.

최근 온라인 콘텐츠 업체들은 사업에 적합한 다양한 수익 모델을 발굴하느라 바쁘다. 가장 주목받는 유형은 『뉴욕 타임스』 온라인 콘텐츠 과금의 경우처럼 기본 서비스는 무료로 제공하고 부가 서비스는 유료화하는 프리미엄freemium 비즈니스 모델이다. 쉽게 짐작할 수 있듯이, 이는 '공짜free'와 '프리미엄premium'의 합성어다.

세계적인 IT 전문지 『와이어드Wired』 편집장을 지낸 크리스 앤더슨Chris Anderson은 이와 같은 프리미엄 정책에 대해 "95퍼센트의 범용 서비스는 공짜로 제공하되, 나머지 5퍼센트의 차별화되고 개인화된 서비스를 소수에게 비싸게 팔아 전체 수지를 맞추는" 비즈니스 모델이라고 설명했다. 앤더슨은 프리미엄 정책을 가장 똑똑하게 구사하는 기업으로 한국의 인터넷 게임업체 넥슨을 꼽았다. 넥슨의 게임 '메이플스토리'는 기본적으로 누구나 공짜로 즐길 수 있지만, 캐릭터에 옷을 입히고 예쁘게 꾸미려면 돈을 지불해야 한다.

『뉴욕 타임스』와 같은 유력 신문사를 비롯해 온라인 사진 공유 사이트 플리커Flickr, 온라인 음악 서비스 판도라Pandora, 파일 공유 사이트 드롭박스Dropbox 등이 프리미엄 정책을 효과적으로 활용하는 인터넷 기업이다. 모바일 분석 및 광고 회사 플러리Flurry에 따르면 애플 앱 스토어에서 판매 중인 게임 관련 앱 가운데 65퍼센트가 프리미엄 정책을 채택하고 있다.

프리미엄 정책은 온라인 콘텐츠 산업과 같이 한계 비용marginal cost이 매우 낮은 산업에 효과적인 가격 전략이다. 한계 비용이란 고객 한 사람에게 추가적으로 서비스를 제공하는 데 지불해야 하는 비용을 말한다. 온라인 콘텐츠의 한계 비용은 제로(0)에 가깝다. 예컨대 100명에게 서비스를 제공하던 온라인 신문의 구독자 수가 1,000명으로 늘어나더라도 추가로 발생하는 비용은 거의 없다. 따라서 소수의 유료 구독자로부터 일정 수입만 확보할 수 있다면, 가격을 낮추더라도 되도록 많은 사람에게 서비스를 제공하는 편이 유리하다.

프리미엄 정책이 온라인 콘텐츠 산업에 적합한 또 다른 이유는 수요 측면이다. 대부분의 소비자는 아직 온라인 콘텐츠와 같은 제품에 비용을 지불하는 데 거부감이 있다. 더구나 온라인 콘텐츠는 일정 기간 이상 체험하기 전에는 가치를 실감하기가 쉽지 않다.

## 프리미엄, 가격 차별화 전략

프리미엄 정책은 가격 차별화를 통해 고객을 두 개의 집단으로 나누는 전략이다. 기업이 제공하는 서비스의 가치를 높게 평가하는 충성 고객에게는 유료, 아직 그렇지 않은 고객에게는 무료로 서비스를 제공하는 것이다. 이렇게 고객을 나누는 고객 세분화 전략에 성공하면 소수의 유료 충성 고객이 대다수 무료 이용자를 금전적으로 보조하는 비즈니스 모델이 형성된다.

충성 고객이 일반 고객을 보조한다는 개념이 프리미엄 비즈니스 모델에만 국한된 것은 아니다. 다른 부류의 가격 차별화 전략에서도 어느 정도 고객 간 보조가 이뤄진다. 예컨대 미국을 비롯한 몇몇 국가에서는 출판사가 서적을 처음 출간할 때 하드커버로 제본을 해 비싼 값에 판매하고, 일정 기간이 지나면 동일한 서적을 소프트커버로 제본해 저렴하게 판매하는 경우가 많다. 하드커버와 소프트커버로 제작하는 데 드는 비용은 큰 차이 없기 때문에 출간 초기에 책을 구매한 사람이 나중에 구매하는 사람을 금전적으로 보조하는 비즈니스 모델이라고 볼 수 있다. 비누 회사가 할인 쿠폰을 제공하는 경우도 유사한 해석을 내릴 수 있다. 정상 가격으로 비누를 구매한 고객이 할인 쿠폰을 사용해 저렴하게 구매하는 고객을 금전적으로 보조하는 셈이다.

프리미엄 정책과 같은 가격 차별화 정책이 성공하려면 고가 혹은 정가로 제품을 구매한 고객이 자신이 지불한 가격에 합당한 가치를 느낄 수 있도록 해야 한다. 초판 서적 구매자는 남들보다 먼저 책을 읽을 수 있고 하드커버가 소장용으로 좋다는 점 때문에 소프트커버 구매자보다 비싼 값을 지불한다. 정상 가격으로 비누를 구매한 소비자는 할인 쿠폰을 오려 보관했다가 비누를 살 때 제출해야 하는 불편을 감수하기 싫어 할인 쿠폰 사용자보다 비싼 값에 비누를 구매한다.

마찬가지로 온라인 콘텐츠 업체는 유료 고객에게 무료 고객이 누릴 수 없는 특별한 부가 서비스를 제공함으로써 유료화에 대한 정당성을 부여한다. 예컨대 음악 서비스 판도라의 경우 무료 이용자는 음악을 듣기 위해 광고를 들어야 하지만, 매달 1만 5,000원 정도 지불하면 광고 없이 곧바로 음질이 뛰어난 음악을 들을 수 있다. 온라인 사진 공유 사이트 플리커의 무료 이용자는 사진 이미지 보관 공간과 매달 이용할 수 있는 업로드 횟수에 제한이 있지만, 유료 이용자는 보관 공간과 업로드 횟수가 무제한에 가깝다.

### 면도날 전략으로 고객을 세분화하다

프리미엄 정책의 닮은꼴로 '면도날razor-razor blade 전략'이 있다. 20세기 초 미국의 면도용품 회사 질레트Gillette는 면도날이 무뎌질 때마다 날을 세워서 써야 하는 소비자들의 불만에 착안해, 면도날과 면도기를 분리시킬 수 있는 제품을 출시했다. 초기에는 판매 촉진을 위해 면도기를 거의 공짜로 주다시피 하고, 소모품인 면도날에 높은 이윤을 붙여 팔았다. 질레트가 이후 100년 이상 세계 면도기 산업을 호령할 수 있었던 가장 중요한 이유로 경영학자들은 이 면도날 전략을 꼽는다.

매력적이지만 가격이 다소 부담스러운 제품을 원가 이하로 소비자에게 제공하고 이후 연계 상품과 서비스 판매를 통해 이익을 창출한다는 면도날 전략은 오늘날 다양한 산업에서 활용되고 있다. 휴대전화 단말기를 무료로 주는 대신 일정 기간 통신 서비스를 이용하게 하는 이동 통신 회사의 전략이나, 게임기를 싸게 공급하되 소프트웨어 판매에서 대부분의 이익을 창출하는 게임 회사의 전략 등이 모두 면도날 전략에 속한다.

프리미엄 정책과 마찬가지로 면도날 전략은 가격 차별화를 통한 고객 세분화를 목적으로 한다. 닌텐도의 경우 충성 고객에게는 다양한 고가의 닌텐도 게임을 즐기도록 유도하는 한편, 닌텐도 게임에 호기심은 있지만 아직 그 가치를 잘 모르는 초보 고객에게는 저렴한 값에 게임기를 제공해 체험 기회를 주는 세분화 전략을 구사하고 있다.

## 아이스커피가 핫커피보다 비싼 이유

오래전 KBS 텔레비전 〈소비자 고발〉이라는 프로그램 제작진으로부터 커피 가격에 대해 인터뷰하고 싶다는 전화를 받았다. 〈소비자 고발〉은 악덕 기업주로부터 소비자를 보호한다는 목표를 가진 프로그램이기 때문에, 일반적으로 피해 소비자, 소비자 보호 단체 전문가, 소비자학과 교수 등과 같이 소비자 편에 서서 기업을 비판하는 시각을 가진 사람들을 인터뷰 대상자로 삼았다. 나는 경영학 교수이기에 기업 편에 선 사람으로 알려져 있어 〈소비자 고발〉의 인터뷰 요청이 이례적인 일이었다.

질문의 요지는 커피 전문점에서 판매하는 아이스커피의 가격이 그냥 커피(핫커피)보다 비싼 이유가 무엇이라고 생각하느냐는 것이었다. 〈소비자 고발〉 제작진이 다양한 국내 커피 전문점을 방문해 조사해 보니 아이스커피 가격이 핫커피와 동일한 곳에서부터 1,000원이나 비싼 곳에 이르기까지 천차만별이었다. 그러나 대부분의 경우 아이스커피값이 핫커피값보다 비싸고, 특히 아이스커피 판매량이 핫커피 판매량을 넘어서는 6월부터 9월까지는 가격 차이가 평균 500원 이상 벌어졌다.

커피 전문점 관계자에게 가격 차이가 나는 이유를 물어보니 해명도 십인십색이었다. 아이스커피에는 추가적으로 얼음이 들어가기 때문에 원가가 올라간다는 점주, 아이스커피를 담는 용기 가격이 핫커피 용기보다 비싸기 때문이라는 점주, 사람들은 차가운 음료를 마실 때 맛을 덜 느끼기 때문에 아이스커피에는 에스프레소 한 잔을 추가로 투입해 가격이 올라갈 수밖에 없다는 점주도 있었다.

그러나 원가 차이로 아이스커피와 핫커피의 가격 차이를 설명하려는 시도는 별로 설득력이 없는 것 같다. 커피 한 잔 가격에서 원두값이 차지하는 비중은 5퍼센트 또는 150원 미만으로, 우리가 지불하는 커피값의 대부분은 임대료, 물류비, 로열티, 인건비, 광고 등 마케팅 비용에 쓰인다. 즉, 에스프레소 한 잔이나 얼음을 추가함으로써 발생하는 비용은 극히 미미하다는 것이다.

굳이 원가 차이로 설명할 셈이라면, 원두값보다는 차라리 커피를 제조할 때 드는 인건비 차이라고 하는 편이 더 나아 보인다. 아이스커피는 뜨거운 커피 원액을 얼음으로 식히는 공정이 추가적으로 필요하기 때문에 제조하는 데 핫커피의 2~3배에 해당하는 시간이 소요되어 인건비도 높아지기 때문이다.

### 소비자의 욕구에 따른 가격 차별화

일반적으로 제품 가격을 결정하는 가장 중요한 두 가지 요소는 원가와 수요다. 그런데 아이스커피와 핫커피의 원가 차이는 극히 미미하기 때문에 수요 요소를 통해 두 품목의 가격 차이 원인을 찾아내야 한다. 다시 말해, 아이스커피 구매자의 유보 가격reservation price(소비자가 지불할 용의가 있는 최대 가격)이 핫커피 구매자의 유보 가격보다 높다. 핫커피는 구매자에게 카페인을 제공하는 반면, 아이스커피는 카페인에 더해 '갈증 해소'라는 혜택을 제공한다. 특히 무더운 여름철에는 갈증을 해소하려는 욕구가 커지면서 아이스커피의 유보 가격이 상승한다. 즉, 여름철 아이스커피의 가격이 핫커피보다 비싼 것은 아이스커피가 구매자에게 제공하는 효용이 핫커피가 제공하는 효용보다 크기 때문이다.

커피 가격 차이에 대한 내 설명을 경청하던 〈소비자 고발〉 제작진의 표정은 그리 밝지 않았다. 설명을 받아들일 수 없어서가 아니라, 가격이 차이 나는 이유가 그리 정의롭지 않아서인 것 같았다. 날씨가 더워져 목마름을 호소하는 소비자의 욕구를 간파해 얼음 조각 몇 개 넣고 가격을 1,000원이나 올려 받는 커피 전문점의 얄팍한 상술이 제작진의 심기를 건드린 모양이었다.

어쩌면 커피 전문점 점주들 역시 아이스커피와 핫커피의 유보가격이 차이 난다는 사실을 잘 알기에 전략적으로 두 커피의 가격을 차별화하는 것인지도 모른다. 그렇다면 그들은 왜 제작진과의 인터뷰에서 자신들의 가격 차별화 정책에 대해 솔직히 털어놓는 대신 구차하게 원가 문제를 들먹였을까? 그것은 원가 때문에 부득이 가격을 차별화하는 행위를 우리 사회는 윤리적으로 정당하다고 간주하지만, 소비자 간 욕구나 취향 차이를 이용해 가격을 전략적으로 차별화하는 행위는 윤리적으로 정당하지 않다고 여기기 때문인 것 같다. 아이스커피와 핫커피의 가격을 차별화하는 것과 같은 예는 우리 주변에 무수하다. 예컨대 샤넬, 에르메스 등과 같은 명품 브랜드의 원가는 국가별로 큰 차이가 없지만, 최종 소비자 가격은 사뭇 다르다. 한국 시장에서 유난히 판매 가격을 높게 책정해 우리나라 소비자를 봉으로 취급하는 외국 명품 브랜드 기업을 우리는 비난한다. 그러나 엄밀히 말해 우리는 이들을 비난할 필요가 없고, 외국 명품의 국내 판매 가격이 다른 나라에 비해 높다는 사실을 부끄럽게 여길 까닭도 없다.

외국 명품이 우리나라에서 유독 비싸게 판매되는 이유는 우리 소비자들이 명품을 구매할 때 가격에 별로 신경 쓰지 않기 때문이다.

심지어 명품 가격이 올라갈수록 반색하는 사람들도 있다. 그러므로 외국 명품의 국내 판매 가격이 내려가길 바란다면 해결책은 간단하다. 명품을 명품이라고 여기지 않고 가격에 보다 민감하게 반응하는 소비자가 늘어나면 명품 가격은 저절로 내려갈 것이다.

## 고객에 따라 팔 수 있는 방법은 너무나 많다

아이스커피와 핫커피의 가격을 차별화하는 것과 같은 예는 우리 주위에 무수히 많다. 기업이 가격 차별화를 하는 것은 여러 가지 가격으로 제품을 판매하면 한 가지 가격으로만 판매할 때보다 많은 이익을 올릴 수 있기 때문이다. 커피 전문점이 아이스커피와 핫커피의 가격을 다르게 책정하는 이유도 마찬가지다. 가격 차별화가 이익 증진에 별로 도움이 되지 않는다고 판단하면, 커피 전문점은 당장 아이스커피와 핫커피의 가격을 동일하게 책정할 것이다.

기업은 가격 차별화 전략을 활용해 항상 이익을 얻는 반면, 가격 차별화가 소비자에게 미치는 영향은 긍정적일 수도 있고 부정적일 수도 있다. 예를 들어, 아이스커피의 가격을 핫커피보다 높게 책정하는 가격 차별화 정책을 시행하면 보통 아이스커피 소비자의 소비자 잉여는 감소하고 핫커피 소비자의 소비자 잉여는 증가한다.

기업의 차별화 정책으로 손해를 입은 소비자는 그에 대한 불평을 늘어놓을 수 있다. 하지만 대부분의 가격 차별화 정책은 소비자에게 어떤 특정 대안을 구매하도록 강요하는 것이 아니라 몇 개의 대안 중 하나를 자발적으로 선택하도록 한다. 즉, 아이스커피를 구매하기로 선택한 것은 소비자 자신이라는 것이다.

오늘날 기업들이 시행하는 가격 차별화 정책의 종류는 셀 수 없이 많다. 가장 널리 사용되는 여섯 가지 가격 차별화 정책에 대해 살펴보자.

## 구매자, 장소, 시간에 따라 차별화하라

첫째, 식별 가능한identifiable 구매자의 특성에 따라 가격을 차별화한다. 가격 차별화 정책의 핵심은 가격에 민감한 소비자에게는 싸게 팔고, 가격에 둔감한 소비자에게는 비싸게 파는 것이다. 기업은 가격에 대한 소비자의 민감도에 따라 가격을 차별화하고 싶어 한다. 하지만 문제는 오랜 기간에 걸쳐 고객과의 거래 정보를 축적하지 않고는 개별 고객의 가격 민감도를 알기가 쉽지 않다는 점이다.

가격 민감도를 직접 관측할 수 없다면, 가격 민감도와 상관관계가 높으면서 관측 가능한 '대용 변수proxy variable'로 가격을 차별화하는 방법을 고려할 수 있다. 학생이나 65세 이상 어르신에게 박물관 입장료를 할인해 주는 경우가 그렇다. 이는 가격에 민감한 학생과 어르신에게는 할인해 주고 일반인에게는 정상 요금을 받는 방식이다. 여기서 관측 가능한 대용 변수란 학생증 또는 나이를 증명하는 신분증이다.

이와 비슷한 유형으로 일반 소비재 판매에서 많이 사용하는 쿠폰을 통한 가격 차별화가 있다. 쿠폰 제시 여부를 대용 변수로 사용해, 쿠폰을 제시하는 소비자에게는 할인해 주고 그렇지 않은 소비자에게는 정상 가격으로 판매하는 것이다. 쿠폰 사용자는 평소에 쿠폰을 보관하고 정리했다가 점포에서 제품을 구매할 때 해당 쿠폰을 제시하는 등 할인을 받기 위해 많은 시간과 노력을 기꺼이 들이는 고객이므로 가격에 민감한 소비자다. 반면 이런 불편을 감수하려 하지 않는 소비자는 쿠폰을 사용하지 않을 것이다. 그들은 가격에 신경을 덜 쓰고, 자신의 선택으로 정상 가격에 제품을 구매한다.

둘째, 지역별로 가격을 차별화한다. 삼성이나 LG 가전 제품이 한국보다 미국에서 더 저렴하게 판매되는 경우가 그 예다. 이는 미국 가전제품 시장의 가격 경쟁이 더 치열하고 가전제품에 대한 미국 소비자들의 가격 민감도가 높기 때문이다. 예전에는 정부의 수출 장려 정책으로 국내 가전업체가 수출 제품의 가격을 의도적으로 낮추고 그 손실을 수출 금융 등 무역 특혜로 보상받기도 했다. 하지만 요즘에는 그렇게 하면 세계무역기구WTO에 당장 제소당할 것이다.

외국 명품 브랜드 가격이 전 세계 중 우리나라에서 가장 높은 것도 우리나라 소비자가 명품을 구매할 때 가격표를 보지 않을 정도로 가격에 둔감하기 때문이다.

셋째, 시간에 따라 가격을 차별화하는 경우도 있다. 영화관의 조조 할인이 그 예다. 이런 부류의 차별화 정책은 서로 다른 특성을 가진 소비자가 서로 다른 시간대에 제품 및 서비스를 구매하는 경우에 사용된다. 오전 시간대 관람료를 낮게 책정함으로써 가격에 민감한 소비자는 오전에 영화를 관람하도록 유도하고, 그렇지 않은 소비자는 인기 있는 저녁 시간대에 정상 요금을 지불하고 영화를 관람하도록 하는 것이다.

시간에 따른 가격 차별화 정책은 서비스 산업에서 특히 많이 활용된다. 항공, 외식, 숙박, 통신 등의 서비스 산업은 재고 보관이 불가능하기 때문에 시간에 따른 수요 변화에 탄력적으로 대응하지 못하는 경향이 있다. 일반 제품과 달리, 비수기에 팔리지 않고 남은 항공기 좌석이나 호텔 객실을 보관해 두었다가 성수기에 꺼내 팔 수 없다는 말이다.

이처럼 서비스 산업에서는 되도록 성수기와 비수기 수요의 불균형을 바로잡을 필요가 있다. 따라서 성수기에는 고가 정책으로 수요를 억제하고 비수기에는 저가 정책으로 수요를 늘리려 한다.

## 물량, 디자인, 사용량에 따라 차별화하라

넷째, 제품 구입량에 따라 가격을 할인해 주는 물량 할인quantity discount으로 가격 차별화를 꾀할 수도 있다. 이는 주로 기업 간 거래B to B에 많이 쓰이는 가격 차별화 전략이다. 이마트와 같은 대형 소매 점포는 아이스크림을 주문할 때 동네 구멍가게에 비해 훨씬 많은 양을 한 번에 주문한다. 그러면 아이스크림 개당 운송 및 물류 비용이 낮아지기 때문에 아이스크림 제조업체가 물량 할인을 통해 이마트 측에 판매하는 가격을 낮춰 줄 수 있다.

소비자를 대상으로 한 거래B to C에서도 물량 할인이 유용한 경우가 있다. 예컨대 세탁제 제조업체는 여러 다양한 크기의 용기에 제품을 넣어 판매한다. 일반적으로 대용량 세탁제의 무게당 가격은 소용량 세탁제보다 저렴하다. 식구가 많은 소비자는 대용량 세탁제를 구매하도록 유도하고 독신 가구는 소용량 세탁제를 구매하도록 해 가격을 차별화하는 것이다. 물론 세탁제 제조업자가 강제로 각 소비자 집단의 세제 구입 가격을 정하는 것은 아니다. 제조업자가 정한 것은 용기 크기에 따른 가격일 뿐이고, 소비자는 여러 크기의 세탁제 중 하나를 자발적으로 선택한다. 혼자 사는 소비자는 무게당 가격이 훨씬 비싸다는 사실을 알면서도 집의 수납 공간이 부족하거나 세제 소비량이 적다는 등의 합리적인 계산하에 소용량 세탁제를 선택한다.

다섯째, 제품 디자인을 달리함으로써 가격을 차별화하기도 한다. 출판사의 하드커버 전략이 대표적인 예다. 우리나라에서는 보기 드문 출판 형태지만 외국의 경우 초판은 하드커버로 제작해 높은 가격을 책정하고 재판부터 소프트커버로 출간해 저렴하게 판매하는 일이 많다. 제작 방식을 하드커버에서 소프트커버로 바꾸고 가격을 달리 책정하는 데는 이유가 있다. 처음부터 소프트커버로 출간하면, 출간 초기 정가로 책을 구입한 소비자가 6개월 뒤 그 책이 50퍼센트 할인가로 판매되는 것을 보고 일찍 구매한 것을 후회하며 출판사를 비난할 가능성이 높기 때문이다. 하지만 초판이 하드커버에 디자인까지 다르다면 비싼 값을 지불한 것을 후회할 가능성이 현저히 낮아진다.

가전업체가 이마트에 초특가 텔레비전을 공급할 때 기존에 판매하던 제품의 속성 몇 가지를 단순화하거나 제거해 납품하는 경우도 디자인에 따른 가격 차별화 정책으로 볼 수 있다. 이마트는 다른 곳에서 찾아볼 수 없는 저렴한 가격에 텔레비전을 판매할 수 있어 좋고, 가전업체는 디자인을 차별화함으로써 정상 가격으로 판매되는 텔레비전을 구매한 고객의 불만을 완화할 수 있다.

여섯째, 사용량에 따라 가격을 책정함으로써 가격 차별화 목표를 달성하는 경우도 있다. 복사기라는 혁신 제품을 세계 시장에 처음 출시한 제록스는 자사 제품에 대한 유보 가격이 소비자들 간에 큰 차이를 보인다는 사실을 간파했다. 한 달에 1만 장 복사하는 기업의 복사기 유보 가격은 100장 복사하는 기업의 유보 가격보다 훨씬 높을 수밖에 없다. 그러나 소비자 유보 가격에 따라 제품을 차별화하는 일은 기술적으로 쉽지 않았다. 이에 제록스가 선택한 방법은 복사기를 판매하지 않고 대여해 주면서 매달 사용량에 따라 월 사용료를 달리 청구하는 것이었다. 영화 제작사가 영화를 공급할 때 영화관의 좌석 수에 따라 배급가를 달리하는 것도 이와 유사한 가격 차별화 정책이라 할 수 있다.

## 인간이 비합리적인 증거

인간은 경제학자들이 주장하는 바와 같이 그렇게 합리적이지 않다. 그러므로 합리적인 소비자를 가정하면 실제 기업이 책정하는 가격을 이해할 수 없는 경우가 있다. 하지만 경제학자와 달리 심리학자는 인간 행위를 있는 그대로 기술한다. 아래 내용은 주로 심리학자들에 의해 발전된 이론을 바탕으로 하고 있다.

## 자투리 가격 정책

미국에서는 1달러, 10달러, 100달러와 같이 딱 떨어지는 제품 가격을 거의 구경할 수 없다. 대부분 $1.99, $9.99, $99 등 자투리 또는 끝자리가격odd price을 쓴다. 어떤 주유소는 휘발유 1갤런당 $3.49라는 간판을 붙여 놓은 곳도 있다. $3.49와 $3.50의 차이는 미국의 가장 작은 화폐 단위 1센트의 10분의 1이다. 왜 미국인들은 자투리 가격을 좋아할까? 우리나라에서도 최근 PC 판매업체, 여행사, 백화점 등을 중심으로 자투리 가격을 책정하는 경우를 볼 수 있지만 미국과 같이 극단적인 정도는 아니다. 29,999원보다는 29,000원이 보편적이다.

기업이 자투리 가격을 선호하는 이유를 간단히 설명하면 다음과 같다. 소비자는 가격이 $1.99에서 $1.98로 인하될 때보다 $2.00에서 $1.99로 인하될 때 인하 폭이 크다고 생각한다. 물론 두 경우 똑같이 $0.01만큼 인하된 것이기 때문에 합리적인 소비자라면 인하 폭이 동일하다고 느껴야 한다. 이와 같은 비합리적 현상은 [그림 9-1]의 수요함수에서도 확인할 수 있다. 현실 세계에서 수집된 데이터를 기초로 그린 수요곡선은 경제학자들의 주장과 달리 매끄러운 곡선이 아니다. 가격이 200원에서 199원, 100원에서 99원으로 인하될 때 판매가 급신장하는 불연속 계단형이다. 계단형 수요함수가 바로 기업이 자투리 가격을 사용하는 이유다.

그렇다면 소비자는 왜 가격이 $2.00에서 $1.99로 인하될 때 인하 정도가 크다고 느낄까? 소비자는 제품 단가가 낮고 구매 빈도가 높은 제품을 구매할 때 신속히 구매 의사 결정을 하려 하기 때문이라고 심

[그림 9-1] 현실적인 수요함수

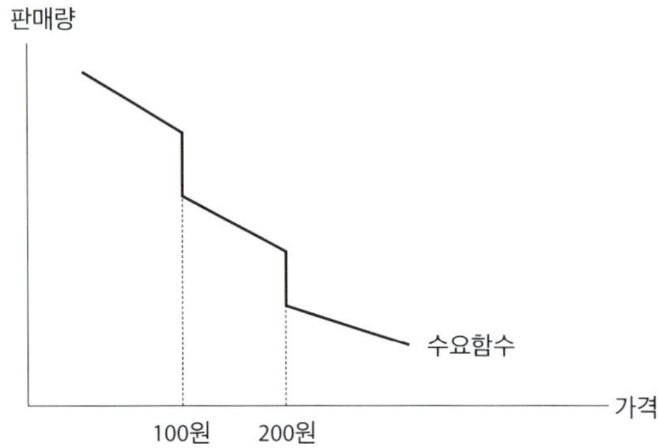


리학자들은 설명한다. 즉, 소비자는 가격을 볼 때 앞자리 숫자만 본다는 것이다. $1.99이나 $1.98은 1달러로 보고 $2.00는 2달러로 간주하기 때문에 자투리 가격 정책이 효과를 본다는 것이다. 그러나 이 설명은 단가가 높고 구매 빈도가 낮은 부동산, 자동차와 같은 제품이 자투리 가격을 사용하는 이유를 설명하지 못한다. 필자의 경험으로 볼 때 가격을 앞자리 숫자만 본다는 것은 조금 억지 같다.

기업이 자투리 가격을 즐겨 쓰는 이유는 할인 이미지를 주기 때문이다. 기업이 자투리 가격을 사용하는 목적은 소비자에게 '자사 제품의 가격이 싸다'는 이미지를 전달하기 위함이다. 소비자는 '자투리 가격 = 할인'이라고 받아들인다. 자투리 가격이 미국에서 더 보편적으로 쓰이는 이유는 미국인들은 자투리 가격은 할인 가격이라는 사실을 쉽게 받아들이기 때문이다. 반면 우리나라 소비자는 자투리 가격을 보고 할인보다는 '싸구려'라는 이미지를 연상한다. 더구나 19,999원과 같이 극단적인 자투리 가격을 접하면 기업이 소비자를 속이려는 나쁜 의도를 갖고 있지 않을까 의심한다. 최근 우리나라 산업 전반의 제품 수준이 향상되면서 자투리 가격이 보다 보편화될 것으로 기대한다.

# 참고문헌


**| 1장 서론 |**

직업의 귀천을 무엇으로 따져야 할까?

Ely, Richard et al., 1918, *Outlines of Economics*, 3rd Revised Edition, New York, NY: The Macmillan Company.

마케팅의 탄생

Coase, Ronald, 1937, "The Nature of the Firm," *Economica* 4: 386-405.

Smith, Adam, 1996, *An Inquiry into Nature and Causes of the Wealth of Nations*, London: W. Strahan.

보다 품위 있는 기업의 목표를 찾아서

Magretta, Joan, 2002, *What Management Is*, New York, NY: The Free Press.

시어스로벅은 아마존의 도플갱어

Chandler, Jr. Alfred, 1977, *The Visible Hand: The Managerial Revolution in American Business*, Cambridge, MA: The Belknap Press of Harvard Business Press.

Emmet, Boris and John Jeuck, 1950, *Catalogues and Counters: A History of Sears, Roebuck and Company*, Chicago, IL: The University of Chicago Press.

Gordon, John, 2001, "No Respect," in *The Business of America*, New York, NY: Walker & Company.

Sears Annual Report, 2002, "2002 Annual Report," Sears, Roebuck and Company.

**| 2장 마케팅 환경 |**

주변을 알아야 올바른 전략을 세울 수 있다

Boone, Louis and David Kurtz, 1995, *Contemporary Marketing*, 8th Edition, Fort Worth, TX: The Dryden Press.

### 산타클로스라는 환경을 창조한 코카콜라

Ontario Consultants on Religious Tolerance, "Santa Clause: Origin and History of Santa / St. Nicholas." http://www.religioustolerance.org/santa1.htm.

Rush, George and Joanna Molloy, 1997, "Crucified Santa Triggers Crossfire," *Daily News*, December 21. http://www.rcenedellagallery.com/asp1/files/articles/Crucified_Santa_Claus.pdf

Twitchell, James, 2000, *Twenty Ads that Shook the World*, New York, NY: Three Rivers Press.

### 소비자가 변화하면 기업의 운명이 바뀐다

Nevins, Allen and Frank Hill, 1963, *Ford: Decline and Rebirth, 1933-1962*, New York, NY: Charles Scribner's Sons.

Sloan, Alfred, 1964, *My Years with General Motors*, Garden City, NY: Doubleday & Company, Inc.

Tedlow, Richard, 2001, "Henry Ford: The Profits and the Price of Primitivism," in *Giants of Enterprise: Seven Business Innovators and the Empires They Built*, New York, NY: HarperBusiness.

White, Lawrence, 1998, "The Rise and Fall of Ford and General Motors in the U.S. Automobile Industry: A Tale Twice Told," in D. Rosenbaum (ed.), *Market Dominance: How Firms Gain, Hold, or Lose It and the Impact on Economic Performance*, Westport, CT: Praeger Publishers.

### 재벌로부터 미움을, 국민으로부터 사랑을 받다

Wikipedia, "Theodore Roosevelt." https://en.widipedia.org/wiki/Theodore_Roosevelt.

### 자유와 규제의 균형점을 찾아서

Smith, Adam, 1996, *An Inquiry into Nature and Causes of the Wealth of Nations*, London: W. Strahan.

### 독점은 기업을 지키는 최선의 방법이다

Magretta, Joan, 2002, *What Management Is*, New York, NY: The Free Press.

### 당신을 무너뜨릴 경쟁자는 눈에 보이지 않는다

Levitt, Theodore, 1975, "Marketing Myopia," *Harvard Business Review*, September-October: 2-14(orginally published in 1960 and reprinted as an HBR Classic in 1975).

Wikipedia, "Pennsylvania Railroad." http://en.wikipedia.org/wiki/Pennsylvania_Railroad

Wise, Richard and Peter Baumgarter, 1999, "Go Downstream: The New Profit Imperative in Manufacturing," *Harvard Business Review*, September-October.

네이버와 대한항공 중에서 더 많은 가치를 창출하는 기업은?

피터 틸, 2014, 『제로 투 원』, 이지연 옮김, 한국경제신문.
Magretta, Joan, 2002, *What Management Is*, New York, NY: The Free Press.

앞으로 중국이 세계 기술 표준을 정하게 되는 이유는?

Blind, Knut, 2004, *The Economics of Standards: Theory, Evidence, Policy*, London: Edward Elgar Publishing.
Shiver, Jr., Jube, 1994, "Japan Gives Up on Analog-Based HDTV Systems," *Los Angeles Times*, February 23. http://articles.latimes.com/1994-02-23/fi-26252_1_world-standard.
Wikipedia, "Network Effect." https://en.wikipedia.org/wiki/Network_ effect

연예인 패션을 따라 해야 할까?

Veblen, Thorstein, 1899, *The Theory of the Leisure Class: An Economic Study of Institutions*, London: Macmillan Publishers.
Wikipedia, "Bandwagon Effect." http://en.wikipedia.org/wiki/Bandwagon_effect.

## | 3장 마케팅 조사 |

정확히 알아야 올바른 결정을 할 수 있다

Malhotra, Naresh K., 1993, *Marketing Research: An Applied Orientation*, Englewood Cliffs, NJ: Prentice Hall.

조사를 통해 전략을 짜라

Allen, James, 2002, "What's in your wallet?" *Virginia Business*, March. http://www.virginiabusiness.com/magazine/yr2002/mar02/capone.shtml
Cohen, Jackie, 2001, "Growth Formula," *Computerworld*, July 2. http://www.computerworld.com/softwaretopics/crm/story/0,10801,61770,00.html,
Day, Kathleen, 2000, "Scratching the Surface," *Washington Post*, October 30.
Fishman, Charles, 1999, "This is a Marketing Revolution," *Fast Company*, May. http://www.fastcompany.com/online/24/capone.html
Leuchter, Miriam, 2001, "Capital One Fanaticism Works," *US Banker*, August. http://www.us-banker.com/usb/articles/usbaug01-cs.shtml

마케팅 조사에서 가장 중요한 것은 흥미로운 가설 설정

Campbell Soup Company, 2003, "History: Introduction," Campbell Soup Company Homepage. http://www.campbellsoupcompany.com/history.asp

마케팅 조사와 지식 경영

Drucker, Peter, 1988, "The Coming of the New Organization," *Harvard Business Review*, January-February: 3-11.

Garvin, David, 1993, "Building a Learning Organization," *Harvard Business Review*, July-August: 78-91.

March, Artemis and David Garvin, 1997, "A Note on Knowledge Management," *Harvard Business School Case*, 9-398-031.

Nonaka, Ikujiro, 1991, "The Knowledge-Creating Company," *Harvard Business Review*, November-December: 2-9.

지식 경영을 성공적으로 실천한 맥킨지

Bartlett, Christopher, 1996, "McKinsey & Company: Managing Knowledge and Learning," *Harvard Business School Case*, 9-396-357.

Bhide, Amar, 1992, "McKinsey & Co. (A) - 1956," *Harvard Business School Case*, 9-393-066.

McKinsey & Company, 2003, "Our History," McKinsey & Company Homepage. http://www.mckinsey.com/firm/history/

Schleler, Curt, 2001, "Consulting Innovator Marvin Bower: His Vision Made McKinsey & Co. A Pioneer," *Investor's Business Daily*, November 9, 2000.

Schleler, Curt, 2001, "Consulting Innovator Marvin Bower: Putting Customer Needs First Was a Key for Him," *Investor's Business Daily*, November 10, 2000.

| 4장 소비자 행동 |

캐딜락을 위기에서 구한 관찰력

Cadillac History, 100MegsWebhosting.com. http://100megsfree4.com/cadillac/

Gordon, John, 2001, *The Business of America*, New York, NY: Walker Publishing Company Inc.

Hendry, Maurice, 1973, *Cadillac, Standard of the World: The Complete Seventy-five Year History*, New York, NY: Automobile Quarterly Publications.

미국 문화를 전 세계에 팔아라

Fournier, Susan, 1999, "Introducing New Coke," *Harvard Business School Case*, 9-500-067.

Kemp, Kathryn, 2002, *God's Capitalist: Asa Candler of Coca-Cola*, Macon, GA: Mercer University Press.

Moriguchi, Chiaki and David Lane, 1999, "A Hundred-Year War: Coke vs. Pepsi, 1890s-1990s," *Harvard Business School Case*, 9-799-117.

Oliver, Thomas, 1986, *The Real Coke, The Real Story*, New York, NY: Random House Inc.

Pendergrast, Mark, 1993, *For God, Country, and Coca-Cola: The Definitive History of the Great American Soft Drink and the Company That Makes It*, New York, NY: Collier Books.

Young-Witzel, Gyvel and Michael Witzel, 2002, *The Sparkling Story of Coca-Cola*, Stillwater, MN: Voyageur Press.

### 영원한 라이벌, 코카콜라와 펩시콜라

Anonymous, 2003, "The 2003 Fortune 500," *Fortune*, April 14.

Barton, Dennis, 2002, *Cola Wars*, San Jose, CA: Writers Club Press.

Enrico, Roger and Jesse Kornbluth, 1986, *The Other Guy Blinked: How Pepsi Won the Cola Wars*, New York, NY: Bantam Books.

Fournier, Susan, 1999, "Introducing New Coke," *Harvard Business School Case*, 9-500-067.

Kilman, Scott, 1985, "New Coke Volume is Seen Doubling Last Year's Pace," *The Wall Street Journal*, June 6: 1.

Kilman, Scott, 1985, "Coca-Cola to Bring Back Its Old Coke," *The Wall Street Journal*, July 11: 2.

Moriguchi, Chiaki and David Lane, 1999, "A Hundred-Year War: Coke vs. Pepsi, 1890s-1990s," *Harvard Business School Case*, 9-799-117.

### 아리스토텔레스는 뛰어난 마케팅 이론가였다

김병도, 2008, 「국민을 설득하는 3가지 방법」, 『매일경제』, 2008년 7월 7일.

Petty, Richard and John Cacioppo, 2018, *Attitudes and Persuasion: Classic and Contemporary Approachs*, Dubuque, Iowa: Wm. C. Brown.

## | 5장 시장 세분화와 표적 시장 선정 |

### 세분화는 마케팅 관리자가 가장 자주 쓰는 도구다

Kotler, Philip and Gary Armstrong, 1999, *Marketing Management*, 8th Edition, Upper Saddle River, NJ: Prentice-Hall, Inc.

고객 개인별로 마케팅을 달리하라
김병도, 2002, 『코카콜라는 어떻게 산타에게 빨간 옷을 입혔는가』, 21세기북스.

선택한 세분 시장을 독점하라
Elam, Joyce and John E. P. Morrison, 1988, "United Services Automobile Association (USAA)," *Harvard Business School Case*, 9-188-102.
Patrizio, Andy, 2000, "Homegrown CRM Apps Let Insurer Cater to Customers," *Information Week*, November 13.
Reichheld, Frederick, 1993, "Loyalty-Based Management," *Harvard Business Review*, March-April: 64-73.
USAA, "About USAA," USAA Homepage, Online. http://www.usaa.com

세분 시장을 나누는 변수
Boone, Louis and David Kurtz, 1995, *Contemporary Marketing*, 8th Edition, Fort Worth, TX: The Dryden Press.
Kotler, Philip and Gary Armstrong, 1999, *Marketing Management*, 8th Edition, Upper Saddle River, NJ: Prentice-Hall, Inc.

타기팅을 잘하면 대기업도 이길 수 있다
Kotler, Philip and Gary Armstrong, 1999, *Marketing Management*, 8th Edition, Upper Saddle River, NJ: Prentice-Hall, Inc.

고객에게 내 제품을 사야 하는 이유를 알려라
Urban, Glen and John Hauser, 1993, *Design and Marketing of New Products*, Second Edition, Englewood Cliffs, NJ: Prentice Hall.

**| 6장 제품 관리 |**
뛰어난 마케터는 코모디티를 인정하지 않는다
김병도, 2002, 『코카콜라는 어떻게 산타에게 빨간 옷을 입혔는가』, 21세기북스.

벤처는 공대생의 전유물이 아니다
김병도, 2011, 「[김병도 교수의 경영이슈] 애플, 기술혁신으로 성공? 사실은 사업모델 혁신」, 『조선일보』, 2011년 12월 15일.
Johnson, Mark, 2010, *Seizing the White Space: Business Model Innovation for Growth and Renewal*, Boston, MA: Harvard Business Press.
Kadiyali, Vrinda, 1998, "Eastman Kodak in the Photographic Film Industry: Picture

Imperfect?" D. Rosenbaum (ed.), *Market Dominance*, 89-108.

캐논은 카메라 회사가 아니라 복사기 회사다

Markides, Constaninos, 2008, *Game-Changing Strategies*, San Francisco, CA: John Wiley & Son.

무엇이 성공적인 선도자를 만들까

Oxford English Dictionary, 2015, Oxford University Press. http://www.oed.com

Trout, Jack, 2000, *Differentiate Or Die: Survival in Our Era of Killer Competition*, New York, NY: John Wiley & Sons, Inc.

창조적 모방가가 되라

오데드 셴카, 2010, 『카피캣: 오리진을 뛰어넘는 창조적 모방의 기술』, 이진원 옮김, 청림출판.

Levitt, Theodore, 1966, "Innovative Imitation," *Harvard Business Review*, September-October: 63-70.

품질을 알기 어려우면 가격을 보라

Nelson, Philip, 1970, "Information and Consumer Behavior," *Journal of Political Economy* 78(2): 311-329.

애플의 이름값이 200조 원이라고?

김병도, 2006, 「미국인은 왜 도요타를 선택하는가」, 『매일경제』, 2006년 5월 12일.

Ocean Tomo, 2015, Annual Study of Intangible Assets. http://www.oceantomo.com/blog/2015/03-05-ocean-tomo-2015-intangible-asset-market-value/

사나이는 러닝셔츠를 입지 않는다

Aliperti, Cliff, 2013, "Did Clark Gable Kill the Undershirt?" *Immortal Ephemera*, August 26. http://immortalephemera.com/42243/did-clark-gable-kill-the-undershirt.

Centeno, Antonio, 2015, "A Man's Guide to Undershirts: History, Styles, and Which to Wear." http://www.artofmanliness.com/2013/06/27/mans-guide-to-undershirts.

신제품 출시와 신시장 개척, 어느 편이 더 쉬울까?

Ansoff, Igor, 1957, "Strategies for Diversification," *Harvard Business Review* 35(5): 113-124.

세계 최고의 마케팅 전문가가 되려면 P&G로 가라

김병도, 2002, 『코카콜라는 어떻게 산타에게 빨간 옷을 입혔는가』, 21세기북스.

백화점이 무료 셔틀버스를 운영하고 싶어 하는 이유

김영용, 2002, 「백화점 셔틀버스 운행금지에 대한 경제학적 분석」, 자유기업원 Briefing Paper, BP No. 43.

신동흔, 2001, 「백화점 셔틀버스 다시 등장?」, 『조선일보』, 2001년 8월 18일.

이동한, 1990, 「고객은 환영…중소상인은 울상 / 백화점 셔틀버스 희비교차」, 『조선일보』, 1990년 3월 29일.

이수영, 2001, 「백화점 셔틀버스 못 다닌다」, 『동아일보』, 2001년 6월 29일.

브랜드 이미지를 이용한 공동 마케팅, 뉴트라스위트

Bylinsky, G., 1982, "The Battle for America's Sweet Tooth," *Fortune*, July: 28-32.

McCann, Joseph, 1990, *Sweet Success: How Nutrasweet Created a Billion Dollar Business*, Homewood, IL: Business One Irwin.

Rao, Akshay and Robert Ruekert, "Brand Alliances as Signals of Product Quality," *Sloan Management Review 36(1)*: 87-97.

The Nutrasweet Company, 2003, "Nutrasweet History," Nutrasweet Homepage. http://www.nutrasweet.com/infocenter/index.asp

| 7장 유통 관리 |

자동판매기로 계란을 팔 수 있을까?

김태훈, 2006, 「마음이 허기지세요? 책 자판기」, 『조선일보』, 2006년 3월 1일.

Cahill, Mike, 2015, "21 Weird Vintage Vending Machines That You Never Knew Existed, And Need in Your Life Right NOW." http://www.viralnova.com/vintage-vending-machines/

여기서도 팔고 저기서도 팔고

Anonymous, 2001, "The Store Is Everywhere," *Business 2.0*, January. http://www.business2.com/articles/mag/0,1640,14448,00.html

Frazier, Gary, 1999, "Organizing and Managing Channels of Distribution," *Journal of the Academy of Marketing Science* 27(2): 226-240.

Schulz, Don, 2002, "Multichannel: New Term, Old Challenges," *Marketing News*, April 29: 10.

Stone, Merlin, Matt Hobbs and Mahnaz Khaleeli, 2002, "Multichannel Customer Management: The Benefits and Challenges," *Journal of Database Marketing* 10(1): 39-52.

최초로 방문 판매를 시작한 회사

Godes, David, 2002, "Avon.com (A)," *Harvard Business School Case*, 9-503-016.

Godes, David, 2002, "Avon.com (B)," *Harvard Business School Case*, 9-503-041.

도살장과 자동차 조립 공장의 공통점

Chandler, Jr., Alfred, 1977, *The Visible Hand: The Managerial Revolution in American Business*, Cambridge, MA: The Belknap Press of Harvard University Press.

Miller, Donald et al., 2000, "Gustavus Swift and the Refrigerator Car," *A Biography of America*, Annenberg/CBP. http://www.learner.org/biographyofamerica/prog14/transcript/page03.html

Kutner, Jr., Jon, 2002, "Swift and Company," *The Handbook of Texas Online*. http://www.tsha.utexas.edu/handbook/online/articles/view/SS/dis2.html

Skaggs, Jimmy, 1986, *Prime Cut: Livestock Raising and Meatpacking in the United States, 1607-1983*, College Station, TX: Texas A&M University Press.

Ullman, Tracy, 2000, "The Union Stock Yards," Network Chicago. http://www.networkchicago.com/chicagostories/stockyards.htm

아마존의 유통 혁명

Applegate, Linda, 2002, "Amazon.com: 1994 – 2000," *Harvard Business School Case*, 9-801-194.

Hof, Robert, Ellen Neuborne and Heather Green, 1998, "Amazon.com: The Wild World of E-Commerce," *Business Week*, December 14, 1998.

Leschly, Stig, Michael Roberts and William Sahlman, 2003, "Amazon.com – 2002," *Harvard Business School Case*, 9-803-098.

Schafer, Ben, Joseph Konstan and John Riedl, 2001, "E-Commerce Recommendation Applications," *Data Mining and Knowledge Discovery* 5: 115-153.

| 8장 촉진 관리 |

아무리 좋은 제품도 알려지지 않으면 무용지물

Boone, Louis and David Kurtz, 1995, *Contemporary Marketing*, 8th Edition, Fort Worth, TX: The Dryden Press.

Kotler, Philip and Gary Armstrong, 2000, *Principles of Marketing*, Upper Saddle River, NJ: Prentice-Hall, Inc.

다양한 촉진 도구를 적절히 조합하는 능력

나성엽, 2002, 「체험마케팅으로 입소문, 외국브랜드 장벽 허문다」, 『동아일보』, 2002년 10월 7일.

Blattberg, Robert and John Deighton, 1991, "Interactive Marketing: Exploiting the Age of Addressability," *Sloan Management Review*, Fall: 5-14.

Reingold, Jennifer, 1994, "Above the Neck: Can Bausch & Lomb Maintain Its Focus by Broadening Its Scope?" *FW*, January 18: 30-32.

Sebastian, Pamela, 1988, "Bausch & Lomb Aims at a New Market as It Prepares to Test Disposable Lenses," *Wall Street Journal*, June 20.

Silk, Alvin, Bruce Issacson, and Marie Bell, 1999, "Vistakon: 1 Day Acuvue Disposable Contact Lenses," *Harvard Business School Case*, 9-596-087.

Steltzer, Theresa, 1991, "Cashing in on Quicker Delivery Times," *Distribution*, June: 34-38.

### 타이거 우즈의 불륜 비용은 1조 5,000억 원

김병도, 2011, 「타이거가 개구리로? 톱스타 마케팅의 함정」, 『조선일보』, 2011년 11월 17일.

Knittel, Christopher and Victor Stango, 2013, "Celebrity Endorsements, Firm Value, and Reputation Risk: Evidence from the Tiger Woods Scandal," *Management Science* 60(1): 1-17.

Zyman, Sergio and Armin Brott, 2003, *The End of Advertising as We Know It*, Hoboken, NJ: Wiley & Sons Inc.

### 광고와 판매 촉진 중 더 중요한 것은?

Kotler, Philip and Gary Armstrong, 2000, *Principles of Marketing*, Upper Saddle River, NJ: Prentice-Hall Inc.

Blattberg, Robert and Scott Neslin, 1990, *Sales Promotion: Concepts, Methods and Strategies*, Englewood, NJ: Prentice-Hall Inc.

### 마일리지 프로그램의 인기는 언제까지 지속될까?

김병도, 1998, 「상용고객보상제도의 이론과 응용」, 『경영논집』, 32(2): 29-43.

Colloquy, 1998, "From Evolution to Revolution: The Roots of Frequency Marketing," *COLLOQUY*, 6, 4. http://www.colloquy.com/online/past_issues/v6i4/v6i4_history.asp.

Colloquy, 1999, "From Evolution to Revolution: Frequency Marketing Comes of Age," *COLLOQUY*, 7, 1. http://www.colloquy.com/fmionline/past_issues/v7i1/v7i1_evolution.asp.

### 마일리지 화폐의 필요성

Anonymous, 2000, "BA Turbulence Shakes Air Miles," *Marketing*, November 25.

Kleinman, Mark, 2003, "Big Brands Offer Sweet Scheme," *Marketing Direct*, March. http://www.mxdirect.co.uk/analysis/full_news.cfm?ID=266

Calpin, Michele and John Quelch, 1993, "Air Miles," *Harvard Business School Case*, 9-593-102.

### | 9장 가격 관리 |

#### 본전이라도 건지려면 몇 개를 팔아야 할까?

박정식·박종원·조재호, 2001, 『현대재무이론』 제6판, 다산출판사.

황이석, 2009, 『CFO 강의노트: 회계정보를 활용한 신재무전략』 제5판, 서울경제경영출판사.

한국공정거래조정원, 2016, 프랜차이즈 비교정보.

#### 사막의 여름 햇볕을 두려워하지 마라

Nagle, Thomas and Reed Holden, 1995, *The Strategy and Tactics of Pricing: A Guide to Profitable Decision Making*, Englewood Cliffs, NJ: A Simon & Shuster Company.

#### 못된 남편이 아내에게 사랑받는 이유

Thaler, Richard, 1985, "Mental Accounting and Consumer Choice," *Marketing Science* 4(3).

#### 공짜를 미끼로 알짜를 팔아라

김병도, 2012, 「프리미엄(freemium=free+premium) 전략…공짜를 미끼로 알짜를 팔아라」, 『조선일보』, 2012년 1월 19일.

#### 아이스커피가 핫커피보다 비싼 이유

김기석, 2009, 「16일은 아이스커피가 핫커피를 이긴 날」, 『파이낸셜뉴스』, 2009년 6월 17일.

「아이스음료, 얼음의 꼼수」, KBS 소비자고발 216회, 2012년 5월 25일.

## 저자 소개

김병도 교수는 서울대학교 경영대학을 졸업한 후 뉴욕대학교에서 경영학 석사 학위를, 시카고대학교에서 경영학 박사 학위를 취득했다. 서울대학교 경영대학 교수로 재직했으며, 경영대학 학장을 역임했다. 또한 서울대학교에 부임하기 전 약 4년간 미국 카네기멜런대학교 경영대학원 교수로 재직했으며, 시카고대학교와 하버드대학교에서 객원 연구원으로 활동하기도 했다. 현재는 서울대학교 경영대학 명예교수다.

학술적으로는 지난 30여 년 동안 계량적 방법론을 활용해 다양한 경영 및 경제 문제를 해결하고자 노력해 왔다. 특히 최적 가격, 데이터베이스 마케팅, 상용고객보상제도, 차별화, 혁신, 기업의 사회공헌활동 등을 연구하며 수십 편의 관련 논문을 국내외 저명 학술지에 발표했다.

주요 저서로는 미국 노스웨스턴대학교 경영대학원 로버트 블랫버그 교수 및 다트머스대학교 경영대학원 스콧 네슬린 교수와 공동 집필한 *Database Marketing: Analyzing and Managing Customers*(2008)가 유명하다. 이 외에도 『서울대 석학이 알려주는 자녀교육법: 경영·경제』(2023), 『도전력』(2018), 『경영학 두뇌』(2016), 『혁신으로 대한민국을 경영하라』(2013), 『코카콜라는 어떻게 산타에게 빨간 옷을 입혔는가』(2003) 등을 펴냈다.